오늘도 학교에 갑니다

오늘도 학교에 갑니다

공립학교 교사와
대안학교 교사가
일 년간 함께 나눈
우리 교육 이야기

심은보
여희영
글

서유재

잘하고 싶어 하는 마음,
살피는 마음

특별한 존재가 되기를 강요하는 세상을 살아가는 아이들에게

너희는 특별하지 않아도 된다고 이야기해 주고 싶어요.

심슨

선생님께.

안녕하세요? 선생님. 주말 사이 우리 동네엔 산수유꽃이 빼꼼 얼굴을 내밀었어요. 봄꽃 맞듯 두근두근 설레는 마음으로 첫 편지를 띄웁니다.

간단하게라도 제 소개를 해야겠지요. 저는 평택에 있는 작은 학교에서 4학년 아이들과 함께 생활하고 있는 심은보라고 합니다. 아이들은 저를 '심슨'이라고 부르기도 해요. 그래서 해마다 반 이름엔 '심슨'이 들어가곤 하지요. 올해 아이들과 함께 만든 저희 반 이름은 '미스터 심슨과 행복한 아이들'이랍니다. 그러니 선생님께서도 저를 '심슨'이라고 불러 주시면 좋겠습니다.

올해 우리 반 아이들은 열여덟 명이에요. 첫날 두 친구가 전학을 왔어요. 새로 온 친구들을 소개할 겸 첫 시간은 털실뭉치로 열었어요. '우

오늘도 학교에 갑니다

리는 연결되어 있다'라는 이야기를 해 주고 싶었거든요. 먼저 실뭉치를 받은 친구가 자기 소개를 하고 첫날의 느낌을 나누었어요. 그러고 나서 실 끝을 잡고 다른 친구에게 실뭉치를 건네주도록 했지요. 실뭉치를 받은 친구는 또 자기 이야기를 한 후 자기 앞에 있는 실을 잡고 다시 실뭉치를 다른 친구에게 건네주었고요. 소개를 마치고 나니 모두 실의 한 부분을 잡고 연결되어 있었고요. 한 명이라도 실을 놓치면 전체가 영향을 받는 것처럼 교실 안에서 누군가 불편하고 힘든 일이 있다면 결국 나에게도 그 일이 영향을 미친다는 이야기를 나눴어요. 그러니 서로가 서로를 외면하지 않고 잘 살피면서 살았으면 좋겠다고 했지요.

올 한 해 우리 반을 위하여 서로 무슨 역할을 해야 할까 이야기를 하니, 한 녀석이 "심슨 선생님은 우리 반 아이들을 행복하게 해 주는 역할을 해야지요"라고 하더군요. 올해는 특별히 아이들을 행복하게 해 줘야 하는 아주 부담스러운(!) 임무까지 맡게 되었습니다.

달력을 보니 아이들과 만난 지도 그새 2주 남짓 흘렀네요. 그동안 다 함께 반 이름도 정하고, 역할도 나누고, 규칙도 세우고, 반 노래도 만들고, 교실 환경도 꾸몄어요. 마을도 한 바퀴 돌았지요. 그러는 사이 제법 친해졌어요. 이번 주는 조금 더 친해질 수 있겠지요.

아이들이 꾸며 놓은 교실 앞면에는 '이곳에 귀하지 않은 삶은 없다'라는 글자가 제각각의 모습을 한 모자이크로 붙어 있어요. 저는 특별한 존재가 되기를 강요하는 세상을 살아가는 아이들에게 너희는 특별하지 않아도 된다고 이야기해 주고 싶어요. 다만 자기 자신을 아주 귀하게 여길 수 있었으면 좋겠다는 이야기를 삶을 통해 해 주고 싶어요.

선생님이 계신 학교는 대안학교라고 들었어요. 저는 대안학교에서의 생활은 잘 몰라요. 다만 대안학교 교사라는 꿈을 꾸었던 적이 있어요. 그러다가 공교육 안에서 대안 찾기로 고민의 지점이 바뀐 까닭에 공립학교 교사가 되어 나름 발버둥 치며 살고 있답니다. 그래서인지 선생님이 대안학교에서 엮을 이야기들을 들을 생각에 벌써 설레고 기대도 됩니다.

제가 생활하고 있는 죽백초등학교는 혁신학교로 지정된 지 일곱 해째 접어드는 작은 학교예요. 저는 이 학교에 온 지 여섯 해째고요. 그동안 학교와 학교 사람들이 성장하는 과정을 변화의 한복판에서 함께하며 지켜봐 왔어요. 앞으로 이런 이야기들도 나눌 수 있겠지요?

두서없는 첫 이야기 들어주셔서 고맙습니다. 밤과 낮의 기온차가 크고 미세먼지도 기승인데 건강 관리 잘하세요.

그럼 다음 편지에서 뵙겠습니다.

아름다운 봄날 열어 가시길!

3월 20일

평택에서 심슨 드림

심슨 선생님은 이 감동을 아시겠지요? 일일이 다 설명하지 않아도,
마음과 마음이 딱 닿는 그 순간이요. 이 길을 어떻게 가나
잠시 망설일 때, 선물처럼 이런 순간들을 만나게 되지요.

에리카

심슨 선생님!

이렇게 편지로 인사를 나눌 수 있어 고맙고 반가워요. 선생님 편지
를 기다리며 선생님은 어떤 분이실까, 우리는 앞으로 무슨 이야기를 나
눌까, 이런저런 생각에 괜히 조바심도 나고 설레기도 했어요. 첫 편지를
받으니 비로소 실감이 나요. 며칠 동안 '나는 무슨 이야기를 들려드리
지?' 즐거운 고민에 빠졌답니다. 이제 슬슬 보따리를 풀어 볼까요?

저는 마포에 있는 12년제 대안학교, '성미산학교'에서 11년째 일하
고 있는 여희영이라고 해요. 학교에서는 '에리카'라고 불리고요. 2006년
에 통합교사로 시작해 중등 담임을 거쳐 지금은 초등 과정을 4년째 맡
고 있어요. 큰 아이들하고 지내다 1학년 꼬맹이들과 지내려니 처음에는

'깨지기 쉬운 유리그릇' 만지는 것처럼 조심스러웠는데, 몇 번의 계절을 보내는 동안 아이들과 함께 작고 소중한 것들을 발견하는 즐거움을 흠뻑 누리며 지낼 수 있게 되었죠.

성미산학교는 초등 과정이 5학년까지이고, 6학년부터는 중등 과정이에요. 1~2학년이 초저, 3~5학년 초고인데, 저는 최근 몇 해 동안 1~2학년을 오가며 지내고 있어요. 작년에는 2학년을 맡았고, 올해는 1학년 어린이 일곱 명과 함께랍니다.

지금은 학교 입문 과정 '학교야 안녕'을 하면서 글자, 숫자, 색깔, 도구, 몸, 밥 등 우리 주변에 있는 것을 재미있게 만나는 시간을 갖고 있어요. 반 이름 정하는 것도 그중 하나였는데, 이름을 짓는 일이 얼마나 중요한지 이야기를 나누고 의논하며 투표를 열 번도 넘게 한 끝에 '초록반'이 되었어요. 초록이란 낱말이 어린이 느낌, 새롭게 시작하는 느낌을 주고 건강해 보인대요. 또 초록은 예쁜 색이고, 나뭇잎도, 식물도 초록이라 초록 반 하고 이름을 부르면 숲속에 있는 느낌이 난대요. 이런 귀한 뜻을 담았으니 1년 동안 건강하고 싱싱하게 잘 지내보자 했지요.

1~2학년들은 금요일마다 동네에 있는 성미산을 비롯해 서울 곳곳의 산을 다니는데, 어제는 백사실 계곡으로 숲놀이를 다녀왔어요. 아이들은 목련 꽃봉오리가 슬쩍 열린 것을 보고 "와!" 감탄을 하며 목련꽃이 떨어지면 풍선을 불겠다고 해요. 계단을 오르는데 바람이 살랑 부니 꽃향기가 코를 스쳐요. 아이들과 주변을 둘러보았지만 꽃향기의 주인을 찾을 수 없어 모두 신기해했어요. 바람결에 날아온 봄 향기가 좋아 아이들은 자꾸만 코를 벌름거렸죠.

현통사를 지나 조금 걸으니 쇠딱따구리가 낮은 나뭇가지에 앉아 있어요. 잿빛 도는 갈색에 회색 무늬가 있는 통통한 쇠딱따구리가 날아갈까 봐 발끝을 세우고 다다다다 달려오는 아이들! 눈에 보이는 것마다 아이들에게는 보물이고 신기한 모습들이죠. 가방을 내려놓고 산을 조금 더 올라 졸졸 물 흐르는 계곡을 들여다보니 까만 개구리알이 가득, 조금 더 위로 올라가니 도롱뇽알도 있어요. 알이 상할 수 있어 손을 차갑게 해서 살짝 만져 보니 미끌미끌! 모양을 자세히 보더니 도롱뇽알은 순대 같고, 개구리알은 포도알 같대요.

개구리와 물고기의 한판승을 지켜보며 응원도 하고, 계곡이 좁다 뛰어다니는 아이들을 보면 몸은 고단해도 '이 맛이지!' 고개를 끄덕이게 됩니다.

아이들과 개구리알, 도롱뇽알을 보고 숲선생님들께서 아이들에게 퀴즈를 냈어요. 퀴즈 상품은 꿈틀이! 문제를 내면 자기 이름을 부르며 손을 들고 답을 말하라 하셨는데, 아이들의 열기가 대단해요. 꿈틀이는 큰 유혹이니까요.

우리 반 도은이에게 퀴즈를 맞히면 먹을 수 있다고 알려 주며 "도은아, 저요! 해 봐"라고 몇 번 이야기하니 한참 만에 큰 목소리로 "저요!" 합니다. 센스 있는 숲선생님은 놓치지 않고 도은이 이름을 불러 주시고 도은이는 친구들의 도움을 받아 답을 말했지요.

아이들은 자기 일처럼 환호하고, 도은이는 만족스러운 표정으로 꿈틀이를 입에 넣어요. 먹을 것을 두고 문제를 내는 게 흔쾌하지는 않지만 도은이가 해 보려고 마음을 내고, 친구들은 응원하며 돕고, 숲선생님은 그 마음을 딱 알아주는 경이로운 순간을 만난 덕분에 불편함을 잊을 수 있었어요. 작고 소중한 그 마음, 그것보다 중요한 것이 어디 있을까 가슴이 내내 벌렁거렸어요.

도은이는 다른 사람과 자유롭게 소통하는 데 어려움이 있어요. 굳이 이름을 붙이자면 '발달장애'라고 하지만 우리에게는 '호비를 좋아하고, 고기와 김을 좋아하고, 채소는 잘 안 먹고, 눈을 잘 안 맞추고, 대답을 잘 안 하고, 〈아기 염소〉 노래를 좋아하고, 달리기는 엄청 빠르고, 공 패스를 잘하는 귀여운 도은'이지요. 도은이는 수업 중간에 크게 노래를 부른다거나 갑자기 교실을 나가거나, 순식간에 사라져서 찾으러 다니는 일이 많아요. 그래도 초록이들이 함께 살펴 주고 살뜰하게 도와주어서 잘 지내는 편이에요.

그렇지만 저의 고민은 도은이가 다른 사람의 말이나 행동에 크게 반응하지 않는다는 거예요. 불러도 대답이 없거나 눈맞춤이 어렵고, 주변 사람에게 통 관심이 없어요. 대부분의 수업 활동도 관심이 없기는 마찬가지여서 함께할 만한 것들을 찾기가 어렵더라고요. 그래서 도은이가 학교에서 지내는 것이 행복할지, 뭘 하면 즐거울지, 뭐가 도움이 될지 고민하고 있어요.

도은이는 돌이나 물건을 보면 자꾸 던지고 싶어 해요. 그래서 며칠 전부터 단단히 주의를 주고 있었어요. 아니나 다를까, 어제도 개울에 자꾸만 돌을 던지더라고요. 몇 번 부드럽게 이야기했는데도 멈추지 않아 딱딱한 목소리로 "이도은! 돌 던지지 마세요! 돌 던지면 안 돼"라고 하니, 도은이가 "화났다. 에리카, 화났다"라고 해요. 그래서 "응. 에리카,

오늘도 학교에 갑니다

화났어"하니, 도은이가 "돌, 안 돼요. 이마 피, 아파요"라고 말하며 제 얼굴을 봐요. 아무 말 없이 걷기만 하니 제 손을 꼭 잡고 걷던 도은이가 나지막한 소리로 "나비야 나비야 에리카 손에 앉았다. 앉았다 앉았다 에리카 손에 앉았다" 노래를 불렀어요. 손가락으로 손을 짚으면서요. 다시 "나비야 나비야 에리카 눈에 앉았다. 앉았다 앉았다 에리카 눈에 앉았다" 하고 손가락으로 눈을 살짝 만지며 제 눈을 봐요. 그 눈을 보는 데 코끝이 찡해지지 뭐예요. 도은이도 노력하고 있구나. 잘하고 싶어 하는 마음, 살피는 마음, 깊은 마음이 있구나 하는 생각이 들어 환하게 웃으니 그제야 도은이 얼굴도 스르륵 풀려요. 그러고는 눈을 지나 허리, 다리, 무릎, 머리…… 제 몸 이곳저곳에 도은이는 노래하는 나비가 되어 앉았어요.

아! 심슨 선생님은 이 감동을 아시겠지요? 일일이 다 설명하지 않아도, 마음과 마음이 딱 닿는 그 순간이요. 이 길을 어떻게 가나 잠시 망설일 때, 선물처럼 이런 순간들을 만나게 되지요.

때로는 괴로움과 고통, 고민과 어려움의 순간들도 만나지만, 그것 역시 좋은 친구일 테지요. 그 힘으로 또 내일을 살아갈 에너지를 얻게 되고, 그렇게 우리의 일상은 이런 소소한 발견과 소중한 순간들로 채워지고요.

그런 이야기를 나눌 수 있으리라 생각하니 입꼬리가 살짝! 벌써 선생님께 고마운 마음이 들어요.

첫 편지에 이야기가 길어졌네요.

'다정도 병'인 양하다는 말처럼 제가 자주 이리 넘쳐요. 선생님은 이해하시리라 믿어요.

마스크가 일상인 미세먼지의 나날이지만, 아이들과 재미나게 엮어 가시길!

3월 25일
에리카 드림

오늘도 학교에 갑니다

쓰면 쓸수록
커지고 많아지는

아이들에게 선생님도 무엇인가 배우려고 노력하고

그래서 해내는 모습을 꼭 보여 주고 싶어요.

아이들, 교사, 학부모가 모두 함께 가르치고 배우면서

성장하는 곳이 학교였으면 좋겠다는 마음으로요.

심슨

에리카 선생님께.

산수유꽃이 살짝 고개를 내밀 무렵 첫 편지를 띄웠는데 어느새 봄 꽃들이 요란스럽게도 여기저기 제 빛깔 뽐내기에 여념이 없습니다.

선생님과 초록이들도 이 봄날을 오롯이 즐기면서 잘 지내고 있겠지요?

요즘은 아침에 일어나면 미세먼지부터 확인을 해요. 저흰 매일 아침 아이들과 운동장에서 뛰어놀며 하루를 시작하거든요. '아침해맞이활동' 이라고 부르는데 저는 이 시간이 참 좋아요. 함께 줄넘기나 전래놀이도 하고, 외발자전거도 타고, 축구도 하고, 그렇게 아이들과 "안녕?" 하고 얼굴을 마주하며 나누는 인사로 하루를 시작할 수 있으니까요.

오늘은 아침 6시 30분 현재 미세먼지 상태가 보통이에요. 신나는 아침이 될 것 같아요. 우선 일찍 가서 며칠 전부터 연습을 시작한 외발

오늘도 학교에 갑니다

자전거를 탈까 해요. 연습을 시작하기 전에 "선생님은 4월 안에 외발자전거를 아무것도 잡지 않고 탈 수 있도록 노력할 거야"라고 아이들에게 이야기했거든요. 아이들에게 선생님도 무엇인가 배우려고 노력하고 그래서 해내는 모습을 꼭 보여 주고 싶어요. 그전까지는 일부러 어설픈 모습을 보여 주고 싶기도 하고요. 그리고 한 사람 한 사람 4월 안에 이루고 싶거나 해 보고 싶은 것들을 각자의 역사수첩 안에 적게 했어요. 아이들, 교사, 학부모가 모두 함께 가르치고 배우면서 성장하는 곳이 학교였으면 좋겠다는 마음으로요.

참, 오늘 아이들과 화전을 만들기로 했어요. 마을을 한 바퀴 돌며 화전 만들기에 쓸 꽃을 조금 따야겠어요. 학교 뒤에 작은 숲이 있는데 밧줄놀이를 비롯한 놀이 활동을 하는 곳이에요. 작년에는 아이들과 그곳에 있는 흙을 퍼다 학교 안에 작은 집을 하나 만들기도 했어요. 작은 집이라고 하기엔 어쩌면 지나치게 큰 집일지도 몰라요. 실제로 집을 지어 버렸으니까요. 숲을 지나면 무덤이 나오고 이어 배 과수원들이 있지요. 곧 있으면 배꽃이 하얗게 피어오를 거예요. 학교 둘레를 에워싼 배꽃 풍경은 아주 아름다워요.

아이코, 이제 학교 갈 준비를 할 시간이 되었어요. 학교에 가서 틈날 때 이어 쓰도록 할게요.

월요일 하루 시작은 잘하셨겠지요? 전 이제 막 아이들을 집으로 보냈어요. 오늘은 올봄 들어서 가장 볕이 따스하고 하늘이 파란 날인 것 같아요. 그래서인지 운동장에서 들려오는 아이들 소리도 더욱더 생기가 있는 듯해요. 오후엔 아까 이야기해 드린 것처럼 화전을 만들었어요. 오늘의 이 봄기운이 너무 아까워 교실이 아니라 야외 학습장에서 만들었어요. 봄꽃 아래서 화전을 만들어 먹는 기분을 어찌 전해야 할지, 이 짧은 글재주로는 도통 전할 길이 없지만 에리카 선생님은 또 '딱' 알아주실 것도 같아요.

도은이 이야기를 읽으면서 저도 우리 아이들이 한 명 한 명 떠올랐답니다. 모든 아이가 소중하고 특별하지만 올해 저는 ○○에게 마음이 많이 쓰여요. ○○은 도움반 친구는 아니에요. 작년에 우리 학교로 전학을 왔지요. 또래 친구들보다 덩치가 좀 큰 녀석인데 그전 학교에서 생긴 상처가 깊은 듯했어요.

수업 시간에 이상한 소리를 내기도 하고, 친구들의 책상을 까닭 없이 치기도 하는 등 친구들과의 갈등 상황이 참 많았어요. 학기 초 아이들이 가장 많이 한 말이 "선생님, ○○가요"였을 정도니까요. 수업 시간엔 글씨를 알아보기 힘들게 써 놓기도 하고 연산 연습을 하는데 안 하려고 갖가지 상황을 만들기도 했어요.

그런데 언젠가부터 ○○을 바라보는 아이들 사이에 편견이랄까 뭔가 일정한 규칙 같은 게 생기고 있었어요. 이러면 안 되겠다 싶어 ○○을 중심에 두고 솔직하게 이야기를 꺼냈어요. ○○이 하는 행동 가운데 불편한 것에 대한 이야기를 돌아가며 나눴어요. 어쩌면 한 친구를 몰아붙이는 폭력적인 상황이 될 수도 있겠다 싶었지만 짚을 부분을 정확하게 짚어야 문제 해결에 다가갈 수 있겠더라고요. 이야기를 들으며 친구들이 느끼는 불편 하나하나를 다시 한번 제가 풀어서 설명해 주었어요.

오늘도 학교에 갑니다

그러고 나선 ○○의 이야기를 들었죠. 문제 상황이 생길 때마다 ○○이 느꼈을 억울함에 대해서도 함께 이야기했고요. 아이들 모두의 이야기에 되도록 충분히 공감해 주려고 노력했지요. 그리고 ○○에게 몇 가지 부탁을 했어요.

- 수업 시간에 불편하고 불쾌하게 느낄 수 있는 소리 내지 않기.
- 친구들의 물건에 허락 없이 손대지 않기.
- 위협하는 행동 하지 않기.

○○도 충분히 자기 이야기를 하고 나니 마음이 괜찮았던 모양이에요. 그렇게 하겠다고 하더라고요. 또 아이들에게도 부탁을 했지요. 혹시 ○○이 이상한 소리를 내거나 불편하게 느낄 만한 행동을 하더라도 여럿이 함께 몰아붙이듯 이야기하지 말아 달라고. 그 이야기는 선생님이 하겠다고.

그 이후 ○○이 조금씩 달라지고 있어요. 수업 시간에 이상한 소리를 내는 일은 눈에 띄게 줄어들었어요. 잘하지 못하는 연산 연습도 할 수 있는 만큼은 하려고 노력하고요. 시화 수업이나 세월호 수업 작품도 정말 열심히 해서 완성하더라고요. 어떻게 하면 빠져나갈까 궁리하며 귀찮아하던 녀석인데 말이죠.

오늘 ○○이 "서윤이는 어떤 걸 좋아해?" 하고 우리 반 여자 아이에게 묻는 모습을 봤어요. 저한테도 물어보더라고요. 오늘 마니또를 새로 뽑았는데 ○○이 뽑은 마니또가 서윤이였나 봐요. 저렇게 대놓고 물으면 어쩌나 싶다가도 이렇게 한 번 두 번 이 일 저 일 직접 겪다 보면 또 깨우치게 되지 않을까 해요.

아이들 이야기를 꺼내면 번번이 주절주절 말이 참 많아져요. 에리카 선생님도 그렇지요?

날이 너무 좋아 제가 더 신났던 하루였어요. 봄꽃 그늘 아래 부쳐 먹은 화전같이 따뜻한 나날 이어가시길요.

오늘은 여기서 이만 줄입니다.

4월 10일

평택에서 심슨 드림

오늘도 학교에 갑니다

어른들이나 아이들이나 모든 생명은 최선을 다해 잘해 보려는 마음이 있어요.
실수를 하거나 뜻대로 되지 않을 때도 있지만, 그렇다고 해서 '그 잘해 보려는
마음'이 '진짜'가 아닌 것은 아니잖아요. 우리의 역할은 아마 그 생명이
잘하려고 하는 마음을 도와주고 살피는 데 있지 않을까요?

에리카

심슨 선생님.

우리 학교 뒷산은 벚꽃 비가 내리고 있어요. 분홍빛 화려한 겹벚꽃
은 조금 더 있어야 성미산을 가득 채우겠지만 하얀 벚꽃만으로도 충분
했던 어제, 저희는 성미산을 한 바퀴 돌며 그야말로 '꽃놀이'를 했어요.
아이들도, 같이 간 선생님들도 모두 행복해했지요.

산수유, 벚꽃, 개나리가 둘러서 있는 긴 계단에 앉아 눈을 감고 산에
서 나는 소리를 들었어요. 바람 소리는 물론이고 새소리, 꽃잎이 떨어지
는 소리, 귀 밝은 아이들은 '떨어진 꽃잎이 내려앉는 소리'까지 들어요.
풍경이 좋아도 너무 좋아서 "얘들아, 진짜 예쁘다! 에리카는 지금 이 순
간 이 풍경이 너무 좋은데, 너희들도 좋니?" 물으니 "네! 좋아요!"합니
다. 순간 바람이 쫘 불면서 하얀 벚꽃이 눈처럼 내리는데, 모두 숨을 멈

추고 쳐다봤어요. 짧은 시간이 지나고 "와, 예쁘다!", "눈이 오는 것 같아", "4월에 내리는 눈이다!" 저마다 이야기를 해요. 몇은 팔랑거리며 떨어지는 꽃잎을 잡으려고 뛰어다니고, 몇은 떨어진 꽃잎을 한 줌씩 모아 친구들에게 뿌려 줍니다. 아이들 웃음에 절로 마음이 환해지는 날이었지요.

선생님의 두 번째 편지를 읽으며 외발자전거를 타는 선생님 모습, "서윤이는 어떤 걸 좋아해?"라고 묻는 ○○의 모습이 눈앞에 그려지는 것 같아 반가운 마음에 슬며시 웃음이 났어요. 눈에 띄는 큰 성취나 능력은 드러나기 쉽고 알아보기 쉽지만, 아주 작은 것이나 보이지 않는 것은 살피고 찾아내는 이가 있을 때 비로소 제 빛을 드러내지요. 아이들 틈에서 ○○의 그 순간을 선생님이 '딱' 알아주어 저도 왠지 고마운 마음이 들었답니다.

실은 성미산학교에도 비슷한 일이 있었어요. 성미산학교는 1~2학년이 같이하는 수업이 많아요. 생일잔치도 같이하고, 2학기 때는 여행도 함께 가요. 2학년에 콩콩이란 친구가 있는데, 사랑하지 않을 수 없는 매력을 가지고 있어요. 그렇지만 뭔가 문제가 생겼을 때 전체 맥락과 상관없이 불쑥 큰 소리를 낸다거나, 수업 종이 쳐도 자신의 길을 묵묵히 가는 우직함, 자신의 감정과 생각을 여과 없이 전달하는 것이 친구들에게는 불편함으로 다가왔지요. 그래서 몇 친구들은 눈치도 주고 구박도 하고, 그걸 느끼는 콩콩이는 때때로 서럽고요. 그래서 더 수업에 늦게 들어오고 일부러 방해도 하고요.

어느 날 도서관 골방에 들어가 슬퍼하고 있는 콩콩이와 이야기를

오늘도 학교에 갑니다

나누었어요. 콩콩이가 느끼는 불편함을 친구들에게 잘 이야기해야 하고, 콩콩이도 노력해야 할 점이 있다는 것을 확인하는 시간이었지요. 그러고 나서 한창 수업 중인 2학년 풀잎반에 콩콩이와 함께 들어갔어요. 2학년 담임 선생님에게 함께 이야기를 나누어도 되는지 여쭈니 괜찮다 하셨지요.

우선 콩콩이가 늦게 들어온 이유를 설명하고, 저와 나눈 이야기를 간단히 전했어요. 아이들은 자신의 행동을 살펴보며 이러저러했다는 이야기를 해 줍니다. 콩콩이는 친구들 이야기를 들으며 친구들도 알고 있구나 하는 생각에 귀를 기울이고요. 이야기를 하다 보니 친구들은 콩콩이 마음을 알겠고, 어떤 점을 살펴야 하는지도 알게 되었어요. 콩콩이도 미리 이야기한 대로 갑자기 큰 소리를 내는 것, 늦게 들어오거나 방해하는 것 등은 노력해 보겠다 합니다. 친구들도 여기에 덧붙여 콩콩이에게 부탁하고 싶은 점을 따뜻하게 잘 전했어요.

"연필이 없어졌을 때 '1번, 으앙~ 내 연필이 없어졌어요~~!'라고 우는 소리로 크게 말한다. '2번, 앗! 연필이 없어졌네. 아…… 이따 찾아봐야겠다!'라고 마음속으로 생각하고 꾹 참는다"라고 물으니 콩콩이도 친구들도 모두 "2번!"을 외칩니다. "콩콩이가 뭔가 놓친 것 같을 때 '1번, 야! 콩! 콩! 그만해!', '2번, 콩콩아~ 지금은 이거 먼저 해 볼까?'", 이번에도 친구들은 이구동성 "2번!"

우리는 콩콩이가 약속을 잊어버렸을 때는 다정하게 '콩콩아, 2번!' 하고 힌트를 주기로 했어요. 부드럽고 다정하게 말하기! 콩콩이도 노력해 보겠다 하고, 친구들도 의지를 불태웠지요. 그 뒤에 풀잎들은 자기들끼리의 암호처럼 '2번, 2번' 속삭이고 있어요.

저는 서툴고 울퉁불퉁해서 이리 쿵 저리 쿵 하는 아이들에게 특별한 애정이 있어요. 그래서 만나 본 적 없는 ○○와 자신들의 예쁜 마음을 잘 꺼내 쓰며 두루두루 1년을 잘 지낼 선생님 반 아이들, 그리고 초록이들은 물론, 2학년 풀잎반 콩콩이와 콩콩이 친구들의 시간들이 참 기대가 되어요. 쓰면 쓸수록 커지고 많아지는 '마음'이라는 보물을 잘 꺼낼 수 있도록 내가, 우리가, 서로가 잘 살피며 지내면 좋겠어요.

콩콩이 이야기가 길었네요. '수학' 이야기를 하고 싶었는데 말이지요. 엄밀히 말하면 수학을 매개로 역시 아이들 이야기가 되겠지만요. 아무튼 그 이야기를 하려면 작년에 함께 지냈던 아이들 이야기를 하지 않을 수 없어요.

저는 작년에 아주 환상적인 한 해를 보냈어요. 아홉 명의 번개(제가 작년에 맡았던 반 이름이 번개반이었어요)들과 1년을 지냈는데, 한 명 한 명 사랑스러움과 특별함으로 무장한 개성파들이었지요. 화려한 포장지를 조금 벗겨 유머를 입힌다면, '분 단위로 쏟아지는 민원(?)을 처리하느라 화장실 갈 틈도 없었다' 정도면 살짝 이해가 될까요?

올해 3학년이 되어 2층 살림반으로 올라간 녀석들 몇은 이제는 초록반이 된 옛 번개반 교실에 자주 옵니다. 포옹 진하게 하며 충전하고 가는 녀석도 있고, 동생들이 수업하고 있는 창문가에 붙어 있기도 하고, 잘 만든 장난감이나 신기한 것을 보면 꼭 와서 이야기하는 녀석도 있어요. 작년의 엄청난 시간들은 저에게 깊은 깨달음을 남겼는데, 그 아이들이 여전히 그립고 아련한 것을 보면 정이 들어도 아주 담뿍 들었지요.

오늘도 학교에 갑니다

1학년 초록이들과도 즐겁게 지내지만 3학년이 된 번개들은 잘 지내고 있나, 어려운 점은 없나 늘 레이더가 2층을 향해 있어요. 2층 선생님들과 긴밀한 대화는 물론이고, 부모님들은 잘 지내시나 가끔 연락을 드리기도 하고요.

몇 주 전부터 3학년 수학 수업이 쉽지 않다는 소식을 듣고 한 번 가봐야지 마음먹었는데, 마침 기회가 되어 지난주 목요일 3학년 수학 수업에 들어가 보았어요. 비록 헌 담임이지만 오랜만에 교실에서 본다고 반가워하더라고요.

수업을 시작하는데, 아이쿠! 역시 몇 명은 잘 듣고 있고, 몇 명은 우주여행 중, 우주여행 중인 아이들에게는 중간 과정이 필요해 보였어요. 작년에 같이해서 뭘 아는지 모르는지 알고 있기에 녀석들이 할 수 있는 문제를 우선 풀게 하고, 익숙해졌을 때 살짝 수준을 높이면서 차근차근 풀어 나가니 아이들 표정이 조금씩 밝아져요. 웃으며 문제를 풀고 있는 아이들이 대견했어요. 작년보다 훨씬 셈이 빨라지고 능숙해진 아이들이 신통방통해 저도 신이 났고요.

번개반 시절, 저는 수학 수업에 세 가지 수준의 활동지를 준비했어요. 한 가지 수준의 활동지로는 모두를 만족시키기 어렵고 놀이나 활동 같은 것은 서로 살펴 주며 하는 것이 가능하지만, 문제를 풀 때는 우선 '할 수 있다', '해 볼 만하다', '해 보고 싶다'는 생각을 하는 것이 필요했거든요. 가끔은 즉석에서 문제를 내 풀어 보게 하면서 수업 시간에 누구도 소외되지 않게 하려는 노력을 많이 했어요. 그래서 각자 수준이 다르고 푸는 문제도 저마다 달랐지만 수학의 즐거움을 조금씩 느낄 수 있도록 했어요. 잘하는 친구들은 어려운 문제를 주었을 때 더 즐거움이 넘치지만 어려움이 있는 친구들은 할 수 있는 문제로 충분히 예열을 한 다음에야 비로소 도전해 볼 힘이 생기더라고요.

수업을 마치고 수학 선생님과 잠시 이야기를 나눴는데 오늘 아이들 수업 태도가 정말 좋았다고 하셔요. 이 정도면 해 볼 만하겠다 하시고, 감동했다 하셨지요. 그리고 앞으로 수정 교안을 준비해 보시겠다 하셨어요. 한두 번은 더 살피러 오겠다 말씀드리며 조금 어려울 수 있지만 참 괜찮은 아이들이니 곧 사랑에 빠지실 거라 너스레도 떨었어요.

몇 주 전, 2학년 수학 수업도 들어갈 기회가 있었어요. 역시 여기에도 우주를 사랑하는 아이들 몇 포착! 얼굴에는 짜증이 가득하고, 여기저기서 "모르겠어요"를 외치며 선생님 이름을 자꾸만 불러요. 선생님도 아이들도 도움이 필요하겠다 싶어 선생님께 두 번 정도 수학 수업을 해 보겠다 부탁을 드렸어요. 받아 올림, 내림이 없는 덧셈이라 어렵지 않지만 잘 모르면 막막하겠지요. "두 자릿수 덧셈은 세로 셈으로 해 보면 쉬운데, 숫자를 쓰고 가운데에 선을 살짝 긋고 뒤에서부터 더하면 돼!" 우선 아주 간단하게 설명하고 연습 문제를 풀면서 슬슬 몸을 풀었지요. 아이들의 기운이 조금씩 달라지면서 슬슬 즐거움이 삐져나오고, 재미있다는 이야기도 솔솔 흘러나옵니다.

다음 수학 시간, 책은 옆에 두고 골든벨로 문을 열어요. 종이를 여덟 칸으로 곱게 접어 준비를 하고, 지난 시간까지 배웠던 것을 문제로 냅니다. 전원 정답이면 풀잎 하나씩 적립! 열한 개가 되면 즐거운 일이 벌어질 거라 하니 아이들 표정이 꿈틀꿈틀 씰룩씰룩. 지난 시간에 설명한 방법을 다시 한번 알려 주고 문제를 푸는데, 옆 친구가 다 풀 때까지 기다려 달라 하고 혹시 친구가 놓치면 친절하게 설명해 줍니다. 전원 정답! 외치니 모두 와~ 소리를 지르고요. 한 명도 빠지지 않고, 아홉 명 모두 즐겁게 합니다. 문제를 풀면서 아이들이 하는 이야기, "아! 수학, 진짜 재밌어!", "계속 하고 싶다!", "에리카, 신기해요. 제가 혼자 문제를 풀 수 있어요!" 순간에 흠뻑 빠져 환한 아이들 얼굴, 아이들이 느끼는 마음들을 마주하니 제 마음도 두근두근했답니다. 아이들은 그날 쌀소라 과자를 맛있게 나눠 먹었고, 그 기운 받아 재빨리 점심을 먹고 또 수학책을 펼쳤다는 소문이 바람결에 들려왔지요.

　1~2학년이 함께 생활하다 보니 더러 옆 반 면담도 같이 들어가곤 해요. 어제 2학년 땡땡이 어머니랑 면담을 하며 이런저런 이야기를 하는데, 얼마 전에 땡땡이가 잠자리에 누워서 갑자기 "아, 수학 진짜 재밌어. 엄마 들어 봐. 계산을 하려면 자리를 맞춰서 숫자를 쓰는 거야. 34, 25. 그런 다음에 이게 진짜 중요한데, 가운데에 선을 쫙 그어. 그리고 뒤에 있는 건 뒤엣것끼리, 앞에 있는 건 앞엣것끼리 더하면 돼. 뺄셈도 마찬가지야. 진짜 쉽지?"라고 했다며 배우는 즐거움을 알아가는 땡땡이에게 감동받았다는 이야기를 전하지 뭐예요. 그 이야기를 듣는데, 머리에서부터 발끝까지 찌르르 전기가 흐르는 느낌이 들었어요. 세상의 모든 것은 비밀을 담고 있고, 배운다는 것은 이런 비밀을 하나하나 발견해 나가는 것이지요. 기쁨은 보너스일 테고요. 그 기쁨을 아는 아이와 그것을 기뻐하는 어른들이 있으니 고맙다는 생각이 들었어요.

　저는 언제부터인가 아이 탓을 하는 어른들이 불편해졌어요. 물론 모든 것이 어른들의 탓이라는 단순한 결론 역시 아니고요. 그건 아마도 작년의 특별한 경험이 준 선물이 아닌가 싶어요. 어른들이나 아이들이나 모든 생명은 최선을 다해 잘해 보려는 마음이 있어요. 실수를 하거나 뜻대로 되지 않을 때도 있지만, 그렇다고 해서 '그 잘해 보려는 마음'이 '진짜'가 아닌 것은 아니잖아요. 우리의 역할은 아마 그 생명이 잘하려고 하는 마음을 도와주고 살피는 데 있지 않을까요? 포장지는 거칠어도 그 속에 담긴 마음을 안다면 우리는 소중한 것들을 조금 더 잘 볼 수 있게 되겠지요. 아이들의 행동을 긍정하고, 그 의지를 수용하고, 우리가 할 수 있는 것들을 찾고 돕는 것, 적절하게 표현하는 방법을 알려 주는 것, 다그치지 말고 부드러운 눈으로 다정하게요. 저도 아이들을 만나면서 그렇게 조금씩 다듬어지고 있다는 생각을 해 봅니다.

친구에게 수다 떠는 것처럼, 별별 이야기를 많이도 했네요. 그런 친구가 되어 주신 심슨께 고마움을 전하며, 다음 편지에서 만나요!

4월 15일
에리카 드림

오늘도 학교에 갑니다

오늘의
깨달음

때론 싸워도 봐야 하고, 때론 다쳐도 봐야 하고,

때론 위험과 불편함에도

직면해 봐야 하지 않나 생각해요.

심슨

에리카 선생님.

지난번 선생님 편지를 받고 바로 답장을 해야겠다고 생각했는데 또 한참 지나 편지를 띄웁니다. 잘 지내셨지요?

연두와 초록이 지천이에요. 계절이 이렇게 깊어졌는데 제 외발자전거 실력은 아직 어설프기만 합니다. 4월 안에 보조기 없이 타는 게 목표였는데 이제 겨우 손을 놓고 한 발 두 발 낑낑대며 타고 있어요. 우리 반에는 제법 능숙하게 타는 아이들이 많아요. 그러니 제가 얼마나 어설퍼 보일까 싶지만 바로 그런 모습을 아이들에게 보여 주고 싶었어요. 어설프지만 무엇인가 해내려고 애쓰는 선생님의 모습이요. 또 학교는 잘 모르고 잘하지 못하는 사람들 누구나 다양한 시도와 도전을 하는 곳이라는 걸 삶을 통해 보여 주고 싶기도 했어요. 그러니 오늘 저의 우스꽝스

오늘도 학교에 갑니다

러운 모습은 모두 제가 의도한 걸로 해 둘까 봐요.

오늘 아침엔 오랜만에 만난 녀석들이 다가와 짧은 방학 동안 있었던 이야기들을 재잘거리네요. 집에서 키우던 토끼가 죽어서 묻어 준 이야기, 꿈에 친구가 나왔던 이야기, 어제 교회에서 만나 서로 장난을 쳤던 이야기 등등. 한 녀석 이야기를 귀 기울여 듣고 싶은데 동시에 여러 녀석이 재잘거리니 어느 녀석 이야기를 먼저 들어야 할지 정신이 하나도 없어요. 아이들 이야기를 들으며 저는 어제 미세먼지 속에서도 종일 자전거를 탔던 이야기를 들려주었어요. 마지막에 넘어졌던 이야기를 하며 살짝 다친 두 손을 보여 주니 또 넘어져 다쳤냐며 안타까워하더군요.

이번 주는 저희 반 아이들과 공부하는 시간이 많지 않아요. 오전에는 학년과 학급을 섞어서 각자 선택한 것을 공부하는 '계절학교' 주간이거든요. 계절학교는 주기 집중 무학년제 수업으로 탁구, 티볼, 인라인, 사진, 수채화, 과학탐구, 생태, 목공 등 평상시 수업에서 하기 힘든 프로그램을 아이들이 직접 선택해서 공부해요. 저는 이번에 티볼부 친구들과 함께하게 되었어요.

이렇게 전체 학년을 넘나들며 하는 수업은 '자기계발의 날'에도 운영되고 있어요. 한 달에 두 차례 세 시간씩 꾸준히 기능을 익혀 나가야 하는 프로그램들이 중심이 되지요. 바느질, 난타, 발도르프 조소, 합창, 우쿨렐레, 오카리나, 판소리, 가야금, 한국무용, 택견, 음악줄넘기, 저글링, 외발자전거, 디아볼로 등을 교육과정 안에 담아 놓았어요. 예산을 편성해 전문 기능을 가진 강사 선생님을 모셔 수업하고 있고요. 저는 3년째 저글링부를 맡고 있어요.

그동안 나이가 같다는 이유로 딱 한 학년에, 그것도 한 반에만 갇혀 생활해야 하는 학교의 틀이 답답하다는 생각을 했어요. 교실 안에서 자신의 문제를 해결하지 못하거나 성장의 가능성들과 만나기 어려운 경우 이렇게 틀과 경계를 넘나들며 해법을 찾을 수 있지 않을까 생각해요. 다양한 방식으로 반과 반도 넘나들고, 또 학년과 학년도 넘나들고, 교과와 교과도 넘나들고, 학교와 학교 밖도 넘나들었으면 좋겠어요.

제가 있는 곳은 공립학교인지라 기본적으로 학교가 가진 틀을 깬다는 것이 쉬운 일은 아니지만 다양한 형태로 그런 시도를 벌이고 있답니다. 앞서 이야기해 드린 것처럼 무학년제 수업도 그렇고, 1학년과 6학년이 함께 수업을 진행하기도 하고요. 또 1~2학년, 3~4학년, 5~6학년, 이렇게 두 학년씩 선생님들이 한 조가 되어 수업을 계획하고 진행하기도 해요. 아이들이 수업을 넘나들 수 있게 하려고 선생님들도 모여서 머리를 맞대는 매주 수요일 오후엔 짝꿍 학년별로 모인답니다. 에리카 선생님 편지를 보니 성미산학교는 이미 그렇게 운영하고 있네요. 일상에서 훨씬 더 자유롭게요. 앞으로 성미산학교의 교육과정과 학급 운영에 관해 더 자세히 들려주시면 좋겠어요.

오늘은 제가 속해 있는 3~4학년 이야기를 해 드릴게요. 3~4학년은 각 학년마다 두 반씩인데 기본적으로는 학년 단위로 수업을 하지만 학년을 섞어 하는 수업들도 함께 계획해 진행하기도 해요. 이외에도 한 달에 한 번 다모임을 운영하고, 한 주에 한 번 네 반을 섞어서 조를 짜 체육활동을 하기도 합니다.

이번에 마을을 주제로 3~4학년이 함께 수업을 했는데, 내촌이란 마을길을 지나 배다리 생태공원까지 4킬로미터를 걸어갔어요. 거기서 간식 먹고 뛰어놀기도 하고, 개나리 풀피리도 만들어 보고, 식물에 대한 공부도 했네요. 다녀와선 우리가 다녀온 길 이름을 3~4학년이 함께 지어 붙여 보기로 했지요. 그렇게 함께 걸었던 4킬로미터 길에 '배다리꽃길'이란 이름을 붙였고, 우리 스스로 그 길을 잘 걸었다는 걸 인증하는 버튼을 만들어 하나씩 나눠 가졌어요. 배다리꽃길은 앞으로 우리 학교 둘레길 중 하나가 될 거예요. 3~4학년은 마을에서 함께 벼농사도 지어요. 한 마지기 정도 되는데 3~4학년이 모두 손으로 농사를 짓고 있어요. 다음 주에 모내기를 할 거라 지난달에 토종 볍씨로 모판 작업을 해서 못자리를 만들어 놓았어요. 그런데 뭐가 잘못되었는지 잘 자라지 않아 걱정이에요. 다음 주 모내기는 무사히 할 수 있겠죠? 작년에는 아이들과 쟁기로 논을 갈아 보기도 했는데, 올해는 아쉽게도 쟁기질은 못했어요. 가을걷이도 아이들이 낫으로 직접 해요. 그러고 나선 와롱이를 이용해 탈곡을 하고, 나락을 말려 정미까지 학교 안에서 다 마무리 짓지요. 작년에 3~4학년 아이들이 농사짓고 수확했던 쌀 이름은 '울고갈쌀'이었어요. 올해는 어떤 이름의 쌀이 탄생할지 모두 기대하고 있답니다.

'우주를 사랑하는 아이들'과 함께했던 번개반 이야기를 보니, 저를 거쳐 간 수많은 '우주를 사랑하는' 아이들이 떠올랐어요.

지난해에 만난 호건이란 친구가 있어요. 우리 반뿐만 아니라 우리 학교에서 우주를 사랑하는 데 둘째가라면 서러울 대표 선수였지요. 호건이는 세상에 벌어지는 모든 일이 궁금한 호기심덩어리였어요. 조금 과장하면 세상 모든 일에 참견하고 말을 걸어야 직성이 풀리는 아이였지요. 그러다 늦거나 사라지는 일도 참 많았어요. 한번은 아이들과 함께 마을 한 바퀴 돌기를 했는데 한참 걷다 보니 한 명이 없는 거예요. 확인해 보니 호건이가 사라졌더라고요. 분명히 출발할 때는 함께 있었는데 나무와 돌멩이, 꽃, 풀에 인사하고 말 거느라 뒤처진 거죠. 그런 와중에 어디서 난 건지 온몸에 밧줄을 감고 나타났어요. 모두 배를 잡고 웃었죠. 언젠가는 나무 위에 올라가 오줌을 시원하게 갈겼대요. 전 직접 보지는 못하고 전해 들었는데 그 장면을 상상하니 어찌나 웃기던지요. 하지만 정색하고 "한 번 해 봤으니 이제는 그러지 말자"라고 말해 줬어요.

친구들을 놀리다 싸움이 나기도 하고, 또 다치기도 하고 날마다 사건 사고를 몰고 와서 그걸 함께 해결하느라 정신이 하나도 없었던 작년, 담임인 저도 저지만 호건이 어머니도 날마다 조마조마 미안해하셨어요. 작년에 호건이가 쓴 「선생님」이라는 시 한번 보실래요?

우리 반 선생님은
나만 보면 얼굴을 찌푸린다.
그럴 때는
내가 무슨 일을 한 거다.
우리 반 선생님은
나 때문에
마음을 놓을 수가 없다.

자기도 알고 있는 거죠. 신기한 건 그렇게 말썽을 부려도 이 녀석을

오늘도 학교에 갑니다

싫어하는 사람이 없다는 거예요. 한번은 제가 어항 물을 갈다가 어항을 떨어뜨려 깨뜨린 적이 있어요. 아이들은 선생님이 사고 쳤다며 낄낄대는데, 호건이는 후다닥 보건실에 가서 반창고를 들고 오더니 피가 나는 제 손에 붙여 주더라고요. 담임의 자리에서 많이 혼낼 수밖에 없지만 그래도 전 내내 호건이가 참 좋았어요.

그해 마지막 반 모임 때 아이들이 편지를 써서 책으로 만들어 줬는데 그걸 호건이 어머니가 모두 읽어 주셨어요. 다들 울음이 터져 졸업식 하는 줄 알았다니까요. 호건이가 쓴 글도 보여 드릴게요. 열 번째 이유를 읽으면서 그만 배를 잡고 웃어 버렸어요.

심은보 선생님이 좋은 열 가지

1. 선생님은 우리 말을 잘 들어주신다.
2. 선생님은 개성 있게 생기셨다.
3. 선생님은 엄마가 못 먹게 하는 라면을 먹게 해 주셨다.
4. 선생님은 유머가 있다.
5. 선생님은 숙제를 조금만 내주신다.
6. 선생님은 무서울 때는 무섭고 착할 때는 천사다.
7. 선생님은 우리랑 신나게 놀아 주셔서 좋다.
8. 선생님은 공부를 재미있게 가르쳐 주신다.
9. 선생님은 공평하시다. 그런데 다수결이 문제다.
10. 선생님은 나 같은 말썽꾸러기를 가르쳐서 속이 새까매지셨을 텐데 표시가 안 나서 제일 좋다.

남들이 뭐라고 해도 저는 호건이의 이런 자유분방함이 좋아요. 그리고 어른들이 염려하고 걱정하는 것보다 훨씬 잘 성장할 것이라는 확신도 있고요. 아이들은 언제나 온몸으로 성장하고 있어요. 싸워도 봐야 하고, 다쳐도 봐야 하고, 때론 위험과 불편함에도 직면해 봐야 하지 않나 생각해요. 물론 어른들의 눈으로 그런 과정을 지켜보는 게 쉬운 일은 아니지요. 그러다 보니 그 자체를 교육이라는 이름으로 차단하고 있는 것 같아요. 그러면서 깨치고 성장하는 것이 훨씬 더 중요할 텐데 말이죠. 제가 아이들과 부대끼며 하루하루 선생으로 깨쳐 나가며 성장하고 있는 것처럼 말입니다.

참, 지난 편지에 에리카 선생님이 들려주신 콩콩이 이야기는 ○○ 이야기와 참 비슷하다고 생각했어요. 또다른 콩콩이와 ○○가 많이 있겠지요. 3월과 4월에 ○○의 마음을 읽어 주는 일에 집중했다면, 5월부턴 조금 더 구체적으로 도울 생각이에요. 친구들에게 피해가 가서 불편할 수 있는 행동들에 대해 때론 단호하게 때론 다정하게 알려 주려고 마음먹고 있어요.

너무 오랜만에 편지를 띄우자니 답장을 기다리고 계셨을 선생님께 죄송한 마음도 들고 중언부언하는 느낌이라 민망합니다. 하지만 이렇게 중언부언일지라도 학교 이야기며 아이들 이야기를 허물없이 꺼내 놓을 수 있는 벗, 에리카 선생님이 있어 저도 참 좋아요.

5월 8일
평택에서 심슨 드림

선생님 편지를 읽으면서 '애씀'이란 낱말이 떠올랐어요.

이번 이야기는 제 편견을 고백하는 일이 되겠네요.

에리카

심슨 선생님!

아주 오랜만의 편지, 잘 받았어요. 제가 선생님 편지 기다리다가 목이 얼마나 늘어났는지 아세요? 좀 너무하긴 하셨어요. 그래도 오랜만에 선생님 지내는 이야기 읽으니 반가운 마음이 더 크긴 했답니다.

목련이 필 무렵에 시작한 편지였는데 어느새 화려한 겹벚꽃을 지나 달콤한 향을 먼 데까지 날리던 아카시가 꽃잎을 눈처럼 날리고 있어요. 향도, 꽃도, 잎도, 가지도, 또 눈물이든, 웃음이든, 꾹 참은 아픔이든 제 계절을 잘 살아 내고 있는 모습은 무엇이든 아름답지요.

지난번 편지 이후 홍성으로 봄 여행을 다녀왔어요. 성미산학교는 3박 4일간 봄 여행, 가을 여행을 떠나요. 봄에는 1~5학년까지 모두, 가을에는 1~2학년, 3~5학년끼리요. 안내지에 적힌 준비물을 보고 동그라미 치며 스스로 짐을 싸고, 여행지에서는 서로 돌보며 지내고, 자연 속 시간과 장소에 흠뻑 빠져 보내죠.

여행이 모든 아이에게 즐겁기만 한 것은 아니겠지요? 여행을 떠나는 날, 엄마와 헤어져 자는 사흘이 슬픈 아이 몇몇은 벌써 눈가가 빨개요. 이 어린이들 중 몇은 도착과 동시에 엄마를 잊고 잘 놀기도 하지만, 몇은 문득문득 그리움에 몸서리를 치기도 한답니다. 주로 1~2학년 친구들의 눈에 눈물이 그렁그렁하지만, 드물게 고학년 형님이 눈에 띄기도 해요.

올해도 어김없이 눈물 사단이 있었어요. 동동이는 씩씩하게 출발하고 종일 잘 놀았는데 저녁 먹을 때 눈이 빨개지더니 눈물을 떨궜어요. 언니, 오빠, 친구 들이 달래도 소용이 없어요. 그래서 동동이와 계단참에 앉아 긴 이야기를 나누었지요. 엄마가 보고 싶다는 동동이에게 누구에게나 주어진 시간은 같다, 울어도 웃어도 똑같은 시간이다, 울지 웃을지는 너의 선택이고 선택한 것으로 네 시간을 채우는 거라고 이야기해 주니 웃으려 노력해 보겠다고 해요. 밤이 무섭다는 (교회 다니는) 동동이에게 '하나님은 사랑하는 사람에게 잠을 준단다, 밤은 쉬는 시간이고 몸과 마음이 건강한 상태로 돌아가는 시간이야, 무서워하지 않아도 된다'고 하니 울면서도 고개를 끄덕였어요. 씩씩하게 첫날 밤을 보내고 웃으며 일어난 동동이! 물론 그 후에도 무시로 눈이 빨개지며 저에게 얼굴을 묻었지만, 마지막 날에는 4일 금방 지나간다며 오늘은 집에 가니 안 울 거라고 환하게 웃었지요. 처음부터 좋은 것도, 처음부터 나쁜 것도 없는 법. 눈물의 날들 속에서 동동이는 어떤 마음을 키웠을까요?

이번 여행에서는 나무 깎기도 하고 빵도 만들었어요. 여행 때마다 하는 걸어서 두 시간, 홍동 나들이! 걷다 농막에 들러 바람도 맞고, 보리피리도 불고, 풀싸움도 했고요. 아침 먹고 느지막이 천천히 걷는 그 평화를 아이들도, 어른들도 아주 사랑해요.

밤에는 아이들이 사랑하는 담력 훈련도 하고, 모두가 1년을 고대한 올림피아드 예선과 결선을 했어요. 올해 올림피아드 종목은 이쑤시개 멀리 던지기, 동전 던지기, 병뚜껑 튕기기, 돼지씨름, 단체줄넘기, 제자리멀리뛰기! 친구가 던질 때 잘하면 환호하고 놓치면 아까워하는 모습, 잘 못하는 친구를 격려하면서 함께하려는 모습, 신발 젖은 동생에게 자기 운동화를 선뜻 내어주는 모습, 두 시간 동안 땡볕에 앉아 꿈쩍도 않고 나무 깎는 모습, 아이들 각자가 만날 그 순간을 위해 성미산학교는 여행을 갑니다.

요즘 초록반은 '알과 씨앗'에 이어 '자전거' 주제 탐구를 하고 있어요. 주제 탐구는 한 학기에 4개의 주제를 다양한 방식으로 탐구하는 것인데, 이번 학기에는 학교야 안녕(학교 입문 프로그램), 알과 씨앗, 자전거, 물을 탐구해요.

자전거 주제 탐구에서는 자전거 동화책도 함께 읽고, 자전거를 그리고 분해하며 자전거를 세심하게 보았어요. 안전교육을 통해 '자전거는 잘 타는 것이 아니라 안전하게 타는 것이 중요하다'는 것도 알게 되었지요. 어제는 부천에 있는 자전거 박물관에 다녀왔고요. 다음 시간에는 자전거의 원리에 대해서 알아보고, 동네 자전거포에 가서 자전거 수리와 관리에 대한 이야기도 들을 예정이에요. 마지막에는 자전거 필기 시험, 실기 시험을 쳐서 자전거 면허도 발급할 예정이고요. 아이들은 지금 자전거에 푹 빠져서 올해 꼭 면허를 따겠다고 다짐하며 틈만 나면 자전거를 타고 싶어 하고, 자전거 이야기를 늘어놓아요. 6월에 마지막 주제 '물'을 시작하면 언제 그랬냐는 듯 새침하게 물에 흠뻑 빠지겠지만 지금을 잘 살아 내는 아이들이 함함합니다.

심슨 선생님 편지를 읽자니 아이들 모습이 떠올라 살며시 웃음이 났어요. 귀여운 호건이 모습도 상상해 보고, '울고갈쌀'이라고 이름 붙인 아이들의 재치도 떠올려 보고요. 여기나 거기나 서로 이야기를 하겠다고 아우성치는 아이들! 지금 초록반은 조금 덜하지만 최근 몇 년간 저는 번호표를 발급하느라 바빴답니다. 말하고 싶어 하는 아이들이 많아서 하고 싶은 말 있는 사람은 번호표부터 뽑으라 하면 "나 1번, 나 2번, 난 3번" 하면서 알아서들 해요. 나름 살피려는 모습이 대견해 저도 모르게 빙그레 웃어요.

선생 처음 할 때 '해야 한다'가 적지 않았던 저는 수업 시간에 저를 안 보거나, 여럿이 동시에 말하면 분노 게이지가 빠른 속도로 올라갔는데, 몇 년간의 아름다운 시간을 거치며 훨씬 여유로워졌어요. 아이들과 지내며 저도 많이 컸고, 처음에 비하면 제 마음 그릇도 많이 넓어졌어요. 자연스러운 아이들의 모습, 생명력을 따뜻한 마음으로 보고 해석해 내는 여유를 주는 곳이 있다면 매일 조금씩 더 얻어 오고 싶어요!

성미산학교 1~2학년에서는 아이들 이야기를 잘 듣자는 뜻을 담아 '마주이야기'를 써요. 일주일에 한 번 월요일에 아이들이 가져오는데요, 부모님들이 주로 쓰고, 가끔 제가 쓰기도 해요. 아이들이 하는 이야기,

기발한 이야기, 재미난 이야기, 감동적인 이야기도 쓰고, 심각하게 나눈 이야기도 써요. 부모님도 그렇고, 저 역시 아이를 눈여겨보고 마음의 흐름을 놓치지 않으려고 애쓰지요. 집에서 써 온 마주이야기를 읽으며 아이의 요즘 생각과 고민도 알게 되고, 아이를 이해하는 데 도움을 많이 받아요. 아이의 반짝이는 순간을 잠시 잡아 놓은 듯 소중해지는 것은 덤이고요! 인정하고 공감하는 것이 치유의 시작이라는 단순한 명제가 새삼스러우면서도 나부터 아이들 이야기를 잘 들어야지 생각해요.

선생님 편지를 읽으면서 '애씀'이란 낱말이 떠올랐어요. 이 이야기는 제 편견을 고백하는 일이 되겠네요. 그래서 대안학교에서 일하고 있는 건지도 모르겠지만, 저는 공교육에 대한 편견이 있었어요. 학창시절에 만난 선생과 학교는 물론이고, 현재의 교육 시스템과 교사라는 집단에 대한 편견이지요. 그 편견은 여전히 현재진행형이기도 하지만 선생님과 이야기를 하며 조금씩 물음표와 느낌표를 붙여 보고 있어요.

사실 최근에 초등학교(에서 유능하다고 인정받는) 교사인 어떤 페친의 글들을 보면서 제가 가진 편견을 새삼 실감하고 있어요. '능력', '기술'을 기반으로 학급 혹은 학생을 '장악'하는 방법과 무용담들, 부모를 설득하는 비법, 모든(혹은 많은) 것을 단순하게 '매뉴얼'로 만들어 버리는 글들을 볼 때마다 삶의 많은 차원과 사람이 가진 다양한 면을 그렇게 일반화시킬 수 있을까 하는 생각이 들었어요. 모든 것을 다 아는 것 같지만 정말 중요한 것을 놓치고 있는 것은 아닐까 하는 질문이요. 마치 아주 잘 정비된 시스템이 있지만 그 속에 마음이 담기지 않은 느낌이라고 할까요?

누군가와 이야기하다 가끔 얼굴이 굳을 때가 있어요. "그런 아이는", "그런 부모는"이란 말을 들을 때예요. 자신의 경험을 상대에게 나누어 주려는 좋은 의도야 백 번 이해하지만, 저는 그 밑에 깔려 있는 생각—사람은 몇 가지 부류로 나눌 수 있다고 단순하게 일반화시키는 것, 내 경험이 옳다, 각각의 경우에 맞는 처방이 있다고 확신하는 것 등—이 뭘까 떠올리면 마음이 불편하더라고요. 백 명이 있으면 백 가지 인생이 있는 것이고, 누구도 한 인생이 가진 다양한 면을 알 수 없지요. 섬세하게 보려고 노력하고 객관적으로 판단하려고 애쓰지만 우리가 하는 것이 '정답'인지는 누구도 알 수 없어요. 그렇다면 선생이 누군가와 만나는 것의 가치는 '정답'을 실행하는 데 있는 게 아니라 '최선'을 실행하는 데 있는 게 아닐지…….

사실 저는 '유능한 교사'를 경계하려고 노력해요. 유능한 교사는 무능한 교사를 배경으로 하고 있고, 그것은 비교를 전제로 하는 것이니까요. 가까이 만나면 누구에게든 교사로서의 장점이 있고, 그것은 아이들과 만나 각기 다른 빛깔을 만들어 내지요. 각 교사가 만들어 내는 에너지는 우위의 문제가 아니라 어쩌면 영역의 문제인 것이고, 각자가 그리는 그림은 다 다를 거예요. 하지만 재미있는 것은 스스로는 '잘한다, 못한다'라는 말로 구분하지 않으려 하고, 있는 그대로의 장점을 인정하려고 노력하지만 정작 저는 '잘하고 싶어' 한다는 것이지요. 제가 가진 아이에 대한 연민과 사랑, 아이의 과거와 현재를 미래와 매끄럽게 이어 주고 싶어 하는 마음도 너무너무 진짜인 것을 알지만, 마음 주변에는 인정받고 싶어 하는 마음과 유능한 교사가 되고 싶어 하는 마음이 도사리고 있어요. 잘하고 싶어 하는 마음은 '나는 당신과 달라. 아이들 한 명 한 명 특별함에 주목하고, 작은 것 하나도 놓치지 않고 살피느라 애쓰고 있거든. 나 꽤 잘 하잖아?' 하는 자만심 같은 걸로 이어지기도 하고요. 나의 최선이 상대의 최선과 다를 수 있다는 것을 머리로는 알면서도 상대의 최선보다는 나의 최선에 더 높은 점수를 줄 때도 많지요. 아⋯⋯ 이러려고 꺼낸 말이 아니었던 것 같은데, 이 글은 저를 자기반성으로까지 이끄네요.

다시 '애씀'으로 돌아가자면요, 가끔 당연한 이야기가 문득 새삼스럽게 다가올 때가 있잖아요? 선생님과 편지를 나누며 그래요. 계절학교를 하고, 학년끼리 넘나들 수 있게 기획하고 실천하는 모습, 모내기를 하고, 쌀을 수확하고, 결정적으로 호건이에 이르면⋯⋯. 여기저기서 그렇게 애쓰며 작은 차이라도 만들어 내려는 사람이 많구나 하는 발견을 할 수밖에요. 저만 멋지게 애쓰는 줄 알았더니 굳고 단단한 시스템 속에서 변화의 씨앗을 심으려 하는 '심슨의 최선', 그리고 박봉, 고된 업무, 정신노동까지⋯⋯ 어려운 환경 속에서 쉽지 않은 일을 나름대로 즐겁게 하는 '저의 최선', 모두 아름답다는 고백을 하지 않을 수 없어요.

찰떡같이 알아들으시겠지만, 이것은 심슨에 대한 이야기가 아니라 공교육에서 애쓰는 사람들의 한계를 생각하며 가졌던 편견, 말끔하지는 않아도 조금씩 이야기를 나눌 틈이 보였다는 저의 고백인 셈이지요. 상대의 진심과 선의를 놓치지 않으면서도 각자의 자리에서 '잘' 살아 내는 것! 상대의 빛나는 애씀을 귀하게 보아 주는 것! 나의 최선을 귀하게 여기고, 상대의 최선도 허투루 보지 않을 것. 오늘 제가 깨달은 것입니다.

아이고, 또 이렇게 주책을⋯⋯. 이제 세 번째 편지니 너른 마음으로 이해하시리라 믿어요. 두 장쯤 써야지 했는데 쓰다 보면 번번이 이리 길어지네요.

내일은 제가 통합교사로 처음 성미산학교에 왔을 때 함께 지냈던 친구랑 홍성에 가기로 했어요. '장애와 농업' 포럼이 있어 보러 가는 김에 나들이 가는 거지요. 편지 안 써서 놀 때 뒤통수 당기지 않도록 밤새 쓰고 있어요. 그런데 이러다 같이 놀지도 못하고 쓰러지는 건 아닌지 걱정이 살짝 드네요. 이제 잠시 눈을 좀 붙여야겠어요.

오늘의 편지는 이만 줄일게요. 또 뵈어요.

5월 20일
에리카 드림

매일매일
기적을 보여 주는
아이들

에리카 선생님께.

지난번 편지를 너무 늦게 보내 죄송한 마음에 서둘러 편지를 씁니다. 5월이 가기 전에 소식을 전하고 싶기도 했고요.

이제 제법 더워졌지요. 그사이 아카시꽃은 찔레꽃에 자리를 내줘 버렸네요. 아카시꽃 향이 너무 빨리 사라진 것 같아 아쉬움도 있지만 찔레꽃의 아련한 향도 이 계절을 느끼기엔 충분한 것 같아요.

지난주엔 아이들과 숲에 가서 보물찾기를 했어요. 밖에서 뛰어놀자니 살짝 더운 느낌이 들어 체육 수업 장소로 숲을 선택했지요. 점심을 서둘러 먹고 먼저 가서 구석구석에 보물 쪽지를 감췄어요. 어린 시절 소풍 가서 하던 보물찾기가 떠올라 쪽지를 숨기면서 제가 더 신이 나더라고요. 40분 동안 아이들과 보물찾기랑 말뚝박기를 하며 신나게 뛰어놀왔어요. 너무 짧다고 아우성인 아이들 핑계 삼아 이번 주에 다시 가기로 했어요. 이번에는 숲에 가서 돗자리 펴 놓고 책을 읽고 간식도 먹고 할까 봐요.

홍성엔 잘 다녀오셨나요? 혹시 전날 긴 편지를 쓴 여파로 제대로 놀지 못하신 건 아니겠지요? 저는 홍성 하면 풀무학교가 떠올라요. 대학 시절 대안학교 기행을 추진하며 다녀왔던 곳이거든요. 참, 아이들과 봄 여행도 홍성으로 다녀오셨다고 했지요.

아이들과 함께하는 봄가을 여행, 생각만 해도 참 좋은 것 같아요. 집을 떠나 새로운 곳에서 만나는 이야기들로 아이들은 또 얼마나 새로운 기운을 채워 돌아갔을까요? 공립학교에서는 시도하기 힘든 멋진 교육이라는 생각이 듭니다. 기회가 닿으면 여기서도 시도해 보고 싶네요.

여행 하니 떠오르는 게 두 가지 있어요. 재작년에 6학년 아이들과 생활할 때 새벽부터 모둠별로 모여서 여행을 떠났었어요. 모둠별로 코스를 짜고, 예산도 계획해서요. 아이들을 주인공으로 세우는 수학여행을 고민하며 준비한 결과였지요. 나름 꼼꼼하게 계획하고 준비를 했음에도 여러 돌발 상황이 생겼어요. 그래도 아이들끼리 대처하며 각 모둠 모두 저녁에 약속한 장소로 모였어요. 온종일 걸어 다리가 엄청 아픈데도 밤에 남산에 올라가 야경도 구경하고 함께 음악에 맞춰 플래시몹도 했지요. 남산에서 내려와 생일을 맞은 친구를 위한 깜짝 파티를 준비했던 기억도 나요. 그때 그 여행은 아이들에게 무엇을 남겼을까 가끔 생각해요.

두 해쯤 더 거슬러 올라가 6학년 담임으로 열한 명의 아이들과 함께 생활했던 때도 참 특별한 한 해였어요. 교사로서의 오만을 뒤흔들었던 시간이었지요. 수업도, 아이들과 대화를 나누는 데도 자신있다고 생각하고 있었던 저는 자청해서 그 아이들 담임을 맡았어요. 그런데 담임을 맡고 보니 아이들 안의 상처가 엄청났어요. 그 상처들이 또 아이들끼리 치열하게 부딪히고 있었고요. 아이들의 아픔에 감정이입이 심하게 되어서 참 힘들었던 기억이 납니다. 날마다 아이들과 함께 울기도 하고 싸우기도 하고 그러면서 그 상처들을 어루만지느라 한 학기가 훌쩍 지나가 버렸어요.

그중 △△라는 녀석이 있었는데 어린 시절 지나친 독서와 학습으로 발달상 여러 어려움을 겪고 있었어요. 본인의 의지와는 무관하게 말이 나오거나 행동하는 바람에 누군가와 함께 생활하는 것 자체가 너무 어려웠지요. 독하게 마음먹고 첫날부터 그 녀석과 맞섰어요. 그런 상황이 계속 이어졌고 그럴 때마다 △△는 이런 말을 던지곤 했어요.

"어떻게 저런 사람이 선생이 되었을까? 정말 싫어."

많이 아프고 속상했어요. 불쑥불쑥 미운 마음도 들었고요. 하지만 마음을 다잡고 이야기했지요.

"싫어도 어쩔 수 없어. 선생님은 너의 잘못된 말과 행동에 대해서 그때그때 계속 말할 거야. 물론 잘한 일에 대해서는 반갑고 기쁜 마음으로 칭찬할 테고. 그게 우리 교실에서 선생님의 역할이라고 생각해. 선생님 이야기를 듣고 판단하고 결정하는 건 너의 몫이고, 그 판단과 결정에 따른 결과를 책임지는 것도 너야. 분명한 건 선생님은 졸업하기 전까지 절대 너를 포기하지 않을 거라는 거야."

1학기 끝자락에 1박 2일 캠프를 하는데 녀석이 결국 친구들과 함께 자지 못하고 집으로 돌아갔어요. 그게 내내 맘에 걸려서 2학기를 시작하며 다시 우리 반끼리 1박 2일 캠프를 교실에서 했지요. 이날 △△는 다른 아이들과 함께 해맑게 웃으며 잠이 들었어요. 그리고 저를 선생으로 취급하지 않던 녀석이 한 해 끝자락 즈음 마음을 열기 시작하는 듯하더니 급기야 졸업식에 이런 편지를 써서 건넸어요.

저는 처음에는 선생님이 이해가 가지 않았어요.
그러나 이제는 조금 알 것 같아요.

졸업하는 날 제 품에 안겨 한참 울던 △△는 졸업식 후에도 오래오래 교실을 바라보고 서 있다가 갔지요.

졸업식 후 아쉬웠던 저희는 제주도로 2박 3일 여행을 떠났어요. 여행을 마치고 서울에서 평택으로 가는 기차 안에서 △△가 제게 한 말은 지금 생각해도 눈물이 나요.

"선생님, 피곤하시죠? 잠깐 눈 붙이세요. 제가 평택 도착하면 깨울게요."

별 말도 아닌데 저를 살핀 아이의 마음이 뜨겁게 고마웠지요.

△△는 중학교에 가서 1학년 때 잠깐 어려움이 있었지만 다행스럽게도 잘 적응했어요. 중학교를 마무리하고 고등학교로 가기 전, 지난 2월에 또 이 녀석들이랑 함께 가평으로 여행을 다녀왔어요. 이번엔 녀석들이 준비하고 저는 몸만 함께 다녀왔어요. 그때 그렇게 함께 울고 웃던 시간들이 서로를 더욱 끈끈하게 만들었겠지요. 녀석들은 이제 고등

학생이 되어 잘 자라고 있네요. 아이고, 여행 이야기에서 그만 △△ 이야기로 빠져 버렸네요. △△가 제게 특별한 제자 중 하나여서 그런가 봅니다. 스승 같은 제자라고 할까요.

선생님 편지를 읽노라면, 우리가 가르치며 살아가는 공간은 다르지만 생각을 나눌 수 있는 결이 참 비슷하구나 싶은 느낌이 들어요. 저도 선생님이 말씀하신 것처럼 '기술', '기법', '매뉴얼' 같은 것을 경계하는 편이에요. 단정짓고, 규정짓고, 단순화시켜 이야기하는 것들이 저 역시 불편하고요. 수업도 그렇고, 학급에서 아이들과 살아가는 일이 단순하고 명확하게 표현할 수 없는 일임에는 분명하지요.

요즘 '유능한 교사'가 많지요. 그런 교사들에게 환호하고 그런 삶을 좇는 교사들도 참 많은 것 같아요. 아이들에게 온 마음 쏟으며 가르치고 살아가는 일보다 자신을 드러내 책을 쓰고 강의도 하는 교사들이 늘어나는 걸 볼 때면 때때로 불편해요.

선생님 편지를 읽으며 '나는 왜 공립학교 교사로 살고 있는가' 다시 한번 생각하게 되었어요. 생각해 보면 저는 기본적으로 학교라는 제도를 참 불편하게 생각하는 사람이었어요. 교대에 들어가서도 처음엔 절망감이랄까요? 그런 느낌으로 한참 힘들었어요. 교사를 길러 낸다는 교대에 정작 교육 본래의 이야기는 생각보다 많지 않다고 느꼈거든요. 모여서 무언가 하고 있는 건 조별 과제를 해결하는 모습이 대부분이었고, 빡빡한 교육과정을 이수하려고, 거기서 남보다 좋은 성적을 받으려고 대학생들이 고등학생처럼 생활하고 있었어요. 그 성적이 임용시험에 반영되니 말이지요. 그래서 개인적으로 학교 안팎에서 다양한 모색과 실험을 했었어요.

학교 밖으로 나가 지역 공부방 자원교사로 활동하며 내가 가진 오만과 마주하게 되었고 아이들을 만나면서 많은 경험을 했어요. 학교 안에서는 '인권교육을 위한 예비교사 모임'을 만들어서 인권교육을 중심으로 한 교육 이야기를 하고자 애썼지요. 몇몇 다른 동아리와 '대안교육 둥근회의'라는 걸 만들어서 교대 안에 다른 교육에 관한 상상력을 불어넣고자 애썼던 기억도 납니다. 대안교육 강좌들도 진행하고, 학교들도 둘러보고, 여름엔 강원도에 있는 폐교를 빌려 일주일 정도 학교를 만들어 보기도 했어요.

이렇게 대안교육에 대한 꿈을 꾸던 중 문득 이런 생각이 들었어요. 내 아이는 대안학교에 보낼 수 있다고 치더라도 보통 사람의 아이들이 쉽사리 대안학교에 갈 수 있을까? 지역 공부방 아이들도 그랬으니까요. 그래서 대안학교와 대안교육도 의미 있는 일이지만 보통 사람들의 자녀들이 어쩔 수 없이 다니고 있는 공교육 안에서 대안을 찾아나가야겠다고 마음먹었죠. 물론 공립학교에 와서 느꼈던 답답함은 이루 말할 수가 없어요. 도대체 누구를 위한 학교일까 하는 생각을 했던 적이 한두 번이 아니니까요.

그럼에도 공립학교 안에서 조금씩이나마 다른 변화를 얽는 일은 보통 사람들에게나 우리 사회에나 작지만 소중한 희망의 씨앗을 뿌리는 일이라고 생각했어요. 학교가 이럴 수 있지 않을까 하는 다른 상상들을 보여 주고 싶기도 했고요. 그래서 혁신학교를 만들어 가는 일에 애쓰고 있는 것 같기도 해요.

하지만 여전히 꼭 학교여야 하는가에 대해선 생각이 참 복잡해요. 학교를 벗어나도 다양한 형태의 체험과 경험이 가능해야 하고, 또 편견 없이 인정되어야 하지 않을까 하는 생각도 들고요. 공교육 안에서의 변화들, 다양한 형태의 대안교육들, 또 지역 사회에서의 다양한 프로그램들이 아이들의 삶을 뒷받침해 주면 좋겠다는 생각도 하고요.

참, 선생님께 편지를 쓰고 나서 그다음 주에 모내기를 했어요. 아이들은 모내기를 하고, 풍물동아리 엄마들이 옆에서 풍물공연으로 흥을 북돋워 주었어요. 노동요도 불러 주시고, 모내기를 마치고 나오니 시원한 미숫가루도 한 사발씩 마실 수 있도록 준비해 주셨고요.

모내기를 하는데 투덜대는 친구가 서넛 있었어요. 3학년 동생들도 절반은 해야 하는 거 아니냐, 우리만 너무 많이 하고 있는 거 같다, 공평하지 않다고 투덜거렸지요. 저는 일부러 모르는 척, 못 들은 척했고요. 그리고 교실로 돌아와 학교에서 재미없고 힘든 벼농사를 왜 짓는가 하는 이야기부터 나눔이 기계적으로 똑같이 나누는 걸 의미하는 것만은 아님에 대한 이야기까지 함께 나눴어요. 학교가 아이들에게 소비하는 것, 당장 편한 것, 재미있어 보이는 것만 꺼내 놓지 않았으면 좋겠다는 생각이 들어요.

모내기 이야기가 나와서 그런데 요즘 저희는 촌락과 도시를 공부하고 있어요. 아이들을 농촌, 어촌, 산지촌 세 개의 모둠으로 나눠 각 모둠의 촌락을 정해요. 각 촌락마다 이장님이 있고, 어떤 친구는 산지촌의 약초 캐는 사람이고, 어떤 친구는 어촌에서 양식을 하는 사람 식으로 아이들마다 역할이 있어요.

오늘도 학교에 갑니다

학교에 오면 날마다 그날 촌락의 날씨를 정해요. 그러고 나선 해당 촌락의 날씨에 따라 수확량이 달라지지요. 예를 들어, 어촌이 맑은 날씨면 고래밥이 일곱 알이란 식으로요. 생산물은 다른 촌락과 교류 활동을 하는 데 쓰여요. 활동이 끝나면 생산물을 맛있게 먹으며 그날의 촌락 일기를 쓰고요. 해당 촌락의 날씨를 염두에 두고 그곳에서 사는 인물은 어떻게 생활할까 상상하며 쓰는 거죠.

내용에 대한 공부는 모둠별 조사 활동으로 진행하고 있어요. 교과서, 학교 도서관, 지역 도서관을 오가며 조사 활동을 해요. 조사가 끝나면 모둠별로 정리해 친구들 앞에서 발표를 합니다. 그리고 묻고 답하는 시간을 가져요. 답을 못한 내용은 다시 조사해서 다음 시간에 발표하고요. 지난주에는 농촌과 어촌이 발표를 했어요. 처음엔 묻는 일에 주저하던 녀석들이 이제는 아주 적극적으로 참여해서 수업의 폭도 깊고 넓어지고 있어요. 산지촌 발표를 마친 후에는 학교 둘레 마을 속으로 들어가 보려고 해요. 그 내용을 정리해 다른 촌락에 있는 학교와 교류 활동도 준비하고 있고요.

새롭게 시작되는 한 주의 첫날, 우리 반에는 새로운 식구가 함께하게 될 것 같아요. 대전의 어느 대안학교에서 전학을 올 예정이래요. 또, 내일은 단오날이라 학교에서 단오한마당이 펼쳐져요. 그 이야기들은 다음 편지에서 전해 드릴게요.

참, 지난 금요일 칠판에 알림장을 적으면서 아이들에게 "안녕히 가세요"라고 써놓고 잠시 교무실을 다녀왔더니 제가 적어 놓은 인사에 꼬리가 붙기 시작했어요.

"안녕히가세요구르트입니다람쥐렁이빨대나무김치솥파미레도라지맛없어묵……" 하고요. 그러더니 한 녀석이 리듬에 맞춰 소리 내어 읽더라고요. 그게 재미있어 보였는지 다른 녀석들도 그 소리에 맞춰 신나게 외치고요. 학교를 마치고 나서도 자기들끼리 신나서 무슨 주문처럼 외우고 다니고 있어요. 한동안은 자연스레 우리 반 인사가 될 것 같아요. 과연 제가 외울 수 있을지 문제네요.

오늘은 또 어떤 일이 벌어질까 설레는 마음으로 출근 준비를 합니다. 5월 마무리 잘하시고요. 더운 나날 중 건강도 잘 챙기시고요. 하루하루 행복하셨으면 정말 좋겠어요.

5월 29일 새벽
평택에서 심슨 드림

오늘도 학교에 갑니다

이 아이의 노력, 모든 생명이 최선을 다해 잘해 보려는 그 마음,

그 진심이 보이고 정신이 번쩍 들었어요.

진짜 봐야 하는 것, 더 주목해야 할 것이 무엇인지

동동이가 저에게 가르쳐 주었어요.

에리카

심슨 선생님.

날씨가 많이 더워졌어요. 초록반은 아직 선풍기 덮개를 벗기지 않았지만 한바탕 뛰고 온 아이들 이마에 맺힌 땀들, 젖은 머리칼에서 여름이 훅 느껴지는 날들입니다. 저는 아직 긴 옷과 이별하지 못했는데, 아이들은 바지며 티셔츠 모두 부쩍 짧아졌고요.

여름이 다다다다 달려오는 6월의 금요일. 숲놀이 가는 날, 진관사에 갔어요. 원하지 않는 것, 하기 싫은 것은 들은 척도 안 하지만 숲놀이를 사랑하는 우리 도은 씨는 숲놀이 가는 날만큼은 한 번에 알림장도 척척, 두 번 이야기할 필요가 없는 척척척 어린이가 되어요. 그날도 아침에 만나자마자 "숲놀이 가요, 지하철 타요, 버스 타요" 몇 번이나 확인하더니 룰루랄라 알림장을 쓰고, 제일 먼저 가방 메고 준비를 했어요. 나가서

노는 것도 좋아하지만, 지하철과 버스 타는 것을 무척 좋아하니 멀리 가는 날에는 녀석의 발걸음도 가볍지요. 3월에 처음 만난 도은이는 여러 모로 제 머릿속에 물음표를 그리게 했지만, 4월을 건너 5월에는 느낌표를 선물하고 있어요.

색칠놀이를 좋아하지도 않고, 색연필을 입에 넣거나 부러트리기만 하던 도은이가 엊그제 아침열기 시간에는 여러 개의 타요 시리즈를 보여 주니 '패티'를 골랐어요. 장쾌한 터치로 패티를 색칠하더니 아주 작은 목소리로 "토토 주세요"라고 하지 뭐예요. "도은아? 토토? 토토 줄까?" 하고 물으니 "토토 주세요!"라고 대답하는 도은이. "얘들아, 너희들도 들었니? 도은이가 '토토 주세요!'라고 한 거? 도은이가 처음으로 뭘 하고 싶다고 달라고 했어! 에리카 눈물 날 것 같아"라고 하니 초록반 녀석들은 모두 한마음으로 박수를 치면서 "도은이 최고!", "도은아 멋져!"라며 엄지를 날려 주었어요.

이렇게 매일매일 기적을 보여 주는 도은이와 그 기적을 함께 기뻐하는 초록이들이 대견한 날들이었지요.

아이고, 도은이 이야기에 빠져 진관사로 숲놀이 가다 삼천포로 빠졌네요. 흐흐. 그 맛! 그 감동을 아는 사람이 있으면 막 말하고 싶은 마음, 심슨도 아시죠? 정신 차리고 다시 진관사로 가 볼게요.

우리는 일부러 길을 돌아 130년, 220년 된 느티나무를 만났어요. 세월을 담은 느티나무의 자태 앞에 아이들은 입을 딱 벌리고 섰지요.

숲선생님들과 만나 곤충 이야기를 슬슬 풀어 봅니다. 알에서 나온

지 얼마 안 된 아기 사마귀도 보고, 나비도 자세히 봅니다. 나비 더듬이에는 곤봉 같은 게 달려 있고, 나방은 더듬이가 쭉 뻗어 있다는 것도 알게 되었지요. 노래로 곤충의 구조도 배우고, 숲에 있는 곤충도 몇 마리 모셔와 루페로 들여다보기도 하고요. 친구 옷에 붙어 있는 자벌레를 보고 환호하던 아이들은 자벌레 기어가는 모습을 동그란 눈으로 한참 보기도 합니다. 이렇게 아이들은 자연 속에서 세상의 경이로움을 만난답니다.

전학 온 친구는 잘 지내나요? 심순이 잘 살펴 주실 테니 아이도 즐겁게 지내겠지요? 단오 행사는요? 저희도 아이들과 수리취떡, 앵두주 나눠 먹고 엉덩이 씨름도 하며 나름 기분을 내 보았어요.

참, 홍성에는 잘 다녀왔어요. '장애와 농업' 심포지엄에서도 많은 분을 만났어요. 경험을 나눠야 하는 자리라 저도 나가서 짧게 이야기를 했는데, 장애가 있는 친구들과 농사 지으며 꿈과 희망도 함께 짓는 이야기, 최선의 길을 묵묵히 걸어가는 분들의 이야기들 들으면서 '나는?'이라는 질문을 하지 않을 수 없었어요. 그러자니 조금은 겸손해지고 조금 부끄러워지기도 했어요. 누군가의 '애씀'이 그래서 빛나는 거라는 생각도 새삼스럽게 해 보았고요.

6학년 담임을 자청하여 울고 싸우고 진한 한 해 보낸 심순 이야기를 읽으며 저는 그만 소리 내어 웃고 말았어요. 이러시면 저도 지난해의 리

얼 버라이어티 스펙타클 어드벤쳐 액션 블록버스터 '번개반' 이야기를 강제소환하지 않을 수가 없잖아요. 하하. 번개반 이야기는 황진이가 베어 낸 동짓달 기나긴 밤을 굽이굽이 펴도 다 못 할 이야기지만, △△만큼 매력이 넘치는 아이들을 심슨에게도 소개하고 싶네요.

지금은 3학년이 된 이 아이들이 입학하던 해, 그러니까 2015년에 저는 1~2학년 담임을 맡게 되었어요. 그때는 특별히 1~2학년 합반으로 운영해 보기로 했는데, 학교 적응 프로그램 '학교야 안녕'을 함께한 뒤 두 반으로 나누기로 했지요.

반을 나누며 이미 각오한 일이었지만, 그 1년은 정말 대단했답니다. 교실 안 이곳저곳에서 시한폭탄이 수시로 터지던 나날. 어느 날에는 유럽 가는 비행기 표를 끊어 놓고 출발하는 날까지 선생님들에게 말 못하고 발 동동 구르는 꿈을 꾸기도 했어요. 꿈에서 결국 비행기를 탔는지 기억은 희미하지만, 그런 마음으로 겨울을 맞았어요.

다시 학년별로 분반을 하기로 했고, 저는 운명처럼 2학년을 맡게 되었어요. 마치 정해진 것처럼 그렇게 다가온 아이들, 에너지 넘치는 9인 9색 녀석들이 반 이름마저 기개 넘치는 번개반으로 지었던 거지요. 저는 속된 말로 '골 때리는' 아이들을 애정하는 독특한 취향이 있어요, 그러니까 음…… 저는 이 아이들과 금방 사랑에 빠졌어요. 교실 가득 아홉 개의 특별한 세계가 넘실대는 시간들, 이런저런 재미난 작당도 하며 기운이 넘치는 아이들과의 일상은 다채로운 빛깔로 채워졌어요.

그중에 동동이라는 아이는 오랫동안 제 고민의 1순위였어요. 주목받는 순간을 너무 어려워해서 놀이를 하다가도 술래가 되면 울음을 터트리며 얼음이 되고, 마음에 어긋나는 일이 있으면 책상 밑으로 들어가거나 바닥에 눕기도 하고, 소리를 지르기도 했어요. 도와달라고 말하지 않고 책상을 두드리거나 소리를 지르는 동동이. 수업 시간에 소리를 지르거나 책상을 두드릴 때 그만하라고 하면 도무지 멈추지 않는 것도 큰 어려움이었어요. 왜 그러냐고 물어봐도 설명하지 않고요. 도무지 동동이의 속마음을 모르겠는 긴 시간이 이어졌어요.

동동이는 담임인 저를 좋아했지만, 혼나는 상황이 되면 자신의 행동을 살피기보다 저한테 혼나는 게 너무너무 서운해서 큰 소리를 내며 화를 내고, 이야기를 청하는 저를 손이며 발로 때리기도 했죠.

이런 일이 드물지 않게, 아니 자주 일어났어요. 1학년 때에 비하면 아주아주 조금씩 줄긴 했지만, 이런 일에 대처하느라 매일 힘겨운 시간을 보냈어요. 동동이 부모님과 이야기하며 지치지 말자고, 이렇게 해 보자 저렇게 해 보자 제안하며 마음을 추슬렀지만, 오롯이 스스로 견뎌야 할 시간의 무게가 너무 무거워 도망가고 싶거나 아무것도 할 수 있는 게 없는 것 같은 무력감이 폭풍처럼 밀려오던 날들이 있었답니다.

가끔은 부끄러울 정도로 감정이 그대로 나오는 날도 있었는데 그렇게 바닥을 보인 날이면 그런 제가 싫어서 더 어려운 날들이 이어졌지요.

그날도, 아주 작은 시작이었을 테지만, 동동이는 방해행동을 멈추지 않아 친구들이 있는 교실에서 나와 저와 옆 교실로 갔어요. 동동이는 이미 어떤 말도 듣지 않고 눈물을 흘리며 의자를 밀치기도 하고, 학교가 떠나가라 소리를 지르고 있었고요.

한 시간 넘게 실랑이를 하다 지친 저는 울면서 동동이의 어깨를 잡고 "그만해. 언제까지 이렇게 할 거야? 어려우면 어렵다, 싫으면 싫다, 도움이 필요하면 도와달라고 말하면 되잖아. 언제까지 이렇게 소리 지르고 화낼 거야? 하지 말라고 해도 계속하고, 소리 지르고, 때리고, 밀치고, 얼마나 더 이렇게 해야 돼? 얼마나 더 기다려야 해? 응? 너는 해야 되는 거, 하면 안 되는 거 구별이 안 되니? 너도 노력을 해야 될 거 아니야! 언제까지 이렇게 할 거야!"라고 외쳤어요.

그런데 울고 있던 동동이가 더 크게 울면서 "나도 안다고! 눈치도 있고, 나쁜 거 좋은 거 구별한다고! 노력하는데 안 된다고!"라고 소리치는 거예요.

저를 지치게 하는 동동이, 도대체 언제까지 이렇게 해야 하나 막막하던 저에게 아이의 진심이 닿은 것은 그 순간이었어요. 아이의 노력, 모든 생명이 최선을 다해 잘해 보려는 그 마음, 그 진심이 보이고 정신이 번쩍 들었어요. 진짜 봐야 하는 것, 더 주목해야 할 것이 무엇인지 동동이가 저에게 가르쳐 주었어요. 그 후, 동동이의 행동이 확 달라진 것은 아니었지만 '많이 노력하는' 아이의 진심을 만난 이후에는 제가 조금, 아니 많이 달라졌던 것 같기도 해요.

『도토리의 집』이라는 만화책 아세요?

일본 사이타마현에 있는 장애인 공동작업장 도토리의 집 이야기를 오랜 시간에 걸쳐 그린 건데, 몇 장면이 제 기억에 오랫동안 남아 있어요.

청각장애, 발달장애, 지적장애를 가지고 태어난 게이코. 게이코의 이해할 수 없는 행동, 게이코와 지내는 날들이 버거운 엄마, 집 안은 항상 난장판이고 퇴근해 돌아온 아빠는 그런 게이코를 감당하지 못하고 겉돌아요. 그야말로 사는 게 사는 것 같지 않은 날들. 그런 게이코에게 천식 발작이 와요. 들리지 않는 아이에게 힘내라는 말을 할 수 없는 엄마와 아빠. 게이코는 필사적으로 숨을 몰아쉬고, 엄마는 울고, 아빠는 문득 구급대원과 함께 "힘내! 게이코, 힘내!"라며 아이의 이름을 불러요. 살기 위해 애쓰는 게이코의 모습이 눈에 들어온 엄마. 들리지도 않고, 표현도 못하고 자기만의 세계에 갇혀 지낸 게이코의 애씀이 보이자 엄마는 '너와 함께 살고 싶다'는 고백을 합니다. 역시 그들의 이야기는 그때부터지요.

키요시와 엄마의 만남도 그래요. 돌을 좋아하는 아이, 끊임없이 문제를 일으키는 키요시를 거부하는 아빠와 누나, 이런 키요시를 혼자 감당해야 하는 엄마. 키요시를 시설에 보내겠다는 결정을 하고 학교에서 돌아오는 저녁, 철로 위 육교 난간에 키요시가 또 돌을 올려놓아요. 더 물러설 곳이 없는 현실에 차라리 뛰어내릴까 고민하는 엄마와 무언가를 바라보는 키요시. 엄마는 물어봐요. "뭘 보고 있니?" 궁금한 마음에 키요시만 하게 키를 낮추고 하늘을 보던 엄마는 그 높이에서 고개를 드니 아무것도 표현하지 못하지만 끊임없이 신호를 보내던 키요시의 마음을 비로소 볼 수 있게 되어요. '아, 이 아이는 이 돌들한테 아름다운 노을과 새들을 보여 주고 싶어 하는구나!' 발견한 그 순간, 엄마는 아이와 함께 거친 바다도 건너갈 수 있는 용기를 얻었지요.

요즘은 '진정성'이라는 낱말이 너무 흔해져서 '진정성을 가지고'라는 말이 손쉬운 주문처럼 여겨져요. '진정성'이라는 말을 쓰면 어쩐지

'진정성'을 손상시키는 것 같아서 저는 '진심'이라는 말을 아끼며 쓴답니다. 동동이와 저의 만남은 물론 게이코나 키요시도 모두 그런 마법 같은 순간, 바로 '진심'을 발견하는 시간을 만났겠지요. 진짜 마음을 함께 찾고 그 마음을 응원해 주는 시간이요.

동동이는 지금 3학년이에요. 우스갯소리로 애프터서비스가 필요한 어린이들이 많아 자주 2층에 가지만, 작년의 동동이와 지금의 동동이는 아주 많이 달라졌어요. 물론 동동이의 변화는 아무에게나 보이는 것은 아니라는 심오한 비밀이 있긴 하지만요.

얼마 전에는 잔뜩 화가 난 동동이가 "땡땡이가 자기 의자도 아니면서 내가 못 앉게 밀었어. 그리고 멱살도 잡았어. 나 그래서 너무 속상해!"라고 줄줄줄 마음을 털어놓더라고요.

지난 2년 동안 한 번도 없었던 일이고, 아이는 그렇게 크고 있었어요. 어른이 그 애씀을 다 알지 못해도 아이는 제 나름대로 노력하고 있고 제 속도대로 영글어요.

아이는 자신의 시간을 살아가고 있는데, 기대하고 절망하며 근심 보따리를 키우는 것은 아이가 아니라 어른인 것 같아요. 어른의 슬픔과 절망이 아이에게 전해지는 것이 아닐지. 그러니 아이들과 지내는 우리가 아이의 진심을 왜곡하거나 놓치지 않도록, 불필요한 것을 전하지 않도록 애써야겠지요.

심슨의 고백처럼, 작년 번개반 아이들은 저의 선생님들이었어요. 제가 농담처럼 하는 진담이 '내 인생은 번개반 이전과 이후로 나뉜다'랍니다. 그만큼 그 아이들은 저에게 많은 흔적, 배움, 깨달음을 주었지요.

오늘도 학교에 갑니다

번개반 이야길 들려드린다 했는데, 동동이 이야기만 하고 말았네요. 번개반에는 매력쟁이들도 많고, 재미난 이야깃거리가 많지만 오늘은 밤이 깊었으니 앞으로 차차 기회가 되면 풀어 볼게요.

얼마 전에 기가 막힌 시를 만났어요. 지하철 역에 붙어 있는 시인데, 진심을 만나는 순간은 그런 거지 하면서 절로 박수를 쳤어요. 오늘 심슨에게 이 시를 전하며 저는 다음에 또 소식 전할게요.

왔니. 고생했다
앞치마를 풀어헤치는 손
감기 걸린다. 방에서 자
흔들리는 머리카락을 쓰다듬는 손
조심히 가. 건강하고
작은 점이 될 때까지 흔드는 손
내가 사랑에 빠지는 순간은
후광이 비치지도
꽃이 날리지도 않았다
— 「사랑에 빠지는 순간」, 이지혜(2015 시민공모전 당선작)

후광이 비치지 않고
꽃이 날리지 않아도
사랑에 빠지는 순간

진심을 만나는 순간

마법 같은 순간

주고 받는 날들 되시길 기도해요.

6월 11일로 가는 새벽

에리카 드림

오늘도 학교에 갑니다

내 힘의
원동력

학교가 아이들에게만이 아니라 부모님들에게도 선생님들에게도 의미 있는 곳이었으면 좋겠다는 생각이 많이 들어요. 교육이, 학교가 일방적으로 학부모에게 제공하는 서비스로 여겨져서는 안 된다고 생각하고 있어요. 교사, 학생, 학부모 모두가 주체로 설 수 있다면 좋겠어요.

심슨

에리카 선생님께.

비가 안 와도 이리 안 올까 싶을 정도로 가문 날이 이어지고 있어요. 그래도 오늘은 여기저기서 소나기 소식이 들리던데 평택엔 빗방울은커녕 해만 쨍쨍했답니다. 오가며 논밭 작물들을 볼 때마다 절로 걱정이 되어요. 얼마 전에 우리 반 식물 동아리 친구들과 화분에 심어 기르던 사과나무를 밭둑으로 옮겨 심었는데, 아이들도 사과나무에 날마다 물을 주면서 기우제라도 지내야 하는 거 아니냐며 걱정을 많이 하네요.

날씨가 영 도와주지 않고 있지만 아이들과 더 정성들여 농사일을 해 나가고 있어요. 지난주엔 논에 들어가 피를 뽑는데 재희 녀석은 들어가자마자 주저앉아 엉덩이에 진흙 도장을 찍어 버렸어요. 연우 녀석은 친구들과 장난하며 일을 한 탓에 진흙괴물이 되어서 나왔고요. 연우는

오늘도 학교에 갑니다

그날따라 여벌 옷도 준비해 오지 않아서 옷을 빨고 나서 그 옷도 말릴 겸, 쉴 겸 다음 시간은 교실 밖 그늘에서 책을 보거나 낮잠을 자며 보냈어요.

곧 학교 운동장엔 수영장이 만들어질 텐데, 이렇게 가물 때에 노는 데 물을 써도 될지 고민이에요. 어떻게 하는 게 좋을까요? 아이들과 부모님, 그리고 저희 선생들까지 학교 구성원 모두 한바탕 치열한 이야기를 나누게 될 테지요. 이럴 때 고민을 한방에 날려 버릴 만큼 비가 넉넉히 와 주면 참 좋을 텐데 아쉽네요.

'학교 운동장에 웬 수영장?'이라고 생각하셨을지도 모르겠어요. 이 야기는 3년 전으로 거슬러 올라가요. 아빠들이 내 아이만이 아닌 우리 아이들을 잘 키울 수 있는 학교를 함께 만드는 데 한몫하겠다고 모임을 만들었어요. 그리고 한 달 동안 치열하게 토론을 하더니 그해에 여러 가지 일을 벌였어요. 여름엔 아이들을 모아 수영장에 다녀오고, 가을에는 학교에서 1박 2일 아빠 캠프를 열고, 겨울엔 논에 물을 가둬 썰매장을 만들어 아이들과 썰매를 타기도 했어요. 또 토요일이면 아이들을 모아 놀이를 하는 토요놀이마당을 했지요.

그리고 그다음 해 2015년 여름이었어요. 아이들을 모아서 수영장에 데리고 가면 소수만 함께할 수 있지만 학교 안에 수영장을 만들면 모든 아이가 그 혜택을 누릴 수 있지 않겠는가 하는 이야기가 나왔어요. 여러 가지 우려와 걱정에도 아빠 모임의 추진력으로 학교 안에 서른 명 정도는 거뜬하게 들어갈 수 있는 조립식 수영장이 만들어졌어요. 아빠들이 엔젤펀드를 조성해서 설치 비용과 운영 비용을 마련했고, 여름 내내 주말이면 수영장을 열어 놓고 아이들과 함께했지요. 평일에는 선생님들이 수업 시간에 아이들과 함께 이용했고요. 노는 것도 노는 것이지만 물을 채우고 빼고 청소하는 일이 쉬운 일은 아니었는데 서로 조금씩 시간을 쪼개 가며 운영하는 모습이 참 감동적이었어요.

그 수영장을 여름이 지나면 분해해서 한 곳에 보관해 두었다가 해마다 여름이면 다시 설치해 사용하고 있어요. 올해는 날이 가물어 물 쓰는 일이 문제가 될 수도 있겠다는 걱정이 드는 건 어쩔 수 없네요.

아빠들도 그렇고, 엄마들도 그렇고 공립학교 안에서 학부모의 참여를 유도하는 게 쉽지 않을뿐더러 부담스러운 일인데, 우리 학교에선 그래도 서로를 배려하면서 온 마음을 다해 소통하며 함께 학교를 만들어 나가고 있어요.

지난번에 말씀드렸던 단오한마당도 학부모님들이 기획하고 진행한 행사예요. 학부모님들이 학교 곳곳에서 단오와 관련된 여러 가지 부스를 만들어서 진행하셔요. 올해도 장명루 만들기, 씨름하기, 앵두화채, 수리취떡, 창포물에 머리 감기, 단오 부채 만들기, 단오 부적 그리기, 쑥호랑이와 같은 활동이 펼쳐졌어요. 학부모 놀이 동아리가 중심이 되어 계획을 세우고 학부모회가 함께 역할을 나눠 행사를 만들어 주셔서 선생님들은 아이들과 함께 준비된 부스를 돌며 단오 행사를 즐겼답니다.

이 작은 학교에 무려 10여 개의 학부모 동아리가 활발하게 활동하고 있다면 믿으실까요? 독서 동아리, 바느질 동아리, 역사 동아리, 풍물 동아리, 놀이 동아리, 교육 관련 공부 동아리, 생태 동아리 등 저도 제대로 다 기억하기 어려울 정도로 다양한 동아리가 운영되고 있어요. 학부

오늘도 학교에 갑니다

모회와 연계된 이 동아리들은 모두 자발적으로 움직이고 있어요. 그런데 더 고마운 일은 아이들 교육활동과 자연스러운 형태로 엮이고 있다는 점이에요.

가뭄 이야기에서 시작해 아이들 이야기는 쏘옥 빼고 부모님들 이야기로 흘러가 버렸네요. 사실 학교가 아이들에게만이 아니라 부모님들에게도 선생님들에게도 의미 있는 곳이었으면 좋겠다는 생각이 많이 들어요. 교육이, 학교가 일방적으로 학부모에게 제공하는 서비스로 여겨져서는 안 된다고 생각하고 있어요. 교사, 학생, 학부모 모두가 주체로 설 수 있다면 좋겠어요. 그런 생각을 담아 작년 어느 날 일기에 이렇게 적어 두었네요.

함께한다는 것은 나의 불완전성을 인정하는 일이다. 함께한다는 것은 너 역시 완벽하지 않아도 됨을 이야기해 주는 것이다. 서로가 서로의 빈틈을 여유롭게 채워 주는 일, 하여 서로가 서로를 주체로 세워 주는 일, 그것이 바로 또한 함께 사는 일 아닐까 싶다. 교사도, 학부모도, 아이들도 서로가 서로의 빈틈을 채워 주며 함께 살아가고, 그 가운데 성장해 갈 수 있는 곳이 학교라면 참 좋겠다.

저희 반엔 그사이 식구가 한 명 늘었어요. 지난 편지에서 잠깐 예고해 드린 것처럼 대안학교에서 전학 온 친구예요. 찬영이라는 남자친구인데, 첫날은 탐색전을 좀 펼치더니 둘째 날부터 학교 곳곳을 친구들과 함께 뛰어다니며 즐겁게 놀고 있어요.

물론 첫날에는 좀 안타까운 일도 있었지요. 새로운 친구가 반갑고 신기했던 걸까요? 동물원 원숭이도 아니고 머리숱이 많다나 어쩐다나 하며 머리를 마구 만졌나 봐요. 첫날부터 무슨 스킨십이 이리도 적극적이냐고요. 결국 전학 온 그날 울음을 터뜨리고야 만 우리 찬영이. 심슨은 아이들을 모아 놓고 새로운 친구의 불편함과 어려움에 대한 일장 연설을 하고야 말았습니다. 하아! 다행히 둘째 날부턴 바로 적응해서 친구들과 이리 뛰고 저리 뛰고 하더라고요. 그까짓 머리쯤 백 번이라도 대 줄 기세로 말이지요.

저는 요즘 우리 반 친구들과 이야기 수업을 하고 있어요. 그림책을 주로 보는데요, 지난주엔 점을 이용한 작은 그림책 만들기 수업을 했어요. 그리고 백희나 작가 그림책을 모아서 함께 봤는데, 독서 동아리 어머니들이 오셔서 그림책을 읽어 주셨어요. 읽고 나서 아이들과 백희나 작가 그림책에 대한 이야기를 나누었어요. 이번 주에는 그림책 한 권을 골라 이야기를 바꿔 쓰는 수업을 준비했어요. 몇 가지 사진을 배경 삼아 이야기를 만든 후에 종이 인형극을 해 볼 거예요. 또 미술을 하시는 아버지 한 분을 모셔서 캐릭터 그리는 방법도 배우려고 해요. 그리고 나선 자유롭게 이야기도 만들고 그림책도 만들어서 인쇄된 형태의 그림책을 한 권씩 완성하는 게 이 수업의 목표예요. 완성되면 사진으로라도 보여 드릴게요.

지난 편지에서 말씀하신 『도토리의 집』이라는 만화책은 읽어 보지 못했어요. 꼭 읽어 볼게요. 요즘 아이들과의 문제로 힘들어 하는 선생님이 두 분 계신데 그 선생님들에게도 이 만화책을 권해 드려야겠어요.

선생님이 만화책 이야기를 해 주셨으니 저는 영화 이야기를 하나 할게요. 평택에서는 지난주에 제10회 평화영화제가 열렸어요. 영화제 마지막 날인 토요일엔 제가 사회를 보고 〈우리들〉이라는 영화를 상영했는데, 초등학교 4학년 친구들의 관계 문제를 그린 영화였어요. 따돌림 문제도 등장하고요. 전 굉장히 몰입해서 봤답니다. 교사인 제 눈으로 보기엔 아프기도 하고, 답답하기도 하고, 미안하기도 한 영화였어요. 상영이 끝난 다음에는 중학생과 고등학생 친구를 손님으로 모셔서 이야기 나누는 시간을 가졌지요. 계획했던 시간을 한참 넘겨 많은 이야기들이 오고 갔어요.

그러는 동안 예전에 만났던 아이들이 떠올랐어요. 조금 센(!) 여자 아이 여럿을 우리 반에 모아 놓고는 온갖 사건 사고 속에서 한 해를 보냈던 적이 있거든요. 그때 저는 열정은 가득했지만 사춘기 여자 아이들의 관계 문제를 해결하지 못하던 초보교사였어요. 1년 내내 아이들은 그 복잡한 관계망 속에서 돌아가며 서로를 따돌리는 모습을 보였고, 그때 느꼈던 미안함과 무력감은 제겐 잊을 수 없는 기억이에요. 교사로서의 정체성이랄까 존재감이랄까 그런 게 수시로 흔들렸고, 그런 와중에도 포기하지 않으려고 애쓰는 동안 아이들과 함께 저도 성장할 수 있었던 것 같아요. 그래서 다음 해 그 아이들과 함께하고자 다시 6학년을 자청했었죠. 그러면서 차근차근 함께 평화적으로 살아가는 방법을 모색할 수 있었던 것 같아요.

사실, 관계 문제로 힘들어 하는 아이들이 많은 것은 엄밀히 말해 학교나 교사의 문제는 아닐 거예요. 관계 문제의 어려움은 학교와 교사들의 힘만으로는 풀어 나가기 힘든 일이라고 생각해요. 우리 사회가 만든 문화와 구조 문제까지 함께 봐야 되는 부분이니까요. 제가 교실 안에서 아이들에게 끊임없이 '우리는 서로 연결되어 있다'라는 이야기를 하고 있는 것도, 따돌림을 포함한 관계 문제가 특정 개인의 문제보다는 우리 모두가 만들어 가고 있는 문화의 문제로 짚어 나가지 않으면 해결이 어렵다는 생각 때문이지요.

영화 이야기를 하다 보니 무거워졌네요. 영화는 참 좋았는데 이야기를 꺼내 놓다 보니 또 제 생각 속으로 훅 들어와 버린 것 같아요.

오늘 아침엔 아이들과 심슨시의회 정기회를 진행했어요. 오늘 첫 안건은 6월 생일 파티 건이었어요. 시장님이 나와서 생일 파티를 운영했던 결과를 보고했는데, 세금을 걷지 않고 야심차게 운영했지만 결국 880원 적자가 났다지 뭐예요. 7월엔 세금을 좀 걷어야 할 것 같아요. 우리 반 생일 파티는 제가 중앙정부를 맡아 내려 주는 중앙교부금 3만 원 외에 필요한 돈은 모두에게 똑같이 세금을 걷어 운영하고 있어요. 이번에 임기가 새로 시작된 시청에서는 한 명 한 명을 만족시키려고 다양한 간식과 음료를 준비했는데 그 바람에 문제가 생긴 모양이에요. 다음 달엔 이 점도 감안해서 진행하겠지요.

'심슨시 조례' 운영을 돌아보는 시간도 있었어요. 조례마다 지키지 않으면 받아야 하는 벌칙이 있는데, 지난주에 조례를 지키지 않았는데도 벌칙을 수행하지 않는 경우가 많이 보이는 거예요. 오늘 그 이야기를 나눴어요. 결국, 일주일 안에 벌칙을 수행하지 않는 경우 밭에 나가 풀을 뽑는 일을 하는 걸로 결정했어요.

오늘도 학교에 갑니다

우리 반 자치활동 중 하나인데 좀 복잡한가요? 좀 더 이야기해 드리자면, 교실 안에 시장과 시청 공무원으로 이루어진 시청이 있고 시의회도 있어요. 경찰서, 법원, 쉼터 관리소, 신문사도 있지요. 그리고 이 활동들을 조합해 하루하루 살아가고 있어요. 물론 그러는 가운데 여러 가지 문제가 발생하고 함께 모여 머리를 맞대고 해결책을 찾으려고 숙고하기도 하고요.

오늘 벌칙 명단에 제 이름도 적혔어요. "심슨샘. 응~ 아니야~×1" 이렇게요. 서윤이가 책상 위에 있는 초코파이를 보고 지난번에 함께 먹었던 초코파이냐고 묻기에 "음~ 아니야"라고 했는데, 그게 '응~ 아니야~'로 들린 모양이에요. 신나서 후다닥 달려가더니 경찰서에 신고하네요. 흑, 내일은 아이들과 이렇게 억울한 경우엔 어떻게 해야 하는지 이야기를 나누며 한 가지 장치를 또 만들어야 할까 봐요. 아이들에게 심슨이 벌칙 받기 싫어서 그러는 걸로 오해받을 수도 있겠지만 그래도 제2의 억울한 심슨을 막으려면 그런 오해도 무릅써야겠지요.

오늘 오후엔 비가 온다고 했었는데 평택엔 살짝 몇 방울 보이더니 또 멈춰 버리네요. 시원하게 내리는 빗줄기를 본 지가 도대체 언제인지. 서울에는 빗줄기를 보았다는 글들이 있던데 에리카 선생님은 보셨겠지요? 진심으로 부럽습니다. 이런 걸 부러워하게 될 줄은 몰랐는데 말이지요.

오늘 편지도 이리 갔다 저리 갔다 정신이 하나도 없는 것 같아요. 그게 제가 살아가는 모습인 모양입니다. 그런데 에리카 선생님도 뭐 비슷하신 것 같아 안심해도 될 것 같은 건 저만의 느낌, 저만의 착각일까요?

하하.

　오늘 편지는 여기서 줄일까 합니다. 평화와 행복이 에리카 선생님의
일상에 함께하시기를 두 손 모아 봅니다.

6월 26일

비가 무척 그리운 심슨

심슨 선생님!

아주 오랜만에 인사를 드리네요. 더운 여름 어떻게 보내고 계세요? 6월 중순 이후부터 부쩍 더워져서 땀을 많이 흘리지 않는 저도 땀을 뻘뻘 흘리며 지냈어요. 더위란 게 어른에게는 조금 진 빠지는 일이긴 하지만, 아이들은 아랑곳하지 않고 잘 놀아요. 아침에 등교하자마자 콩주머니를 하자, 얼음땡을 하자 하니 땀 식을 틈이 없고요. 그래도 시원한 도서관으로 가끔 피신도 해 가며 1학년 1학기 마무리를 잘하고, 드디어 어제 방학을 했어요! 단우는 울상을 지으며 "학교를 한 달이나 못 와요?"라며 울분을 터트렸지만, 아이들에게는 생애 첫 방학이라는 설렘이 조금씩은 있는 것 같았어요.

답장을 써야지 하는 마음은 굴뚝이었는데, 학기 말 극성수기를 보내며 도통 틈이 나질 않았어요. 이런저런 일이 많았지만, 제가 에너지를 가장 많이 쓴 일은 문집 만들기와 학기의 즐거운 마무리였답니다.

성미산학교는 한 학기에 한 번 아이들 글을 모아 모아 문집을 펴내요. 학생들은 물론 부모님들, 교사들도 한 학기 동안 자기가 만난 시간을 이런저런 모양으로 담아냅니다. 매 학기 하는 일이라 가볍게 해도 될 법한데 저란 사람은 이런 일을 대충 넘기질 못하는 성미인지라 이것이 좋을까 저것이 좋을까 고르고, 혹시 아이가 끄적거려 놓은 것을 빼놓지 않았는지 평소 틈틈이 찍어 두었던 아이들의 작품 사진도 샅샅이 뒤지느라 정열을 불살라요. 사실 아이들에게는 단 한 번밖에 없는 1학년 1학기잖아요? 그러니 어떻게 대충 하겠어요.

어쩌다 보니 문집 만들기가 매 학기 제 일이 되었지만, 워낙 편집 작업을 좋아하고 아이들 글 읽는 재미가 쏠쏠해서 힘들어도 이 순간을 기다리곤 해요. 예전에 담임을 했던 아이의 글을 보며 새삼 받는 감동도 크고요. 1학년은 틀린 맞춤법이 오히려 매력적이에요. 날것의 싱싱한 마음이 잘 드러나 있어요. 동생이었을 때는 몰랐는데 형이 되고 보니 새롭게 보이는 것들도 있고, 하기 전에는 몰랐던 것을 발견하는 기쁨을 말하는 아이들! 학년이 올라갈수록 사유의 힘이 느껴지고 신선한 표현과 통찰력들이 있어 '아! 아이들이 이렇게 자라는구나!' 하는 감동이 밀려와요. 책이 나오면 꼭 틀린 부분이 바로 눈에 들어오지만, 문집을 받아든 아이들이 한 장 한 장 넘기며 자기 글과 사진이 있는 것을 확인하고 흐뭇해하는 모습을 보는 기쁨만으로도 아쉬움은 가뿐히 상쇄되지요.

매 학기 문집 제목은 아이들의 글에서 가려 뽑는데요, 올해는 '내 힘

오늘도 학교에 갑니다

의 원동력'이 되었어요. 5학년 형님이 쓴 이 글에서 빌려왔지요.

내 힘의 원동력 중 하나는 죄책감이다. 언제나 기물을 파손하고, 놀고, 짜
증을 내며, 무책임하다. 그래서 프로젝트 2층 되살림통 만들기를 했을 때,
학교에 기여하는 기분이 들었다. 그때 뿌듯했고 그 낯선 기분이 좋았다

나의 평소 모습을 솔직하게 쓴 것도 좋았지만, 뭔가를 함으로써 느
끼는 낯선 기분을 새롭게 마주하는 모습도 좋더라고요. 다음에 기회가
되면 한 권 보내 드릴게요.

전학 온 친구가 잘 지내고 있다는 소식도 반갑고, 구석구석에서 재
미난 일을 꾸리고 있는 죽백의 모습도 반가웠어요. 물론 심슨 선생님의
일기도 엄청 반가웠고요. 제가 작년에 문집에 실었던 이 글과 비슷했거
든요.

자신의 불완전함을 사랑하시오. 그것이야말로 인간의 보물.
약함을 인정하고 받아들이는 것. 그것 속에서 새롭게 시작하는 것.
○○이가, 그리고 당신들이 나에게 들려주는 이야기! 고맙습니다.
그래서 그렇게 사랑하며 한 학기, 잘 보냈습니다.
2학기에도 우리, 더욱 자신을, 그리고 서로 사랑하는 걸로!

불완전함이 주는 새로운 기쁨! 요즘은 더욱더 그런 기쁨과 가끔은

자괴감 비슷한 마음 사이에서 줄타기를 하고 있는 것 같아요.

잠시 초록반 교실로 돌아와 볼까요? 1학년 초록반은 일곱 명의 아이들이 함께 지냅니다. 아시다시피 점점 땅으로 발 딛고 내려오며 매일 선물을(가끔은 타박과 짐짓 호통도 끌어내는) 주는 도은이와 남자 셋, 여자 셋! 이렇게 일곱입니다.

남자아이 셋은 그야말로 장난꾸러기예요. 이것저것 하고 싶은 것도 많고, 중정에서 각종 놀이로 늘 온몸이 흠뻑 젖어 있고, 각종 재료를 이용해 수시로 총과 칼을 만들고 없을 때는 손으로라도 만들어 겨눕니다. 수업 시간에 수다도 많이 떨어서 제가 중요한 이야기를 하려고 하는데도 수다를 멈추지 않아 강제로 '눈치'를 선물받기도 하고요. 자전거를 분해하거나 실험을 할 때는 얼음 자세로 앉아 집중의 레이저를 쏘기도 합니다.

여자아이 셋은 뭐랄까? 아기자기하고 다정하지요. 뭐든 서로 같이 하고 싶어 하고, 온몸을 던져 놀다가도 금방 "에리카, 좀 쉴게요!" 합니다. 야무지기로는 당할 자가 없어서 밥 먹고 행주 가져와 책상 닦고, 식판 설거지를 아주 반짝반짝하게 해요. 제가 도장 찍는 방향으로 공책 돌려놓기 신공 같은 걸 발휘할 뿐만 아니라, 하루닫기를 할라치면 셋이 먼저 와서 알림장과 칸공책을 펴고 기다리죠. 남자 아이들은 꼭 부르러 가야 헐레벌떡 오고요.

1학년인데도 벌써 남자 아이들과 여자 아이들의 은근한 긴장감 같은 것이 있어서 콜버그의 도덕성 발달단계라거나, 말의 세 종류(참말, 친절한 말, 필요한 말), 마음 속 항아리(좋은 것이든 나쁜 것이든 꺼내 쓰면 쓸수

오늘도 학교에 갑니다

록 많아지는 마음 속 항아리, 안 꺼내면 평생 없는 줄 알고 살기도 하니, 좋은 마음 많이 꺼내며 살자!) 같은 이야기를 수시로 하면서 마음을 살펴보자 하고 있어요. 하루닫기 시간에 하루의 일을 갈무리하며 '고맙다, 친구야'를 하면서도 서로에 대한 고마움을 놓치지 않도록 하고 있고요. 그러면서 조금씩 눈길이 보드라워지고 있어요. 금방 바뀌겠습니까마는 그래도 찬찬히 그렇게 가도록 살펴야지요.

사실 제 고민은 여자들이라면 많이 공감할, 여자 친구들 간의 은근한 갈등에 있지요. 지난번 편지에서 심슨이 잠시 말씀하셨던 사춘기 여자 아이들의 관계 문제, 그건 사실 사춘기에만 해당되는 건 아닌 것 같아요. 쭉 살펴보면 여자 아이들 사이에서는 그런 은근한 갈등과 경쟁이 늘 존재하더라고요. 제가 어렸을 때도 그랬던 것 같고요.

작년 번개반에는 여자 친구가 둘밖에 없어 걱정했는데, 다행히 욕심도 승부욕도 있는 친구와 부처님 가운데 토막같이 무던한 친구가 조화를 이루어 즐겁게 지냈어요. 그런데 올해는 공교롭게도 그 어렵다는 여자 셋! 걱정을 많이 했는데, 처음에는 우리는 셋밖에 없으니 서로 친하게 지내야 한다면서 올망졸망 잘 지내더라고요. 그러더니 조금씩 틈이 생겨요. 총총이가 퐁퐁이를 독점하고 싶어 하면서 송송이는 은근 속이 상하고, 속이 상하니 총총이와 퐁퐁이가 더러 손을 내밀어도 쉽게 그러마 하지 못하고, 퐁퐁이와 송송이가 놀고 있으면 총총이가 퐁퐁이한테 할 이야기 있다고 불러서 한참 놀고, 잠시 이야기한다던 퐁퐁이가 오지 않아 송송이는 속상하고, 짝꿍할 일이 있으면 총총이와 퐁퐁이가 항상 짝이 되고 어딜 가거나 뭘 할 때도 늘.

풍풍이를 살뜰하게 챙기는 총총이, 송송이랑도 잘 지내지만 총총이와 노는 것도 좋은 풍풍이, 싫고 좋고가 분명하지만 자꾸만 어긋나는 게 어려워 저를 찾아오는 송송이. 중간에서 풍풍이가 역할을 잘해 주는 것도 필요하겠다 싶어 슬쩍 귀띔도 하고, 세 녀석과 이야기를 해 보기도 하지만 아직 말끔하지는 않아요. 심슨도 이런 일들을 겪으셨을 텐데, 어떻게 이야기를 나누셨나요? 이런 일에 답이 있는 건지, 그저 시간이 약일까요?

정작 심슨에게 하고 싶은 말은 총총이 이야기일 수도 있겠네요. 물론 풍풍이가 조금 더 마음의 힘을 키워야 한다거나, 송송이가 조금 더 가 봐도 좋겠다 하는 작은 바람이 없는 건 아니지만, 이들 관계의 지형도는 역동을 주도하는 총총이의 변화와 관계가 있지 않을까 생각해요.

총총이는 총명한 아이예요. 눈치가 굉장히 빠르고, 다른 사람의 마음을 잘 알아요. 친구들을 웃기기도 하고, 진지하게 뭔가 할 때는 눈빛이 달라져요. 글을 재치 있고 재미있게 쓰기도 하고, 몸도 날렵해서 콩주머니를 하면 미꾸라지나 날다람쥐 같지요. 지금은 다른 즐거움을 많이 찾았지만, 학기 초에 도은이를 가장 살뜰하게 챙겨준 것도 총총이였고요. 그렇지만 딱 한 가지 총총이에게 아쉬운 점은 감정을 여과 없이, 거칠게 드러내는 부분이었어요. 처음 저와 만났을 때는 긴장감도 있고 조심스럽기도 해서 그런 부분들이 잘 드러나지 않았지만, 점점 불쑥불쑥 드러나요. 친구들의 작은 실수를 제가 말할 새도 없이, 콕 꼬집어 말한다거나, 다른 사람과 자기가 공평하지 않다고 느끼는 순간을 참지 못한다거나, 짜증을 내면서 말하는 게 그런 아쉬움이지요.

총총이랑 이야기를 나누며 거칠게 말하거나 참지 못하고 말을 던질 때가 있는 걸 아냐고 물으니 그렇다고 해요. 엄마가 그렇게 말한 적이 있다고. 총총이에게 짜증을 내거나 버럭하지 말고, 내가 원하는 것도 채우면서 다른 사람의 행복도 방해하지 않는 방법을 찾아보자고 하면서, 마음에 있는 좋은 것들을 많이 꺼내며 너를 멋지게 가꿔 가면 좋을 것 같다고 하니, 고개를 끄덕끄덕합니다.

총총이와 조금씩 이야기의 실마리를 풀어 나가려는 중에 방학이 되었지만, 총총이와는 2학기에도 이 이야기를 이어 나가겠지요. 마음이 맞는 혹은 편한 친구를 독점하고 싶은 마음, 그것 때문에 누군가가 슬퍼하거나 어려워하고 있다는 것을 살피는 마음, 내 감정이 마구 나올 때 그것을 조금 살펴보는 마음, 그런 마음들 사이에서 나를 발견하는 시간. 나를 바로 만나는 시간이요. 내 마음을 살피고, 나를 객관적으로 바라보는 것이 모든 해결의 시작이니까요. 시간이 걸리는 일이라는 것도 알고 있고, 한편으로는 아이에게 너무 많은 것을 바라는 건 아닐까 하는 염려도 있지만, 같이 행복하려면 난 어떤 노력을 해야 할까를 살피는 것은 아이의 성장에도 중요한 열쇠가 된다고 믿어요. 그것을 함께해 나가는 것은 저에게도 물론 성장의 기회이자 성찰의 계기가 되고요. 불완전한 저를, 총총이를, 우리들이 서로 채워 주며 그리 배워 나가리라 기대해요.

지난주 금요일에는 선유도로 숲놀이를 갔어요. 아침열기 시간에 퍼붓듯 쏟아지던 비가 출발 시간에 맞춰 멈추고 바람마저 살랑 부는 날. 매미 오줌 싸기 놀이도 하고, 매미도 관찰했어요. 매미는 어떤 소리를 내지? 말하자마자 아이들은 왁왁 목청껏 소리를 내요. 맴맴~ 찌르르~ 아이들이 매미 소리를 내자 놀랍게도 선유도의 매미들이 아이들의 부름에 화답하더라고요. 아이들은 더 소리를 높이고, 매미들도 질세라 우는 선유도 대합창.

매미와 아이들의 합창을 보고 있자니 이 요란한 소리야말로 '존재의 증명이고 생명 그 자체구나!' 하는 생각이 들었어요. 와글와글 왁자지껄 싸우고 울고 떼쓰고 노래하고 밥 먹고 뛰고 걷고 배우고 나누고 살피고 미워하고 사랑하고 뒹굴고 발견하고 살아가는 아이들의(우리의) 일상 전부가 매미의 합창처럼 존재의 증명이고 생명에 대한 예찬이며, 자신의 삶을 오롯이 살아 내는 치열함이구나 하는 깨달음. 그렇게 한 학기를 살아온 것 같아요. 비록 조금 부족하고, 서투르고, 가끔은 과욕을 부리기도 하고, 실수도 하고, 대견한 나를 발견하기도 하면서 그렇게 우리는 살아 내고 있는 것이지요.

저희는 2주간에 걸쳐 교사평가회의를 해요. 그리고 통지표도 쓰고요. 이 이야기는 다음 편지에 들려드릴 수 있겠네요.

심슨! 여름, 건강하게 지내셔요. 소식 기다릴게요!

7월 15일
그래도 방학이라고 조금 좋아하고 있는
에리카 드림

오늘도 학교에 갑니다

기꺼이 망해도
좋은 곳

학교 안에서 어떤 문제가 생겼을 때, 그 문제를 해결하기 위해
이상하게도 누군가를 낙인찍거나 배제하고 또 쉽게 개인의 책임으로
돌리는 경우를 많이 봐요. 교육이라는 이름으로 교육을 소외시켜 버리는
이상한 틀이 곳곳에서 만들어지고 있다고 해야 할까요?

심슨

에리카 선생님께.

벌써 방학이 열흘가량 흘렀어요. 방학 첫 이틀은 도립도서관의 부탁
으로 안성과 평택에 사는 아이들을 만나서 독서교실 수업을 했어요. 방
학이기도 하고 학기 말에 이미 에너지가 바닥나서 자꾸만 귀찮은 생각
이 들어 '하기 싫다~ 하기 싫다~'만 반복하다 결국 수업을 하러 갔는데
역시 아이들을 만나니 또 생각이 달라지더군요. 어쩔 수 없는 선생인가
봐요. 겨우 두 시간이었지만 준비해 간 수업을 아이들이 절묘하게 변주
하는 모습을 보면서 참 행복하고 좋았어요. 좀 어설프더라도 아이들이
몸소 부대끼며 고민하고 마주하여 결과물을 만들어 내는 게 수업이면
좋겠다는 생각을 해요. 쉬운 일은 아니지만 수업의 주인공은 교사가 아
니라 아이들이어야 하죠. 수업 이야기가 나왔으니, 8월에 저희 반 수업

오늘도 학교에 갑니다

을 학교 선생님들께 열었던 이야기를 들려 드릴게요.

이번에 그림책을 읽어 주고 이야기를 바꿔 쓰는 수업을 했어요. 저와 함께 그림책을 읽고 자유롭게 둘러앉아 원래 이야기를 원하는 형태로 바꿔 쓰는 수업이었지요. 아이들은 모두 언제나 그렇듯 활동에 몰입했어요. 시간 안에 완성을 못한 친구들은 이후에 모두 완성했고요.

수업을 마치고 나니 선생님 한 분이 제 수업을 본 뒤에 쓴 거라며 시 한 편을 주셨어요. 한번 보실래요?

내 허락 없이는 망하지 말아요

안 보이는 곳에 있지 말아요

꼭 나여야만 하나요?

좋습니다

어쨌든 해야 해요 내가 끝까지 하게 할 거니까

제가 하는 말들 중 특징적인 것들을 적어서 시로 쓰신 건가 봐요. 보내 주신 걸 놓고 함께 이야기를 나누는데 내가 하는 말들 속에 내가 보여 재미있더라고요.

"내 허락 없이는 망하지 말아요"라는 말은 학기 초부터 아이들에게 전하고 있는 중요한 메시지이기도 한데, 그날 수업을 시작하기 전에 아이와 나눈 이야기를 듣고 선생님이 적어 두신 모양이에요. 그동안 시도도 하기 전부터 습관적으로 "망했어"를 반복하는 아이들에게 "교실에서 '망했어'라는 말을 할 때는 선생님께 허락받고 하기야"라고 했었거든요.

교실은 기꺼이 시도하고 기꺼이 망해도 좋은 곳이어야 하는데, 시도하기 전부터 두려워하지 않았으면 좋겠다는 이야기를 그렇게 전했었고 또 전하고 있지요.

"안 보이는 곳에 있지 말아요"는 자유롭되 활동 과정에 집중할 수 있는 자유로움이었으면 좋겠다는 의미에서 하는 말이에요. 선생님이 그림책을 읽어 줄 텐데 잘 안 보일 것 같으면 자유롭게 움직여서 자리 잡아도 좋다. 단, 읽기 전에 움직여야 하고, 그림책을 잘 보는 활동에 도움이 되는 자유로움이었으면 좋겠다는 이야기를 잡아서 적어 주셨어요.

"꼭 나여야만 하나요?"나 "좋습니다"는 아이들이 수업 과정에서 모든 소재를 저로 삼으려 하는 것에 제가 한 이야기이기도 하고, 또 목표를 향해 가는 데 시행착오들을 일부러 허용하는 모습에서 영감을 얻으신 듯해요.

마지막 한 줄 "어쨌든 해야 해요 내가 끝까지 하게 할 거니까"는 우리 반 ○○와 관련된 이야기예요. 생각이 나지 않아 답답해하는 ○○을 도우며 했던 이야기인데, 포기하지 않는 것이 중요하다는 것, 꼭 끝까지 최선을 다하자는 걸 잡아내 적어 주셨어요.

수업에 관한 이야기를 하고 싶었는데 쓰고 보니 너무 단편적인 것 같네요. 장면을 보여 주는 일은 언제나 그런 것 같아요. 학교에서 이루어지는 공개 수업이라는 것도 사실 단편적인 모습이기에 여러모로 고민이 필요한 일이겠지요. 그래서 우리 학교는 장면을 공개하는 공개 수업이 아니라 수업 나눔의 달을 함께 운영해요. 학기별 한 달가량은 수업에 관한 이야기를 좀 더 많이 나누려고 애쓰고 있어요. 그 과정에 필요하다면 수업 장면을 저처럼 함께 나누기도 하고요.

운영 틀이 많이 다를 테니, 선생님께 이 이야기가 어떻게 다가갈지 잘 모르겠어요. 공립학교에서의 '공개 수업'은 긍정적으로 여러 가지 포장을 하고 있지만 저는 생각이 조금 달라요. 교사가 된 이후 공개 수업을 놓고 여러 가지 일을 겪은 탓도 있고요.

5년 전에 공개 수업을 하고 협의회를 했어요. 그 자리에서 궁금했고 또 고민이 된 몇 가지 이야기를 솔직하게 말했어요.

도입, 전개, 정리마다 시간을 기계적으로 나누는 일이 무슨 의미일까요? 학습목표를 꼭 진술하며 확인해야 하나요? 아이들이 무엇을 해야 하고 어디로 가야 할지 알고 있다면 굳이 그럴 필요 있을까요? 교사는 이 한 시간만 수업하는 사람이 아닙니다. 차시 수업에 아쉬움이 남았다면 아쉬움이 남는 대로 다음 수업으로 이어지게 되는 것이지요.

이렇게 수업에 관한 제 생각을 교장 선생님 이야기 다음에 이어 했다가 다음 날 교장실로 불려가 '경력도 얼마 안 되는 주제에 건방진 놈'이 되었지요. 지금은 분위기가 많이 달라져서 형식적인 것들은 많이 걷어 냈고 실제적인 고민들을 나누며 살아가고 있습니다만 가끔 그때 생각이 나곤 해요.

참, 방학날 아이들을 보내고 학교 곳곳을 둘러보다 어느 교실 칠판에 적힌 것 하나가 눈에 들어왔어요.

떠든 사람 : 생선님

우리 반도 아닌데다 아이들은 장난으로 했을 텐데, 보는 순간 제 모습이 확 겹쳐지며 이런저런 생각이 들더라고요. 그래서 다음 날 이런 글을 썼어요.

선생은 떠들면서
아이들은 못 떠들게 하는
선생은 제 맘대로 말하면서
아이들은 제 하고픈 말 못 하게 하는
그러게
날마다
떠든 사람이다 선생은
말로만 잘도 떠드는
선생님인지 생선님인지

이런 생각이 들었어요. 교실은 아이들이 주인공으로 서서 제 이야기들을 마음껏 나누며 깨치고 배워야 하는 곳인데, 내가 선생이라고 존재감 드러내느라 너무 내 이야기만 떠든 건 아닌가 하는 생각 말이지요. 언제나 참 쉬운 자리는 아닌 것 같아요. 선생이란 자리는.
　지난 편지에서 들려주신 총총이 이야기 속에서도 생각하게 됩니다. 교사로 산다는 일이 얼마나 어려운 일인지 말이죠. 교사로 살다 보면 총

　　　　　　　　　　　　　　오늘도 학교에 갑니다

총이 같은 친구들을 종종 만나는 것 같아요. 저도 그런 상황과 마주하면 결국 어른의 눈으로, 교사의 눈으로 문제를 해결하는 걸 돕고자 고민하며 애쓰곤 하지요. 때론 아이들의 마음과 상황을 읽지 못하기도 하고, 때론 아이들의 속도를 따라가지 못하기도 하고, 때론 꼰대 같은 조언을 더하기도 하면서요. 그럼에도, 진부하지만, 결국 진실은 통하는 것 같아요. 그렇게 진심을 전하고자 애쓰는 과정에서 교사로 살아가는 나의 삶도 한 해 한 해 조금은 나아지고 있지 않나 생각합니다.

선생님 편지를 읽으면서 한 아이가 떠올랐어요. 평택에서 참 유명했던 아이인데 6월 어느 날 우리 학교로 전학을 왔어요. 학교 세 곳을 돌고 돌아 우리 학교가 네 번째 학교였지요. 그동안 폭력과 절도 등 여러 행동이 문제가 되었나 봐요.

아이가 온 후 선생님들이 모두 모여 우리가 이 아이를 어떻게 도울 수 있을까 회의를 여러 차례 했어요. 생각의 차이가 조금씩 있었지만 그 차이를 좁히며 친구들의 안전을 위협하는 부분에 대해선 단호하게 대하되 다른 부분에서는 조금 더 융통성 있게 아이를 따스하게 안아 주자고 했어요.

물론 이 과정에서 여러 가지 일이 있었어요. 아이는 친구들이랑 부딪히기도 했고, 선생님들과 갈등을 일으키기도 했고, 학교를 벗어나기도 했어요. 하지만 '한 달만 있어 봐라. 본색이 드러날 테니' 하던 주변 학교 사람들의 이야기와 달리 이 모든 과정을 잘 이겨내고 있어요. 이제는 학교라는 공간에서 내가 버림받지 않을 수 있구나 하는 최소한의 안정감은 찾은 것 같아요. 초기엔 문제가 생기면 제멋대로 화를 내다 "전학 가면 될 거 아니에요" 하던 녀석이 이제는 학교에 와서 즐겁게 외발자전거를 타기도 해요. 모둠별로 떠났던 서울 수학여행도 별일 없이 잘 다녀왔고요.

언젠가 중간 놀이 시간에 녀석이 사라져서 찾아보니 교문 밖에서 들어오더라고요. 교감 선생님이 다가가니 "저를 찾았어요? 전에 다니던 학교에서는 안 그랬는데……" 하더라고요. 어머니도 반 모임에 나오셔서 가정 상황과 아이에 대한 이야기를 진솔하게 고백하셨어요. 다른 부모님들도 따뜻하게 그분 이야기를 듣고 함께 마음을 모아 주셨어요. 녀석의 어머니도 조금씩 마음을 열고 학교에서 하는 아이의 활동에 관심을 보이고 계세요.

녀석에게 가정은, 학교는 무엇이었을까요? 어쩌면 이 녀석은 가정과 학교를 통해 그전에 거쳤어야 할 성장 과정을 이제야 겪고 있는지도 모르겠다는 생각이 들어요. 개학한 뒤에도 이런저런 일과 마주하게 될 텐데 잘 이겨 내며 힘을 길렀으면 좋겠어요. 차근차근 공동체 속에서의 경계들도 세워 나가야겠지요.

녀석 이야기가 아니라도 학교 안에서 어떤 문제가 생겼을 때, 그 문제를 해결하기 위해 이상하게도 누군가를 낙인찍거나 배제하고 또 쉽게 개인의 책임으로 돌리는 경우를 많이 봐요. 교육이라는 이름으로 교육을 소외시켜 버리는 이상한 틀이 곳곳에서 만들어지고 있다고 해야 할까요?

특히 학교폭력을 둘러싼 여러 제도를 보면 이래도 되나 싶어요. 근본적인 문제들은 그대로 둔 채 아이들이나 교사 개인의 문제로 풀어나가는 방식들이 참으로 비교육적이라는 생각이 드는 것은 저만의 착각일까요?

요즘 부쩍 초등학교 1~2학년 학폭 이야기가 많이 들려요. 기계적인 운영 틀 이전에 보다 넓고 깊은 문화적 접근은 필요하지 않은지, 우리 아이들 한 명 한 명이 함께 잘 클 수 있도록 건강하게 만들어야 하는 것은 아닐지 생각합니다. 누군가를 배제하거나 단죄하고 책임지우는 것은 쉽지만, 과연 모두가 그 상황에서 자유로울 수 있을까요? 참 복잡한 문제 같아요. 어쩌다 보니 너무 무거운 이야기로 흘러가 버렸네요.

학기 말에는 저희도 평가 워크숍과 통지표 작성으로 정신이 없어요. 올해 1학기 평가 워크숍은 좀 간단하게 했어요. 분기별로 교육과정설문과 교육과정협의회 평가가 꾸준히 이루어지고 학년 말에 밀도 있는 평가가 이루어질 예정이라, 우선은 당장 1학기를 보낸 결과 보완이 필요한 문제들만 키워드로 뽑아냈어요. 2학기 시작할 때 그 문제들에 대한 논의를 한 번 더 하고 바로 적용하려고요.

전체 교직원이 작은 방에 빙 둘러앉아 한 학기를 보낸 소회를 나누고, 바다를 마주하고 빗소리를 배경음 삼아 밤늦도록 이야기를 나눴는데 참 좋았어요. 덕분에 저는 새벽이 되어서야 잠이 들었답니다.

워크숍이 끝난 뒤 이런 생각이 들었어요. 역사는 사이와 관계, 틈새와 균열을 통해 이루어지는 것 아닐까 하는 것이요. 어느 한 개인이 할수 있는 일보다는 개인과 개인 사이에서 이루어지는 것들이 더 많은 것같고요. 한 개인의 역량을 넘어서는 그 무엇을 함께 꿈꾸며 만들어 가는 과정을 우리 학교의 역사로 가꾸고 있지 않나 합니다.

저희도 학기 말 통지표 작성은 쉬운 일이 아니에요. 보통은 그럴듯하고 적당한 용어들을 복사해 붙여 넣곤 하는데, 우리 학교는 1학기 생활에 대한 에세이를 써서 가정에 보내요. 처음 우리 학교에 오시는 선생님들은 부담스러워 하시는 일이죠. 하지만 적어도 한 학기를 함께 보냈다면 나눌 수 있는 이야기들이 있기 마련이라 어려우면 어려운 대로 할 수 있는 한 한 학기 동안 지낸 이야기를 글로 자세히 나누고 있어요. 저는 아이들에 대한 자세한 이야기와 함께 시 한 편을 곁들여 보낸답니다.

에리카 선생님은 이 무더운 여름방학을 어떤 계획으로 보내고 계신가요? 저는 방학 중 며칠은 쉬어 가며 비우는 시간들로, 또 며칠은 적당히 채우는 시간들로 보낼 생각입니다. 슬렁슬렁 몇 군데 여행을 다녀올 계획을 세우고 있어요. 또 못 읽었던 책들도 읽어 볼까 해요. 좋은 책 있으면 추천해 주세요.

참, 학기 말에 또 한 친구가 전학을 왔어요. 이제 스무 명의 친구가 심슨네에서 생활하네요. 2학기에는 스무 명의 친구들이 저와 함께 이야기를 엮어 가겠지요.

날이 무척 덥습니다. 건강 잘 챙기시고 무더운 여름에 지치지 마시고 잘 이겨 내시길 바라요.

8월 3일
헉헉대는 나날
심슨 드림

> 처음부터 아이가 제 꼴대로, 제 모습 그대로 자랄 환경이
>
> 되어 있지 않은데, 그것을 잘 가꾸지 않은 어른들은 그 책임을
>
> 아이들에게 돌리고, 피해는 고스란히 아이들 몫으로 돌아가니까요.

에리카

심슨 선생님께.

'방학했어요!' 하고 설레는 마음으로 편지를 썼는데, 시간이 어떻게 흘렀는지 벌써 '곧 개학입니다' 할 여름 한복판입니다.

계획성 있게 미리 준비하는 것이 어려운 저는 방학이라고 해서 미리 일정을 잡아 두지 않고 바람 부는 대로, 햇살 닿는 대로 전국 투어를 하고 있어요. 강화도에 있는 책방 '국자와 주걱'에 들러 이야기도 나누고, 책도 사고, 밥도 먹고, 마음 맞는 친구도 만나고, 하루는 실 한 보따리 들고 카페에 앉아 코바늘뜨기에 열을 올렸고, 또 방학하면 가야지 별렀던 서대문자연사박물관도 다녀왔어요. 남쪽에 내려가서는 가족들과 며칠 시간을 보내며 계곡에 발도 담그고, 보고 싶었던 영화도 보고, 좋아하는 박물관도 가고, 쌓아 둔 책도 읽고 있어요.

이번 방학에 읽은 책 중에는 강화도 책방에서 데려온 『우리가 사랑한 빵집 성심당』이 제일 마음에 남아요. "우리 곁에 불행한 사람을 두고 혼자서는 절대로 행복해질 수 없다!"라는 문구에 끌려 선택한 책인데, 첫 장 첫 문장부터 읽는 내내 흐뭇한 마음을 감출 수가 없었어요.

창업자가 고난을 겪고 성공하는 스토리야 흔하지만, 제 마음을 끈 것은 그 과정에서 성심당만의 특별한 철학을 잘 다지는 모습이었어요. 1943년 2차 세계대전 중 이탈리아 북부 도시 트렌트에서 시작된 '포콜라레' 운동의 정신을 근간으로 한 'EoC(Economy of Communion)_모두를 위한 경제'를 만나며 성심당의 정체성이 형성되어요. 함께 사랑하고 배려하면서도 얼마든지 안정된 일상과 경제활동을 영위할 수 있는 공동체 사회가 지금 이 땅에 존재할 수 있다는 희망을 보여 주는 이야기였어요. 꼭 상대를 밟지 않아도, 누르지 않아도, 먼저 달려가지 않아도 함께 행복해지는 비결! 아이들과 나누고 있었고, 앞으로도 나누고 싶은 이야기인데, 책을 읽으며 지금 여기에서 내가 무엇을 할 수 있을까 가만히 생각해 보는 시간이 되었지요.

성격은 조금 다르지만, 성심당의 경영 이념 "모든 이가 다 좋게 여기는 일을 하도록 하십시오"는 작년부터 제가 밀고 있는 '모두를 위한 교실'과도 닮은 점이 있어요. 교실에서 수업 시간에 소외되는 아이가 없도록 하는 데 제 에너지를 쏟고, 아이들과 나의 행복뿐만 아니라 상대의 행복도 함께 충족시키기 위한 방법을 찾아보자고 이야기를 나누는 일상들이요. 물론 에너지를 쏟는다고 해서 늘 잘되거나 늘 멋지지도 않지요. 그렇지만 불완전함을 인정하고, 그 미숙함에도 '우리'는 '행복한 일상'을 '함께' 가꾸어 갈 수 있다고 믿는 믿음. 그렇게 하자고 말하는 '용기' 같은 것이 변화의 씨앗이고 견고한 일상의 작은 틈이 아닐까 생각해 봅니다.

　방학을 하자마자 낮에는 평가회의를 하고, 밤에는 통지표를 썼어요. 통지표를 쓸 때마다 맞은편에 아이를 초대했어요. 마음으로요. 맞은편에 앉아 수박 주스를 홀짝홀짝 하는 아이에게 마음을 다해 이야기를 들려주고, 엉덩이도 톡톡 해 주었어요. 왠지 그렇게 마주 보며 이야기하는 느낌이 들어 통지표 쓰는 시간이 유례없이(!) 조금 즐거웠어요. 통지표를 다 쓰고 봉투를 붙일 때면, 통지표를 받은 부모님들과 아이들은 어떤 마음일까 자못 궁금해지면서 두근거리기도 하지요.

　심슨의 편지에서 "교실은 기꺼이 시도하고, 기꺼이 망해도 좋은 곳이어야 하는데, 시도하기 전부터 두려워하지 않았으면 좋겠다"는 말이 참 좋았어요. 저도 아이들에게 일단 한번 해 보자는 말을 주문처럼 해요. 그렇게 그 말을 심고 심고 또 심었더니 아이들은 뭔가 해 보려고 할 때 선뜻 용기가 안 나는 친구에게 "야! 일단 한번 해 보자! 우리 학교 규칙이잖아. 할 수 있어. 해 봐!"라며 기운을 북돋워 줘요. 하는 말은 다르지만, 성미산에서도 죽백에서도 이런 씨앗들을 심고 가꾸는 사람들이 있어 참 좋습니다.

　참, 이건 괜한 딴지일 수도 있지만, 심슨의 마음과 의도를 잘 알고 있음에도 "내 허락 없이는 망하지 말아요"라는 말이 조금 마음에 걸렸어요. 아무리 부정하고 교사가 조심해도 교실에는 권력관계가 있는 것이 사실이고, 때로는 그것을 긍정적인 방식으로 적용하는 것에 찬성해요. 하지만 "교실에서 망하는 건 선생님 허락받고 하기야"라는 말에서 바로 느껴지는 '힘의 냄새'를 조금 지우는 말은 어떨까 조심스럽게 여쭈어 봅니다. 물론 아이들과 심슨이 이 말에서 그런 것을 느끼지 못하고, 정말 본질을 충분히 향유하고 있다면 더 말할 이유가 없고요. 스며들듯, 물들어 가듯 그렇게 아이들은 좋은 것과 나쁜 것을 구분해내고 잘 배우겠지만, 괜한 노파심에 하는 말이지요. 역시 찰떡같이 알아주시리라 믿습니다!

심슨, 세 번째 편지에 말씀드렸던 동동이 기억하시죠? 주목받는 순간을 어려워해 술래가 되면 울음을 터트리고, 마음과 어긋나는 일이 있으면 책상 밑으로 들어가거나 바닥에 눕고 소리를 지르기도 하던 아이. 조금씩조금씩 자기만의 속도로 천천히 꽃을 피우고 있는 아이. 그 아이의 진심을 만나고 제가 정신이 번쩍 들었다는 이야기요. 1학년 때에 비하면 아주아주 훌륭해진 동동이지만, 3학년이 되어서도 여전히 좌충우돌 일상의 자잘한 충돌과 어려움이 많아요.

동동이가 방학을 앞두고 학기 말 프로젝트 발표회를 하면서 맡은 일을 잘했는데, 마지막에 그만 고집을 피우고 말았어요. 학기 마무리를 잘하고 싶었던 담임과 '오늘만은!' 하고 늘 마음 졸이며 지내는 동동이 부모님 이야기를 전해 들은 저도 마음이 편치 않았어요. 그날 저녁, 동동이 어머니에게 프로젝트 발표회 시간에 대견하게 샌드위치를 만들고 있는 사진과 함께 문자를 보냈어요. "오르락내리락하는 게 인생인데, 오늘도 그랬겠지만 (…) 어린이들은 진상 피우다 저런 걸로 막 위로하고 그러나 보다 생각했어요"라고요. 그랬더니 꾹꾹 참던 눈물이 나와 버렸다고 하

오늘도 학교에 갑니다

시며 포기하지 않아 주셔서 감사하다고 하시지 뭐예요. 어이쿠, 그 문자를 읽는데 저도 그만 눈물이⋯⋯. "동동이 엄마 마음 백 분의 일쯤은 알아요. 마음 잘 챙기세요. 우리 이럴 때일수록 심기일전!"이라고 답을 드렸지요. 동동이 어머니는 고맙다고 말씀하셨지만, 그날 밤 제 머릿속에는 "포기하지 않아 주셔서 고맙습니다"라는 말이 내내 맴돌았어요.

조금 부끄러운 이야기지만, 최근 1~2년간 학교에서 아이들과 함께 지내며 겪는 어려움들에 대처하면서 조금 지쳤었어요. 좀 더 구체적으로 말하면 어른들에게요. 이건 누군가에 대한 비난이 아니라 저의 고백이라고 할 수 있겠네요.

작년에 다른 학년 친구 중 한 명이 관계에서 많은 어려움을 겪었어요. 친구들은 모모의 행동이 불편하고, 모모는 노력을 한다고 하지만 친구들이 불편해하는 행동을 멈추는 게 잘 되지 않았어요. 그렇게 시간이 가니 갈등의 골이 깊어져 모모는 모모대로, 친구들은 친구대로, 교사는 교사대로, 부모는 부모대로 어려움을 호소했지요.

초등회의 때마다 모모 이야기를 나누는데, 언젠가부터 저는 불편해졌어요. 너무 힘들다, 지쳤다, 부모님도 뭔가 해 보기가 쉽지 않다, 아이들도 너무 힘들어 한다⋯⋯. 회의 때마다 비슷한 이야기가 계속되는데, 제가 참지 못하고 "힘든 거 알아요. 안 힘들 수가 없지요. 힘든 거 충분히 알아요. 그런데요, 어쨌건 맡은 아이이고 함께 지내야 할 아이니까 힘들다라는 이야기로 그만 힘 빼고 뭘 해야 할지 궁리하고 해 보고, 그렇게 머리를 나누면 안 될까요? 자꾸, 매번, 힘들다는 이야기 듣는 거, 너무 힘들어요"라고 해 버렸어요. 말하고서도 마음 한 켠이 영 불편했지요. 지금 같으면 어려운 마음을 충분히 알아주며 위로하고 격려했을 텐데, 그때는 왜 그런지 듣고 있기가 너무 힘들었어요. 당장 누가 해결해 줄 수 있는 것도 아니고, (가능하다면) 해결해야 하는 사람은 교사와 부모이고, 부모가 어렵다면 교사라도 뭔가를 해야지! 사회의 구조를 당장 변화시키는 것도 어렵고, 설령 그렇게 된다 해도 그 영향이 미치는 데는 시간이 걸릴 거라는 생각이 드니 그런 말이 훅 나와 버린 거죠. 아이들에게는 인내하는 마음이 자연스럽게 드는데, 어른에게는 그런 마음을 오래 가지기 어려운 저의 부족함 탓이기도 했고요. 돌아보면 그 당시에는 왜 이런 어려움이 생기는지, 그래서 우리가 어떤 것을 할 수 있는지에 대한 근본적인 성찰보다는 스트레스를 덜 받고 해결해야 할 과제 정도로 인식한 건 아니었나 싶기도 해요. 그래서 학교를 돌고 돌아 죽백에 왔다는 아이, 심슨이 들려주신 그 아이 이야기가 마음에 오래 남았어요.

심슨의 편지와 동동이 이야기, 힘들다고 호소하는 모모 담임의 이야기, 저 역시 헉헉대며 지나온 날들. 교육이라는 이름으로 교육을, 사람을 소외시키는 틀 혹은 사회 구조. 상황은 달라도 그렇게 소외되는 아이(사람)들이 얼마나 많을까요? 성미산학교가, 혹은 교사들이, 더 작게는 제가 아이를 포기하지 않고 그야말로 헌신적으로 마음을 다해 살피고 격려하고 함께하는 것에 저도 한 표를 던져요. 그렇지만 심슨 말씀처럼 근본적인 문제, 구조적인 모순은 따로 있는데 교사 개인의 문제로 치환해 버리고 모른 척하는 사회에 대한 고민도 놓칠 수 없겠다는 생각을 해 봅니다. 처음부터 아이가 제 꼴대로, 제 모습 그대로 자랄 환경이 되어 있지 않은데, 그것을 잘 가꾸지 않은 어른들은 그 책임을 아이들에게 돌리

오늘도 학교에 갑니다

고 피해는 고스란히 아이들 몫으로 돌아가니까요. 사실 제 고민도 그 어드메쯤에 있는 것 같아요.

이건 순전히 저의 감일 뿐이지만, 최근 장애의 유형 혹은 학교에서 소위 '문제행동'이라고 하는 것의 유형이 조금 달라진 것 같아요. 장애를 알리지 않고 숨겨 온 문화와도 관련이 있을 수 있지만 지적 장애, 시각 장애 등 비교적 눈에 보이는 유형이 많았던 과거에 비해 정서적 어려움을 가진 아이들의 비중이 점점 높아지고 있다는 느낌이에요. 사회적으로도 정서적인 문제를 가진 사람들의 비율이 현저하게 높아진 것을 볼 수 있고요. 먹거리나 환경도 큰 영향을 미쳤으리라 짐작하지만 사회의 관계망, 자본주의가 가져온 공동체 파괴에서도 그 원인을 찾아볼 수 있지 않을까 생각해요.

가족의 크기 자체가 작아지면서 관계가 협소해지고, 사람은 낱낱의 개인으로 존재하게 되었어요. 사람보다 돈이 우위에 서는 시대가 되면서 예전과 달리 돈으로 상품 구매하듯 욕구가 해결되는 사회가 되었지요. 컴퓨터와 휴대폰을 들여다보면서 버튼 하나로 해결되는 세상! 필요를 설명하거나 내 마음을 잘 전달할 필요가 줄어들었고, 감정과 의사소통의 실제적인 체험과 학습의 기회는 사라졌어요. 꽉 막힌 사회의 시스템에 놓인 어른들도 나름대로 버티려고 하지만 역시 그런 시스템의 피해자이고, 아이들을 또 다른 피해자로 만들게 되죠. 다양한 사람과 어울려 살며 상호 교류하면서 필요한 감각을 얻을 수 있는 기회가 없어졌으니까요. 어쩌면 우리가 중요하게 돌아보아야 할 지점이 아닐까 생각해요.

모든 것이 자본의 손에 넘어가 교육도, 먹거리도, 관계와 놀이마저도 이제는 돈으로 해결하는 세상이에요. 그마저도 본능과는 전혀 다른 방식으로요. 작년에 '고양이' 주제탐구를 하면서 고양이를 살펴보니 알면 알수록 신비로운 게 많더라고요. 어미 고양이는 새끼 고양이에게 사냥을 가르치면서 처음에는 죽은 쥐를 가지고 놀게 하고, 점점 살아 있는 쥐도 잡을 수 있도록 가르치고 배우게 한다고 해요. 이 모든 과정이 놀이처럼 이루어지면서 자연스럽게 새끼 고양이는 어미를 통해 생존의 기술들을 익히는 거죠.

사람이 살아가는 모양도 이와 비슷할 테지요. 놀이라고 하는 것은 유희이기도 하지만, 인간으로 살아가는 방식에 대해 배우는 것이고, 생존에 꼭 필요한 것들을 내 몸에 새기는 과정이지요. 이건 가르치는 게 아니라 보여 주는 것이고, 아이들은 배우는 것이고요. 하여 아이들의 놀이에는 인류의 지속 가능성이 들어 있어요. 그렇지만 그런 놀이를 말살해 버리고, 골목에서 사라진 아이들은 학원이며 학습지로 온종일 종종거리고, 차가 골목을 채워 버린 지금의 모습. 개인화되어 버린 사회, 기계와 돈의 부속품이 된 사람들, 산업사회에 필요한 도구로서의 인간을 키우려는 교육의 모순 같은 것들의 총체적인 결과인 것이지요. 우리는 이제 무엇을 해야 하고, 무엇을 하지 말아야 할까요?

이런 이야기들을 하니 토리 헤이든의 『예쁜 아이』가 생각나요. 제가 좋아하는 책인데 읽어도 읽어도 너무 좋아서 몇 번을 읽었거든요. 작년에는 선생님들과 함께 읽었어요. 재미도 있지만 생각할 거리, 나눌 거리가 있어서 좋다고 선생님들은 입을 모았고, 우리는 하고 싶은 이야기며 고민거리를 한참 나눴어요. 심슨도 아실지 모르겠는데, 토리 헤이든은

오늘도 학교에 갑니다

교육계의 고전(?)이라 할 수 있는 『한 아이』를 쓴 통합교사예요. 비교적 최근에 나온 『예쁜 아이』는 토리 헤이든이 맡은 특수학급의 1년을 기록한 책이고요.

빌리, 셰인, 제인, 제시, 비너스. 소위 일당백, 제 표현대로라면 '어벤져스'들이 모인 토리의 학급. 토리는 이 아이들과 만나며 험난한 1년을 예상하지만 풍부한 경험과 사랑으로 꾸려 가요. 문제행동이나 특징을 잡아 계기로 삼는 토리는 시끄럽고 '갱'을 좋아하는 아이들에게 '줄다람쥐 단원'을 제안하고, 아이들은 자신의 욕구를 충족하면서도 규칙을 익히죠. 그렇지만 말도 하지 않고 무반응으로 일관하면서 누가 건드리면 무섭게 폭발하는 아이 비너스는 토리에게도 가장 어려운 아이였어요. 친구들과의 관계도 문제였지만, 어떤 것에도 반응하지 않는다는 게 더 큰 문제였지요. 토리는 비너스를 어루만지며 책을 읽어 주고, 만화도 보여 주고, 놀이도 하며 끊임없이 비너스의 마음에 노크를 해요. 계속, 다양한 방법으로, 자꾸만.

교실에서 함께 아이를 만나는 보조교사 줄리와의 갈등도 이 책에서 빼놓을 수 없어요. 절대 화를 내지 않고, 아이의 인격을 존중하며, 무조건적인 칭찬을 하는 줄리와 때로는 행동주의적인 전략이 효과가 있지만 단호함이 필요할 때도 있다고 말하는 토리. 토리의 말과 행동의 의도나 본질을 보기보다는 행동 자체를 보는 줄리의 모습에서 제 경험이 떠오르기도 했어요.

7년쯤 전이었을 거예요. 학교에 인턴 선생님이 여럿 오셨는데, 제가 맡고 있던 10학년에 미국에서 공부하고 있다는 분이 들어오셨죠. 당시

제가 맡은 학년은 어려움이 많은 친구들의 비율이 높았고, 경험이 많지 않은 저도, 처음 10학년을 해 보는 아이들도 좌충우돌하는 시기였어요. 후배들에게 하는 수업을 준비하는 시간이었는데, 의견을 나누거나 제안하기가 어려운 한 친구에게 종이 자르는 역할을 제안하자 그 인턴 선생님의 표정이 달라졌죠. 저에게 왜 그랬냐고 묻지도 않으면서 제 앞에서 늘 개운치 않은 표정을 지었어요. 그리고 다른 선생님에게 그 아이가 할 수 있는 것을 너무 저평가한다고 말했는데 그게 제 귀에도 들어왔어요. 제가 하는 것과 말하는 것에 대해서 나쁘게 말할 수 있고 그 진심이 다 받아들여지지 않을 수 있지만, 상대방이 설명할 수 있는 기회도 주지 않고 그렇게 판단해 버린 것에 아쉬움이 컸어요. 그 아이가 그 공간에서 없는 사람 취급받지 않고 작은 역할을 하면서 유능감을 가지길 바라는 저의 진심, 아이를 생각하는 마음이 왜곡당한 느낌이 들었지요. 다른 사람이 보기에는 부적절한 것 같지만 때로는 그런 것들이 필요한 순간이 있고, 원칙을 지키는 것처럼 그런 순간을 존중하는 것도 중요하다는 생각을 하면서 내가 이런 순간을 만난다면 먼저 판단하지 않고 질문을 해야지 다짐했었어요.

사실 교무실에서도 하나의 사건을 두고 서로 다르게 볼 때가 있어요. 특히 아이들을 대하거나 문제행동을 바라보는 시각은 서로 너무 달라서 합의점을 도출하기가 쉽지 않아요. 그래서 학교뿐만 아니라 사회적으로도 정서적 어려움을 가진 아이들이 늘어나는 추세와 공통된 이해를 할 필요가 있겠다는 생각이 들어 작년부터 선생님들과 통합교육 공부를 시작했어요. 장애의 유형, 장애나 아이의 특성에 따른 지원 방법,

문제행동 중재 방법 등도 공부하고, 문제행동의 이유를 이해하고 문제행동이 왜 발생하는지에 대한 가설에 따라 개인의 독특한 사회적·환경적·문화적 배경에 적합한 종합적인 중재를 고안하는 문제해결 접근 방법인 '긍정적 행동 지원'도 공부하며 실제로 아이들의 행동을 분석해 보기도 했어요. 이번 학기에는 통합교사가 쓰는 개별화교육계획안(IEP)을 담임교사들이 모두 모여 한 아이, 한 아이를 놓고 고민하며 계획을 세워보았고요. 그러면서 교사들이 문제행동을 바라보는 시각이 조금씩 맞춰지고, 함께 고민할 수 있는 접점이 많이 생겼어요. 상대방의 행동에 대해 미리 판단하지 않는 태도와 더불어 같은 관점을 공유할 수 있는 모두의 노력도 필요하리라 생각이 들어요.

『예쁜 아이』에서 가장 좋았던 것은 '과정을 공유한 자들만 아는 기쁨' 같은 거였어요. 교실에서 아이들과 함께 지내면서 아이의 어제와 오늘을 보고 미세한 변화를 함께 기뻐하는 마음, 심슨도 아실 테지요? 도은이가 "토토 주세요!"라고 말하는 순간, 동동이가 "○○이가 나를 밀어서 속상해요!"라고 바로 마음을 전하는 순간 같은 거요. 비너스의 움찔거림을 알아채는 토리의 눈, 미묘한 형태의 의사소통을 느끼고 아이의 노력을 보아주는 눈, 그것을 귀하게 보는 마음. 그런 것들이 어쩌면 교육이라고 하는 것의 처음과 끝이 아닐까 생각해 봅니다.

이야기는 흘러흘러 비너스는 여러 가지 일을 겪으며 점차 껍질을 깨고 세상으로 나와 손을 내밀어요. 물론 빌리를 비롯한 학급의 다른 아이들도요. 학년 초와 학년 말의 아이들은 같지만 달라요. 아이들의 목소리를 들으며 마지막 장을 덮는데, 가슴이 뻐근해졌어요. 어쩌면 이 책

덕분에 제가 사랑스럽고 깜찍한 번개반 아이들과 즐겁게 1년을 보냈는지도 모르겠어요.

여름은 선풍기 틀어 놓고 뒹굴거리며 책 읽기 좋은 계절이죠. 심슨은 어떤 책이 오래오래 마음에 남으세요? 심슨의 이야기도 듣고 싶네요.

8월 11일
가는 방학 눈물로 부여잡고 있는
에리카 드림

오늘도 학교에 갑니다

싫어하면 딱,

멈추기

성장이라는 낱말이 넘쳐 나지만 대한민국 교육 현실은 여전히
아이들 편에 서서 성장을 이야기하고 있는 것은 아닌 것 같아요.

심슨

에리카 선생님.

참 신기하죠. 분명 지난주까진 숨이 막힐 듯 더운 나날이었는데, 이번
주 들어서는 아침 저녁으로 제법 선선한 기운이 스며들기 시작하네요.

떠나려는 방학은 어떻게 잘 부여잡고 계신가요? 성미산 개학은 언
제인가요? 저는 여전히 방학의 한복판을 살고 있어요. 학교 공사로 이번
달 30일까지 방학이거든요. 지금 당장은 방학이 길어서 좋지만 겨울방
학은 또 줄어들겠지요. 어찌되었든 남은 방학을 알차게 잘 보낼 생각입
니다.

선생님 편지를 읽다가 '힘의 냄새' 부분에서 움찔했습니다. 안 그래도
마음에 걸렸던 부분인데 정확히 짚어 내셔서 딱 걸린 느낌이랄까요? 지
적해 주셔서 고맙습니다. 이번 여름에 읽은 『학교 민주주의와 불한당들』,

『왜·학교에는 이상한 교사가 많은가』라는 두 권의 책과 겹쳐지면서 부끄러운 마음이 올라왔어요. 아이들에게는 나름의 방법으로 최선을 다해 진심을 전하고 있지만, 언어가 무의식에 심는 씨앗에 대해서는 더 세심히 돌아보며 살아야겠다고 덕분에 다시 한번 다짐하게 되었어요.

제가 교실 안에서 선생이란 이름을 달고 하는 일 속에는 그런 힘의 냄새를 풍기는 일이 참 많은 것 같아요. 교실과 학교 안의 다양한 권력 관계가 아이들의 삶 속에 심어 주는 감수성들은 함께 고민해야 할 부분이라고 생각하고 있어요. 삶의 작은 부분에서의 감수성과 민감성을 심어 주지 못한다면 민주주의니 인권이니 아무리 외쳐 봐야 아무 소용없는 일이겠지요.

성심당 빵은 회의가 있어 대전을 찾았다가 한 번 맛본 적이 있어요. 책으로도 나왔다는 이야긴 진작 들었는데 아직 읽어 보질 못했어요. "우리 곁에 불행한 사람을 두고 혼자서는 절대로 행복해질 수 없다!"라는 말은 제 마음에도 쏘옥 담겼습니다. 특히 교실 안에서 아이들에게 비슷한 이야기를 많이 하는 편이니 말입니다. 교실에 불편하거나 아프고 힘든 사람이 있다면 우리 모두의 문제로 생각할 수 있다면 좋겠다는 말을 많이 하거든요. 우리는 서로 연결되어 있다는 이야기와 함께요. 우리가 이렇게 한자리에 모여서 공부하는 데는 그걸 오롯하게 삶 속에서 볼 수 있는 눈을 얻으려는 것도 있지 않을까 생각해 봅니다.

요즘 장애의 유형, 문제행동이라고 하는 것의 유형이 조금 달라진 것 같다는 선생님의 감에 저도 동의해요. 또 선생님이 이야기하신 아이들의 놀이에는 인류의 지속 가능성이 들어 있다는 것에도 적극적으로 동의하고요. 저희 학교도 놀이를 중요한 부분으로 여기고 채워 나가고 있어요. 아침에 학교에 오면 9시까지 함께 뛰어놀아요. '아침 해맞이 활동'이라고 하는데 각 교실에서 하던 아침 자습을 모두 중단하고 함께 노는 거지요. 교사들도 운동장에서 함께 뛰어놀며 하루를 시작해요. 학부모 놀이 동아리에서 운동장에 여러 가지 놀이판을 만들어 주기도 하시고요. 그리고 첫 블럭 수업 후 중간 놀이 시간 30분을 두었지요. 아침 해맞이 활동 시간과 중간 놀이 시간은 오롯이 아이들의 시간이에요.

이를 두고 아침에 뛰어놀고 공부가 되겠느냐, 놀기만 하고 수업은 언제 하냐는 반응도 있었어요. 그때 이런 생각이 들더라고요. 도대체 공부란 게 무엇인가, 잘 노는 게 문제인가? 함께 놀지 못하는 게 더 큰 문제 아닌가? 노는 것이야말로 가장 중요한 공부 아닐까?

여러 해 놀이 시간이 지속되다 보니 아이들에게 놀이가 어떤 영향을 끼치는지 눈에 보여요. 교실 안에서 풀리지 않았던 관계의 문제가 놀이를 통해 풀리기도 하고, 자신의 감정을 발산하고 표현하며 갈등을 조정하는 것 역시 놀이에서 배울 때 더 큰 효과가 있는 것 같아요. 학교에 뛰어놀기 위해 일찍 달려오는 친구들도 많고요. 학부모님들도 놀이 동아리를 만들어 공부도 하고 함께 놀기도 하면서 이제는 학교를 넘어 지역사회에 놀이를 퍼뜨리는 역할을 하고 있어요.

우리 학교의 바탕이 되는 교육헌장 안에 놀이에 대한 내용을 담아 놓았는데 한번 보실래요?

1. 학교는 '학생'을 중심에 두고 삶을 가르치며 배우는 곳이다.

오늘도 학교에 갑니다

2. 학교 구성원은 서로 믿고 존중하며, 학교 공동체를 위해 자기 책임을 다해야 한다.

3. 학교는 함께 배우고, 함께 나누며, 함께 성장하는 모두의 학습공동체이다.

4. 학교는 나를 소중히 세우고, 다른 사람을 소중히 여길 수 있도록 다양한 기회를 제공해야 한다.

5. 학교는 다양한 시행착오를 거치면서 다양한 시도와 도전을 할 수 있는 곳이어야 한다. 힘과 시간을 들여 경험과 지식을 충분히 축적하고 자기화할 수 있는 숙성의 시간도 확보되어야 한다.

6. 학교는 땀 흘려 일하는 과정과 다양한 놀이를 통하여 배움이 일어날 수 있도록 충분한 기회를 제공해야 한다.

7. 학교는 남을 도울 줄 알 뿐만 아니라 필요한 도움을 받을 줄 아는 사람을 기르는 교육을 펼쳐야 한다.

8. 학교는 학생들에게 다양한 심미적 경험을 제공하여 풍부한 감성을 가질 수 있도록 도와주어야 한다.

9. 우리가 보는 학력이란 '힘'이다. 좀 더 자세히 이야기하면, 어휘력·사고력·문제해결력·창의력·수리탐구력·듣는 힘을 포함하는 '머리의 힘', 생활습관·기초체력·끈기·표현과 반응을 포함하는 '몸의 힘', 도덕성·인성·공감능력·배려·협력·호기심·자존감을 포함하는 '가슴의 힘'을 합하여 학력이라고 본다. 우리는 이를 바탕으로 교육을 전개한다.

10. 학교는 어린이의 눈으로 학교환경과 교육환경을 바라보고 어린이를 위한 학교를 세워내기 위해 다 함께 노력한다.

11. 학교 행정과 예산은 학생의 학습활동과 교사의 연구활동을 지원하는
데 우선해서 쓴다.

12. 학교와 마을은 학생 교육을 위해 서로 적극적으로 연대하고 협력한다.

꼭 읽어 보고 싶게 여러 책을 소개해 주셨네요. 전 딱히 떠오르는 책
이 없는데, 대신 『교과교육』이라는 잡지 이야기를 해 볼게요. 지난달에
부산 보수동 책방골목에 있는 한 북카페에서 우연히 보게 됐는데, 잡지
이름보다도 '창간호'라는 점과 발행처인 '국어교육을 위한 교사모임'에
관심이 가서 넘겨 보다 감탄사를 연발했어요. 1988년에 나온 잡지인데
국정국사교과서의 문제점부터 나라별 교과서 발행체제에 대한 분석까
지 여러 교육 이야기가 어쩜 그렇게 지금과 다를 바가 없나 하는 생각이
들었어요. 아이들 글 속에 묻어나는 수업과 교사, 어른들에 대한 이야기
들도 변한 게 없더군요.

해직된 선생님의 이야기를 읽다가 가슴이 먹먹해졌고, 하이틴 소설
을 분석해 놓은 어느 선생님의 글은 키득거릴 정도로 재미있었어요. 하
이틴 소설의 문제점으로, 정확히 기억은 안 나지만, 아이들의 정신세계
를 어지럽게 한다는 이야기였던 것 같아요. 생각해 보니 우리 사회는 여
러 면에서 개방적인 모습으로 변했지만 학교를 포함한 교육은 그다지
달라진 게 없는 느낌이랄까 뭐 그런 생각이 들었어요.

1학기에 안성·평택 교사들의 독서 모임인 '담쟁이'를 만들었는데,
오랜만에 모여 이야기를 나눴어요. 함께 읽고 있는 책은 『민주주의와 교

육』이에요. 책을 읽는 것도 읽는 것이지만 중요한 것은 책 속 이야기를 통해 우리가 가야 할 방향을 함께 헤아려 보는 게 아닐까 싶어요. 결국 공부를 하고 책을 읽는 것은 그를 통해 '그래서 너는 어떻게 살 건데?'라는 물음들을 던져 가야 하는 것일 테니까요.

그날 나눈 이야기의 큰 줄기는 '성장'이었어요. 우리가 교육의 목표를 성장이라고 하는데, 성장이란 무엇인가 질문을 던지는 시간이었죠. 선생님들 이야기를 듣다 문득 이런 생각이 들었어요.

우리가 성장해야 한다고 말할 때 그 종착지는 어디일까? 종착지가 있기는 한 걸까? 아이들에게 성장해야 한다고 말하는 우리 어른들은 과연 성장한 것인가? 왜 우리는 아이들에게 어른들이 정해 놓은 똑같은 기준을 향해 모두 똑같은 속도로 내달리라고 하고 있는 것일까? 모든 인간이 성장해 나가는 과정이라면 아이들마다 성장 과정을 제대로 거칠 수 있도록 도와주어야 하는 것은 아닐까? 성장이라는 낱말이 넘쳐 나지만 대한민국 교육 현실은 여전히 아이들 편에 서서 성장을 이야기하고 있는 것은 아닌 것 같아요.

요즘 살충제 달걀 때문에 세상이 떠들썩하네요. 닭이든 달걀이든 모든 것이 상품으로 길러지는 세상이다 보니 생긴 문제가 아닌가 싶어요. 지금 당장 그럴듯한 모습으로 돈이 되어야 하는 세상이니 닭이 성장하는 과정, 달걀이 달걀로서 거쳐야 하는 시간 따위는 그다지 중요한 문제가 아니겠지요. 우리 교육도 비슷하지 않나 싶어요. 아이들을 판매용 닭기르듯 상품성을 높이려고 애쓰고 있지나 않은지, 아이들 스스로도 자신의 상품성을 높이려고 안간힘 쓰며 살아가고 있진 않은지, 어쩌면 지금 살충제 달걀 이야기는 우리가 만들어 가고 있는 세상의 축소판인지도 모르겠다는 생각이 들었어요. 어떻게 해야 할지는 잘 모르겠지만 그저 내가 발 딛고 선 곳에서부터 구호가 아닌 실천으로, 우리 삶이 돈과 결과와 속도에 지배당하지 않도록 맞짱 뜨는 수밖에 없겠지요.

다음 주 월요일엔 선생님들 연수가 있어 김해에 가요. 다른 사람 앞에서 이야기를 한다는 게 두렵지만 어설프게나마 전해 드릴 제 이야기들이 씨앗이 되어 다른 선생님들의 고민, 이야기와 만나 씨줄, 날줄로 엮이면 작지만 의미 있는 변화가 곳곳에 만들어질 수 있지 않을까 하는 마음으로 용기 내 다녀오려고 해요.

다음 편지는 아마도 지금보다 선선한 기운이 곳곳에 스며들기 시작할 즈음일 듯하네요. 선생님의 2학기는 벌써 시작되었겠지요? 2학기도 힘내시길 바라며 오늘은 여기서 줄입니다.

8월 19일

희망 가득 2학기 힘차게 시작하시기를 두 손 모으며

심슨 드림

오늘도 학교에 갑니다

교육, 그러니까 아이들과 함께 배우고 싶은 건 잘하는 사람과 못하는 사람을 구분하고 순서대로 줄 세우는 것이 아니라 잘하지 않아도 즐거울 수 있다는 것, 내 몸의 힘을 키워 가는 재미, 삶의 신비와 오묘함을 함께 향유할 수 있다는 것이 아닐까 싶어요. 그 즐거움을 함께 누리며 살고 싶어요.

에리카

심슨!

어제 개학하셨겠어요! 오랜만에 만나는 아이들과의 시간은 어떠신가요? 저는 지난주 수요일에 개학해서 아이들과 즐거운 일상을 만들어 가고 있습니다.

학교를 한 달씩이나 안 가는 게 말이 되냐며 울분을 터트린 녀석도 있었지만 초록이들은 방학 내내 자전거도 타고, 수영도 하고, 이곳저곳 여행도 다니고, 뒹굴뒹굴하는 날들 보내며 재미가 쏠쏠했는지 얼굴이 까매져서 왔어요. 까무잡잡한 친구들과 반가운 인사를 나누고, 개학 첫날답게 자신의 방학 뉴스를 써서 발표하는 시간을 가졌는데 저마다 짧은 방학 속에 길고 긴 이야기들을 담아 왔더라고요. 그 다음에는 2학년 형님들과 모여 방학 동안 함께 못 놀았던 한을 풀었지요. 몸으로 말해요, 미션 달리기, 노래 대결(정해준 낱말이 들어가는 노래 찾기) 등을 하며 오랜만에 신나게 노니까 아이들 얼굴이 아주 환해졌어요.

다음 날은 '공기' 주제탐구 첫 시간. 공부를 하고, 함께 잘 지내기 위한 규칙을 만들었어요. 전통적으로 성미산학교에는 '일단 한번 해 본다!'라는 규칙이 있어요. 뭐든 하기 전에 투덜대지 않고 해 보기. 그걸 서로 확인한 다음 이야기를 나누며 '인사를 잘 한다, 싫어하면 딱! 멈춘다, 친구를 소중하게 대한다'는 규칙 세 가지를 정리했답니다. 서로서로 인사를 하며 마음을 잘 전하는 것, 상대의 마음을 살피고 내 행동을 살피며 싫어하는 건 안 하는 것, 나만큼 소중한 상대방을 존중하는 것! 우리 모두 이번 학기에 몸과 마음 잘 가꾸어 보자 했어요.

아이들이 개학하자마자 하자고 노래를 불렀던 '콩주머니'도 했어요. 콩주머니는 두 팀이 안팎으로 나뉘어 밖에서는 안에 있는 팀에게 콩주머니를 던져서 공격, 맞으면 아웃, 콩주머니를 누군가 받으면 죽은 사람이 살아나고, 마지막 한 명 남은 친구가 콩주머니를 열 번 피하면 모두 생존하는 놀이예요. 아이들은 이 콩주머니를 너무너무 좋아해서, 쉬는 시간마다 와서 같이 하자고 졸라요. 선생들이 바깥에서 콩주머니를 던지며 공격하고 자기들은 피하는 걸 엄청 좋아하죠. 그날도 2학년 담임인 줄리아, 저, 통합지원보조교사인 고요, 이렇게 셋은 땀이 뻘뻘 나도록 콩주머니를 던지고 던지고 던지고! 아이들은 깔깔 웃으며 요리조리 피하고, 몇 녀석은 의기양양 선생들이 던지는 콩주머니를 척척 잘도 받고, 죽이고 살리고 죽이고 살리고! 선생들은 기진맥진 기어서 콩주머니를 줍고 던지고. 오기가 생겨 이를 악물고 하는데도 요리조리 잘 피하는 얄미운 미꾸라지들은 도대체 잡을 수가 없고. 결국 선생들은 백기를 들고 모두 쓰러졌다지요. 그 후로도 콩주머니는 계속되고, 덕분에 아이들 피하기 실력은 물론 선생들의 던지기 실력도 점차 좋아지고 있어요.

실력이 좋아진다는 이야기를 하니 어렸을 때 생각이 나요. 저는 운동이 젬병이었어요. 우주 최강 '몸치'라 줄넘기 한 번을 넘으려고 해도 참 많은 노력이 필요했어요. 별것 아닌 그 줄이 안 넘어가서 해 질 녘 할아버지, 할머니, 엄마, 아빠, 동생들이 마당에 모두 모여 줄넘기 대작전을 펼쳤죠. 그렇게 사흘을 내리 맹연습한 끝에 아빠가 특수제작해 주신 줄을 가지고 떨리는 마음으로 선생님 앞에서 줄넘기를 하던 그 순간의 긴장! 그런 경험들이 쌓이고 쌓여 '아, 나는 운동은 안 돼. 체육이 싫어!'라는 마음으로 굳어졌는데, 재미있게도 아이들과 함께 지내며 의외의 재미를 붙여 가고 있어요.

1~2학년 어린이들과는 그래도 실력이 제법 비슷해서 '어? 되네?' 하는 경험도 하게 되고, 성취감도 쌓이면서 '해 보면 되는구나', 제법 경기가 되니까 '어? 이거 엄청 재밌네?' 하는 단순한 진리를 몸으로 느끼고 있어요. 하다 보면 되는데, 하면 재미도 붙고 실력도 느는데, 그 시절 저에게는 해 보면 늘고 늘면 재미있다는 말을 해 주는 사람도 그럴 마음도 없었던 거죠. 시작하면서 맛보는 좌절과 실패가 더는 시도를 못하게 만들었고요. 아이들과 부대끼며 그런 즐거움을 느끼고, 충분히 해 보지도 않고 손 놓기에는 재미있는 것이 너무 많다는 것을 뒤늦게 알게 되었다고 할까요?

몸놀이나 운동은 못하는 아이가 있는 것이 아니라(물론 능숙해지는

데 걸리는 시간은 사람마다 분명 다르고, 능숙해지는 수준도 사람마다 다르지만) 많이 해 본 아이와 그렇지 않은 아이가 있는 게 아닐까 싶어요('아이'를 '사람' 혹은 '어른'으로 바꿔도 틀린 말은 아닐 거예요). 몸을 휙휙 잘 놀리는 아이는 재미있으니까 더 더 더 더 열심히 하고, 그러니 더 실력이 늘지요. 그렇지 않은 아이는 해도 안 되는 것 같으니까 몇 번 하다가 말아요. 그러니 더 차이가 나고 더 재미가 없어지고요. 뭐든 익숙해지려면 시간이 필요하고, 일단 해 보면 즐거움과 만나게 되고 그것은 조금 더 깊은 즐거움으로 안내하지요. 놀이의 많은 차원이 있지만, 중요한 것 중 하나가 내 몸의 힘을 키워 가는 재미, 내 몸의 감각을 깨우는 즐거움이 아닐까 생각해 봅니다.

필립 로스의 『네메시스』에 "어른에게 놀이는 오락이고 삶을 갱신하는 것이며, 아이에게 놀이는 성장이고 삶을 얻는 것이다"라는 구절이 나와요. 놀면서, 잘 놀고 배우고 익히면서 아이는 성장하고, 그러면서 삶을 만들어 가지요. 제가 그렇듯 우리는 잘 놀면서 새 삶을 만나기도 하고요. 교육, 그러니까 아이들과 함께 배우고 싶은 건 잘하는 사람과 못하는 사람을 구분하고 순서대로 줄 세우는 것이 아니라 잘하지 않아도 즐거울 수 있다는 것, 내 몸의 힘을 키워 가는 재미, 삶의 신비와 오묘함을 함께 향유할 수 있다는 것이 아닐까 싶어요. 그 즐거움을 함께 누리며 살고 싶어요.

그래서일까요? 원래 교육헌장 같은 건 안 보는 게 미덕(?)이라고 생각하는 편인데, 죽백의 교육헌장 중 9번이 눈에 쏙 들어왔어요.

그리고 신영복 선생님의 『감옥으로부터의 사색』에 있는 문구, "머리 좋은 것이 마음 좋은 것만 못하고, 마음 좋은 것이 손 좋은 것만 못하고, 손 좋은 것이 발 좋은 것만 못한 법입니다. 관찰보다는 애정이, 애정보다는 실천적 연대가, 실천적 연대보다는 입장의 동일함이 더욱 중요합니다. 입장의 동일함, 그것은 관계의 최고 형태입니다"가 떠올랐어요. 머리, 몸, 가슴이 균형 있게 성장하는 것이 중요하지만, 다른 사람의 입장을 이해하고 공감하며(심순이 편지에 쓰신 것처럼) 너와 내가 연결되어 있다는 것을 아는 감각이 가장 중요하지요. 타자에 대한 감수성이 우리가 이렇게 애쓰는 본질이 아닐까요?

솜이 이야기를 조금 해 볼까요? 지난 8월 28일은 병아리 '솜이'의 2주기였어요. 성미산학교 1~2학년 주제탐구에는 여러 가지 주제가 있는데, 그중 하나가 '알과 씨앗'이에요. 재작년에는 생명의 시작과 끝, 순환에 대한 이야기를 나누며 아이들과 함께 알을 부화시키는(?) 경험을 했더랬어요. 알과 씨앗 수업을 하며 몇 번의 병아리 탄생 과정을 경험했는데, 솜이는 3세대 병아리였어요.

솜이, 뭉이, 양이 이렇게 세 개의 알을 부화기에 넣고 아이들은 노래도 불러 주고, 책도 읽어 주며 태교를 하고, 편지도 썼어요. 몇 년 전에 이미 부화를 경험한 형님들은 "우리가 원조야!"라고 으스대며 이것저것 도움도 주고 자주 오가며 살펴 주었죠. 부화기가 있는 교실에서는 살금살금 걷고, 중간에는 알검사도 하고 어떤 병아리가 태어날까 두근거리며 21일을 보냈어요.

이제 나올 때가 되었는데 하며 더 자세히 보기를 시작한 지 사흘. 딱 21일째 되던 날 아침, 목요일이었어요. 출근하자마자 부화기를 들여다

보니 어머나! 고 작은 녀석이 부리로 알을 콕콕! 알에는 아주 조그만 구멍이 나 있고요. 아이들은 나오려고 애쓰고 있는 아기(!) 놀랠라 소리 없는 환호성을 지르며 병아리의 탄생을 기대했어요. 수업 시간에도 아이들 마음은 온통 부화기에 가 있었죠. 콕콕 구멍이 조금씩 커지고 점심시간이 되자 촉촉한 모습으로 우리에게 온 솜이. 교실과 복도에는 솜이를 보려고 온 사람들로 바글바글했어요. 우리는 짚을 꼬아 만든 새끼줄에 숯과 고추를 꽂아 복도에 매달았어요. 하루를 꼬박 부화기에서 보송보송 마른 솜이를 신문지와 수건을 깐 작은 상자에 넣어 주고 체온 유지를 위해 백열등을 켜 주었어요. 솜이는 혹시 다치기라도 할까 봐 조심조심 손도 못 대고 흐뭇하게 바라보기만 하는 형님들의 사랑을 받으며 무럭무럭 자랐어요. 형님들은 지렁이와 공벌레를 잡아와 특식이라며 선물하고 삶은 노른자며, 신선한 상추, 물에 불린 좁쌀까지 가져와 살뜰하게 솜이를 챙겼어요.

솜이는 중정에 나와서 이곳저곳 탐색하고, 볕이 좋으면 중정 화단에 덥석 올라가 신나게 흙목욕을 했어요. 요란하게 흙을 튀기며 움직이고 비비고 털고, 한참을 그렇게 목욕을 하고 개운하게 또 이곳저곳 산책도 나가고요. 우리는 성미산에서 긴 나뭇가지를 주워서 예쁘게 엮어 새로운 집을 만들어 주었어요. 긴 나무를 올려 횟대도 만들어 주었고 점심시간에는 밥이며 국수 같은 것도 아낌없이 솜이에게 나눠 주었어요. 하루는 수환이가 빵을 먹으며 솜이에게 조금 떼어 주었더니 그걸 얼른 먹고는 손에 있는 큰 빵을 콕콕! 솜이에게 내민 손에 있는 작은 빵은 보지도 않고, 수환이가 들고 있는 큰 빵을 노리는 솜이를 보고 아이들은 "와!!! 솜이 천

오늘도 학교에 갑니다

재야!!!" 하며 호들갑을 떨기도 했어요. 중정 그늘에 앉아 있다가 "솜아!" 하고 부르면 고개를 들고 이리저리 둘러보는 걸 보고 누구는 거짓말이라고 하지만, 우리는 알았지요. 솜이가 자기 이름을 안다는 것을요.

노란 고무줄만 보면 솜이가 달려들어 콕 물고 전속력으로 달리는 통에 쫓아가서 잡는 것은 물론이고 전교에 '고무줄 주의보'가 내려지기도 했어요. 클수록 똥 냄새는 또 어찌 그리 심한지 교실에 들어서면 은은한 솜이 똥 냄새가 우리를 맞아 주었어요. 우리가 수업하면 저 멀리 3층 계단까지 올라가서 바람을 맞는 못말리던 솜이! 하루는 솜이가 없어져서 이곳저곳 찾았는데 세상에나 학교 중정을 지나 모래놀이터를 지나 뒤뜰에 가서 땅을 파고, 이곳저곳 콕콕 벌레도 먹으면서 신나게 탐험을 하고 있지 뭐예요! 솜이가 없어지면 아이들은 모기에 물려가며 뒤뜰에 가서 솜이를 데려오곤 했어요. 이 녀석이 머리가 커지더니 말을 안 듣는다며 야단을 치기도 하고요.

더운 여름도 잘 보내고 2학기가 시작되었어요. 우리는 솜이에게 야외에서 지낼 수 있는 집을 만들어 주기로 했어요. 자연친화적인 공간, 중정 화단에 우리가 만들어 준 집을 리모델링해서 계단이 있는 2층 집을 만들었어요. 톱질도 하고, 방수 지붕도 달고, 망치질도 하고요. 새집이 익숙하지 않은 솜이를 강제적응시키려고 자꾸만 집에 데려다 놓는 형님들! 형님들 눈을 피해 요리조리 놀러 다니는 솜이!

즐거웠던 시간이 흐르고 흘러 이제 2년 전 8월 28일이 되었어요. "솜아 다녀올게!" 하고 멀리 숲놀이를 다녀왔는데, 솜이가 심상치 않았어요. 아무것도 못하고 축 늘어져 화단에 있는 솜이. 급히 동물병원으로 데리고 가서 기다리는데, 어쩜 그렇게 눈물이 나는지. 걱정스러운 마음으로 엑스레이를 찍어 보니 동그란 물체가 장을 막고 있었어요. 의사 선생님은 일단 약을 먹여 보겠지만, 아무래도 어렵겠다고 하시고, 제 품에 있는 솜이는 점점 늘어졌죠. 솜이를 데리고 다시 학교로 갔는데, 학교 앞에는 아이들이 바글바글. 눈물 글썽이는 저를 본 아이들 표정도 어두워지고, 저는 안 떨어지는 입을 겨우 떼서 "음…… 일단 우리 솜이를 위해 기도하고 응원하자!"고 말하고 그만 뒤돌아서 한참을 울었어요.

결국 솜이는 그날 밤을 넘기지 못하고 우리 곁을 떠났답니다. 주말을 보내고 온 아이들에게 소식을 전하고 책을 한 권 읽은 후, 함께 솜이가 태어났을 때부터의 사진과 영상을 쭉 본 다음 솜이의 빛나는 순간, 기억나는 장면을 편지로 써서 솜이를 찾아갔어요. 솜이 무덤 앞에 편지를 놓고, 노란 리본도 걸어 두었어요. 인사를 하고 돌아와서 우리는 며칠 전 새로 지어준 솜이 집 앞을 서성거렸어요. 그리고 2년이 훌쩍 지났지요. 그동안 아이들은 성미산에 가면 가끔 솜이 무덤에 들러 절을 하기도 하고, 동생들에게 솜이를 소개하기도 했어요.

이번 여름은 심슨이 편지에 쓰신 것처럼 살충제 달걀로 세상이 시끄러웠어요. 지금 당장 그럴듯한 모습으로 돈이 되어야 하는 세상에서 '생명'이란 게 다 무엇일까요. 솜이 맞을 준비를 하며 『마당을 나온 암탉』을 함께 읽었어요. 양계장 안에 갇혀 매일 알 낳는 것이 일이었던 잎싹은 문틈으로 보이는 마당으로 나가 자유롭게 살면서 알을 품고 아기를 낳는 소망을 키웠지요. 그 당연하고도 자연스러운 삶의 이치를 실현하면서 맞이하는 고난과 기쁨과 성취와 삶의 다양한 모습들!

분명 닭도, 돼지도, 소도 생명이 있는 존재인데, 지금 시대는 닭을 손쉬운 과자처럼 소비해요. 시골에서 닭을 키워 본 사람은 알지요. 정성껏 닭을 키우고, 중요한 날 닭을 잡아 내놓은 푸짐한 한 상. 닭에게 모이를 주었던 시간, 푸드득거리는 날갯짓, 새벽녘 닭들의 울음소리, 그야말로 닭의 삶이 올라온 밥상이었어요. 치맥의 시대, A4용지 한 장의 비참한 삶. 매일매일 먹어 대는 닭이 넘쳐나지만 역사가 사라진 시대, 이야기가 사라진 시대의 풍요가 진짜 풍요일까요? 실제로는 아무것도 없는 빈곤한 삶이 아닐까요?

부화기를 통해 생명을 만들어 내는 것이 옳으냐에 대한 다양한 이견이 있었고, 그 고민은 여전히 현재진행형이지만, 우리는 솜이와 함께 지내면서 놀라운 순간들을 함께 느끼고 보고 만지고 들으며 '생명'이란 것은 말이 아니라 실재라는 것을 알게 되었어요. 냉장고에 있는 닭고기, 돼지고기가 아니라 지금 내 옆에 존재하는 솜이! 심장이 팔딱팔딱 뛰고, 날씨가 좋으면 흙 목욕을 하고, 자유를 찾아서 뒤꼍까지 용감하게 가고, 제 이름을 부르면 고개를 들 줄 아는 솜이! 책이 아니라 내 옆에서 도도 도도 뛰어다니는 '아는 닭' 솜이를 만난 거지요. 지식이 아니라 체험하는 것, 오감으로 존재를 느끼는 교육.

아주 간단한 사실이지만 우리가 자주 잊는 것을 솜이를 통해 한 번 더 돌아보게 되었어요. 저는 솜이와 만나고 헤어지면서 '만남과 체험으로 우리의 영혼이 큰다는 것'을 믿게 되었어요. 아이들에게 솜이 이야기는 어떤 무늬로 아로새겨져 있을까요?

벌써 선선한 기운이 돌아 가을인 듯 착각하게 하는 요즘, 저는 가을을 좋아하지만 벌써 가을이면 왠지 아쉬울 것 같아요. 요즘 밤마다 피아노 연습을 하고 있어요. 오는 토요일 입학 설명회에서 오케스트라 연주를 함께하기로 했거든요. 늘 어딘가 허전한 실력이지만 잘 묻어 갈 것을 믿고, 그래도 가급적 표시는 덜 나게 하려고 매일 30분씩 맹연습 중입니다. 〈여인의 향기〉 삽입곡 〈por una caveza〉와 〈재즈 왈츠〉인데 익숙하고 좋은 곡이라서 연습하면서도 재미가 납니다. 지난 일요일 저녁에는 예정에 없는 연습이 생겨서 한번 맞춰 봤어요. 은근히 합이 맞으면서 박자가 맞아 들어가는 즐거움에 가벼운 발걸음으로 돌아왔어요. 음악과의 만남도 저의 영혼을 키워 주고 있나 봐요. 온 우주가 응원(?)하는 기운을 받아 내친김에 9월부터 클라리넷도 배우기로 했어요.

참, '힘의 냄새', 조심스러운 이야기에 솔직하게 말씀해 주셔서 고마웠어요. 괜히 주제넘은 거 아닌가 싶어 마음에 걸렸는데, 역시 찰떡같이 알아주시는 센스!

모쪼록 새학기의 즐거움 만끽하시고, 다음 편지에서 뵈어요.

9월 1일
편지를 쓰면서 8월을 보내고 9월을 맞이하게 된
에리카 드림

오늘도 학교에 갑니다

가을엔
시를 써요

아빠 모임의 기본 생각은 '내 아이가 아닌 우리 아이를'이에요.
이 모든 과정을 함께하면서 아빠들 한 명 한 명이 우리 아이들을
함께 키우는 일에 주인공으로 서지 않을까 싶어요.

심슨

에리카!

지난 편지에는 '에리카 선생님!' 하고 시작했는데, 오늘은 '에리카!'
라고 부르며 시작해 봅니다. 편지를 주고받은 지 벌써 6개월째에 접어들
고 있어요. 봄꽃 내음 피어오르기 시작할 즈음 첫 편지를 띄운 듯 싶은데
벌써 가을 기운이 내려앉기 시작했네요. 얼굴 한 번 본 적 없지만 그래도
늘 곁에 있는 친한 벗인 양 편하게 이야기 건넬 수 있어 참 좋아요.

'미스터 심슨과 행복한 아이들'의 2학기가 시작되었어요. 개학을 하
니 학교가 원래 이렇게 바빴었나 어리둥절할 정도로 정신이 없네요.

심슨네 아이들은 어제도 오늘도 시끌벅적하게 지내고 있지만, 1학기
에 비해 한결 안정된 느낌으로 생활하고 있어요. ○○ 기억하시죠? ○○가
이번 달 우리 심슨시의회 의장이 되었어요. 중간놀이 시간이며 점심시

오늘도 학교에 갑니다

간에 친구들과 달려나가 축구도 하면서 별 탈 없이 잘 지내고 있답니다. 거기에 아이들이 ○○에게 많은 지지를 보내며 이 달의 대표로 뽑기까지 저에겐 조금 놀라운 순간이었어요. 학기 초 ○○을 바라보던 아이들의 시선과 ○○의 반응이 빚었던 갈등들을 생각하면 이제는 제법 서로 익숙해진 느낌이에요. 학교를 언제나 불편하게 생각하시던 ○○ 어머니도 이제는 좀 편안해지신 모양이고요. 학기 말엔 고맙다고 하시더라고요.

요새 하늘 빛깔도 예쁘고 바람의 일렁임이 안겨 주는 시원함이 참 좋아요. 밖에서 뛰어놀기 더없이 좋은 시간들이죠. 지난주 아침 해맞이 활동 시간엔 운동장에서 아이들과 뛰어놀았어요. 그런데 몇몇 녀석이 9시 전후로 허겁지겁 학교에 오는 일이 종종 보이더라고요. 그래서 학부모님들께 짤막한 편지를 보내 부탁을 드렸어요.

'놀이가 밥이다.' 밥 먹는 일이 살아가는 데 중요한 일인 것처럼 함께 뛰어노는 일 역시 생략되어서는 안 될 중요한 일이라는 우리 모두의 공감과 지향 속에서 아침 해맞이 활동이 만들어졌습니다. 요사이 놀이밥 먹기 딱 좋은 날들이 이어지고 있습니다. 아침 해맞이 활동 시간에 더 많은 아이들이 신나게 놀이밥 먹으며 하루를 시작할 수 있도록 어른들이 도와주면 좋겠습니다. 여러 가지 까닭이 있겠지만 9시를 넘겨 등교하는 아이들이 종종 눈에 들어옵니다. 뛰어놀기 딱 좋은 날 모든 아이가 아침 해맞이 활동을 충분히 누리고 즐길 수 있었으면 좋겠습니다. 바쁜 아침이겠지만 아이들에게 아침 해맞이 활동을 건네주기 위해 조금씩만 서둘러 주시면 어떨까 싶습니다. '나, 너, 우리가 함께하는 행복한 배움터'는 원래

부터 주어져 있는 것이 아니라 내가 주인이 되어 그 시간에 의미를 부여하고 또 내 삶 속에서 함께 그 이야기를 엮어 나갈 때라야 가능한 일이 아닐까 싶습니다. 그런 의미에서 아침 해맞이 활동도 모든 아이가 주인이 되어 참여하고 또 아이들의 삶 속에서 함께 해맞이 활동의 이야기들을 엮어 나가며 의미를 담아 나가는 시간이 된다면 좋겠습니다.

우리 학교 학부모 놀이 동아리는 지역 학부모들을 위해 학교 안 놀이에 대한 프로젝트를 시작한다고 홍보를 부탁하셨어요. 우리 학교를 넘어서 지역의 다른 학교 아이들에게도 놀이를 돌려주기 위한 프로젝트랄까. 아이들에게 놀이를 돌려주는 움직임들이 더 많이 곳곳에서 일어났으면 좋겠어요.

요즘 식물에 얽힌 이야기를 주제로 엮어 공부를 하고 있어요. 그래서 아이들과 함께 마을길을 자주 거닐어요. 공부도 공부지만 자연을 느끼며 자연 속에서 함께 걷는 그 자체가 참 좋아요. 금요일에는 우리가 심어 놓은 벼를 살펴보고 벼 이삭을 자세히 그려 보았어요. 그러면서 낟알에 이르기까지 벼의 한해살이에 대해 이야기를 이어 나갔지요. 돌아오는 길에 까마중이랑 달개비도 살펴보고요. 지난주엔 층꽃나무, 벌개미취, 배롱나무, 백일홍, 부추꽃, 싸리꽃, 꽃무릇 등을 만나 보았어요. 뿌리, 줄기, 잎에 대한 공부를 하다가 한 녀석이 강아지풀을 보더니 줄기 위로 솟아나온 건 뭐라고 부르냐고 묻더군요. 바로 알려 주지 않고 직접 알아볼 수 있는 방법을 찾도록 했어요.

식물을 자세하게 그려 학교 둘레 도감을 우리 나름대로 만들어 보려 해요. 이걸 토대로 생태지도를 만들어 보는 것도 우리 공부의 한 줄기가 될 거예요. 식물을 보며 생긴 궁금증에 대한 답을 찾아 적는 '질문으로 보는 식물 이야기' 같은 것도 만들어 보려고 하고 있어요. 식물에 얽힌 다양한 이야기를 만나는 것도 이번 공붓거리에 속해요. 이렇게 공부하면서 아이들이 자연스럽게 주변의 작은 것까지 살필 수 있는 눈을 조금이라도 갖게 된다면 좋겠다고 생각하고 있어요.

어제는 죽백 아빠 모임에서 숲놀이터를 만들었어요. 올해 학교 공사로 학교 수영장 운영을 못하면서 아빠 모임 동력이 좀 떨어졌었어요. 토요일날 출근하는 분들도 많아서 아빠들이 모여 무언가 하는 일이 쉬운 일은 아니지만 그래도 다시 움직임들이 이어지기 시작하는 모양이에요. 학교 뒤 숲에 텐트를 쳐 놓고 해먹을 설치하고, 줄과 타이어를 이용해서 그네도 만들고, 학교에 있던 나무들을 이용해서 의자도 만들었어요. 나무를 이용해서 집도 지었고요. 아이들은 그 안에서 이리저리 왔다갔다 하면서 신나게 놀았고요.

순식간에 재료를 구해 오고 뚝딱뚝딱 만들어 내는 모습을 보면서 엄마들과는 또 다른 아빠들의 추진력이 엿보여 신기했어요. 부모님들의 추진력이 학교를 더 역동적이며 다채로운 빛깔로 만들어 내고 있는 것 같아 감사했어요.

숲놀이터 만들기를 끝내고 잠깐 모여 다음 달에 있을 축제 이야기와 아빠 캠프 이야기를 나눴어요. 올해는 축제에 이어 바로 학교에서 1박 2일 아빠 캠프를 진행하실 모양이에요. 아빠들끼리 계획하고 준비하는 벌써 네 번째 아빠 캠프예요.

아빠 모임의 기본 생각은 '내 아이가 아닌 우리 아이를'이에요. 이 모든 과정을 함께하면서 아빠들 한 명 한 명이 우리 아이들을 함께 키우는 일에 주인공으로 서지 않을까 싶어요. 행사를 위한 행사가 아니라 행사 준비와 운영 과정을 통해 아빠의 자리를 찾으면서 함께 아이들을 키울 수 있는 공동체 문화를 만드는 소중한 시간이 되지 않을까 합니다.

시간을 되돌려 김해 이야기를 해 볼까요? 김해엔 3일 일정으로 다녀왔어요. 장시간 운전보다는 여행 떠나는 기분으로 다녀올까 싶어 차를 놓고 무궁화호를 타고 내려갔어요. 오후 5시께에 도착했어요.

저를 김해로 초대해 준 진주형 선생님을 만났지요. 진 선생님을 처음 만난 건 전국초등국어교과모임(이하 국어모임)이 시작되었던 2005년이었으니 벌써 12년이라는 긴 시간 인연을 이어오고 있네요. 그땐 제가 심슨이라는 이름을 갖기 전, 그러니까 교사로 서기도 전이었어요. 임용 시험에서 두 번이나 떨어진 임고 삼수생이었지요. 전 빨리 교사가 되는 것은 중요하지 않다고 생각했어요. 어차피 교사가 될 거라면 어떤 교사가 되느냐가 더 중요한 일이라고 생각했지요. 그래도 두 번째 임용 시험에 떨어졌을 때는 마음의 충격이 좀 있었던 것 같아요. 최종 발표 순간까지도 당연히 합격이라고 생각하고 있었거든요. 그런데 살짝 점수가 모자라 떨어졌더라고요. 그때 우연히 운명처럼 만난 게 바로 국어모임이었어요. 국어모임이 생기던 해에 간사로 일하게 되면서 곳곳에서 치열하게 살아가는 선배 선생님들의 모습을 직접 보고 느낄 수 있었죠. 진주형 선생님도 그 선배들 중 한 분이었고요. 국어모임 간사로 일하며 계

오늘도 학교에 갑니다

간지와 누리집을 만들고, 연수를 열었어요. 전국 곳곳에서 작은 모임들이 일어났고, 연수를 거듭하면 할수록 회원이 늘고 사람들이 모였어요. 또 공부와 실천의 결과들이 출판되어 나오기도 했어요. 여러 선생님이 모여 『우리말 우리글』이라는 대안교과서를 만들기도 했지요. 교사가 되기 전 만났던 그 열정과 에너지는 지금도 제가 교사로 살아가는 삶의 원동력이라고 할 수 있어요.

다음 해엔 서울이 아닌 경기도로 임용 시험을 치러서 합격했어요. 평택으로 발령을 받았고, 지역에서 모임을 만들어 보려고 몇 년 동안 애를 썼고요. 지금은 '다섯수레'라는 작은 모임을 만들어 6년째 이어 오고 있어요. 매주 한 번씩 우리 교실에 모여 아이들, 수업, 학교 이야기를 나누고, 책도 읽고, 여행도 가요. 요즘은 온작품읽기 운동을 펼치고 있어요. 또 학교를 바꾸기 위한 운동도 치열하게 하고 있고요.

어쩌다 보니 또 곁가지가 길어져 버렸군요. 다시 김해로 돌아가면 첫날 진 선생님과 소주와 전어를 앞에 두고 늦은 시각까지 학교에서 하고 있는 교육과 고민을 한참 나눴더랬습니다. 다음 날엔 김해 지역 선생님들 앞에서 여섯 시간을 떠들었고요. 연수를 시작하며 선생님들께 '그래서 나는 어떻게 살 것인가?'에 스스로 답해 보는 시간이 되었으면 좋겠다고 말씀드렸어요. 저 역시 김해에서의 시간들이 스스로에게 '그래서 너는 어떻게 살 건데?'에 답하는 시간이 되었으면 좋겠다는 바람이 있었지요. 몸은 좀 많이 힘들었지만 참으로 귀한 만남, 시간이었습니다.

에리카, 살충제 달걀 이야기를 솜이 이야기로 화답해 주셔서 고마워요. 솜이에 관한 모든 이야기가 한눈에 그려져 오래오래 참 좋았어요.

맞아요, 만나게 하는 일이 중요한 것 같아요. 함께 살아가게 하는 일이 중요한 것 같아요. 에리카의 지적처럼 '역사가 사라진 시대', '이야기가 사라진 시대'에 더더욱 그 이야기들을 되살려 주는 일, 살아왔던, 살아가는, 살아갈 그 이야기들을 잘 만나게 해 주는 일이 중요하지 않을까 싶어요.

참, 입학 설명회 오케스트라 연주는 무사히 잘 마치셨나요? 악기를 다룰 수 있다는 건 참 좋은 일인 것 같아요. 그게 안 되는 저로서는 부러울 뿐입니다. 문화 예술 영역에서의 빈곤함은 제 삶에서 참 아쉬운 부분이에요. 물론 지금부터 조금씩 채울 수도 있겠지만 쉬운 일은 아니더라고요. 그래서 그런지 아이들에게는 가급적 그런 자극을 많이 주려고 애쓰고 있어요. 그러고 보니 두 해 전엔 우리 반 아이들끼리 밴드를 만들어 운영했던 적도 있었어요. 밴드 이름은 대일밴드. 아이들이 얼굴에 대일밴드를 하나씩 붙이고 무대 위에 올랐지요. 녀석들은 학교 축제는 물론 지역 축제에도 초대받아 공연했었어요. 중학교에 올라가면서 흩어져 버려 좀 아쉽지만 말입니다. 에리카! 클라리넷을 배우는 일도 참 멋질 것 같아요. 아름다운 가을날 우주의 부름에 꼭 응답하시길 응원합니다.

점점 무르익는 가을날 저는 계절을 느끼며 걸어서 출퇴근을 하고 싶어요. 학교 가는 길이 걸어서 한 시간 남짓이거든요. 논밭 사이를 걸어 학교에 가노라면 오고가는 계절도 느껴지고 복잡하게 엉킨 머릿속도 정리를 하고 참 좋은데 이게 왜 지속하기 어려운 것인지……. 말로만 이럴 게 아니라 당장 내일은 걸어서 학교에 가 보겠습니다.

오늘 편지는 여기서 줄일게요.

여기저기 내려앉기 시작하는 가을 이야기들
아이들과 함께
잘 만나 가시기를
그 아름다움들
날마다 만끽하시기를
또 뵙지요.

9월 17일
가을의 한복판에서 심슨

돌아보면 부끄러워지는 시간들도 많지만 그래도 한 가지 위로가 있다면 인생이 저에게 준 숙제를 꾸준히 해 가며 저는 조금씩 괜찮아지고 있다는 거겠지요. '사소한 일에 담긴 우주를 발견'하는 것. 인생이 저에게 준 숙제를 앞으로도 꾸준히 해야겠지만요.

에리카

심슨!

지난 편지는 8월 마지막 날 보냈는데, 공교롭게도 여덟 번째 편지를 쓰기 시작한 오늘은 9월의 마지막 날이네요. 가을날은 종종걸음을 치거나 느긋하게 걷는 게 아니라 깨금발로 쿵쿵, 혹은 두 발로 저 멀리 점프하듯 휙휙 지나가는 기분이 들어요. 심슨은 올 가을을 어떻게 맞이하고 있나요? 추석이 낀 연휴가 있어 설레는 마음으로 보냈을까요? 저처럼 아이들과 콩주머니며 수업이며 우루루쾅쾅 재미나게 보냈을까요?

가을 하니 율이 생각이 나네요. 누구 하나 그냥 스쳐 가지는 않지만 작년에 담임했던 율은 마음에 오래 남는 아이예요. 율이가 1학년 요맘때 쓴 이 시를 보고 무릎을 탁 쳤어요!

오늘도 학교에 갑니다

창문을 닫았다.

잠바를 입었다.

은행이 떨어졌다.

가을인가 보다.

— 「가을」, 최율

몇 줄의 글 속에 담긴 그해 가을 그리고 세밀한 것을 발견하는 아이의 눈. 아이의 눈을 통해 저는 새로운 가을을 만났더랬어요. 아이들의 글과 시선을 따라가다 보면 어린이와 함께할 때에야 비로소 잃어버린 아름다운 것들과 만날 수 있다고 말한 레이첼 카슨의 말이 생각나기도 하고요. 그래서 그 후부터 이 시는 가을이면 생각나는 시가 되었어요.

9월의 어느 아침, "에리카가 오늘 샌들 신고 나왔는데, 갑자기 발이 시리다는 생각이 들었어! 가을이 왔나 봐!" 하니 아이들도 "어? 나도 양말 생각이 났는데!" 합니다. 이때다 싶어 아이들과 율이 형님의 시를 함께 읽고, 형님의 시를 빌려 각자의 가을을 시에 담아 보기로 했지요.

아이들의 고뇌와 경이로움을 발견하는 감각을 보며 웃음이 나왔어요. 여덟 살의 가을이 담긴 시들은 귀엽고 재미있지요. 저절로 웃음이 나오는 창의적인 맞춤법은 덤이고요. 어떤 녀석은 응용 버전인 '여름'을 써서 의기양양하게 공책을 내밀었어요. 반팔 옷을 입고, 크록스를 신고, 수박이 생각나는 계절 여름. 여름을 지나 가을, 다시 만난 우리의 가을은 어떤 빛깔로 물들까요?

그러고 보니 제가 성미산학교에 처음 출근했을 때도 가을의 입구였네요. 정확하게 2006년 9월 18일! 날짜를 쓰고 보니 어울렁더울렁 아이들과 지낸 지 벌써 10년이 넘었구나 새삼 실감합니다. 가을 이야기가 나왔으니 그 시절 이야기를 좀 나눠 볼까요.

대학원 수료를 하고 논문을 준비하고 있을 때, 공동육아와 관련된 일을 하던 선배 한 분이 지나가다 "성미산학교라고 대안학교가 있는데, 거기서 통합교사를 뽑는대. 한번 넣어 보지 그래?" 하며 씨앗을 물어다 주셨어요. 저는 그 씨앗을 덥석 물었죠.

바람이 살랑 불던 어느 저녁, 통합교사를 뽑기 위해 중등 대표교사, 중등 담임들, 장애학생의 부모님들이 성미산학교에 모여 김밥을 먹으며 두세 시간 이야기를 나누었어요. 아직 그 밤의 풍경이 생생한데, 수많은 질문의 향연과 질문하시는 분들의 피곤한 얼굴이 인상적이었어요. "화가 나면 어떻게 합니까?"라는 질문에 "특별히 화가 많이 날 일이 없었는데, 속상하면 화장실에 앉아 숫자 열여덟을 몇 번 외고 나면 대개 괜찮아졌어요. 열여덟 열여덟 열여덟……"이라는 답을 해서 모두 웃었던 기억도 있네요. 그렇게 이틀 후, 저는 성미산학교의 식구가 되었지요. 소식을 듣고 원서를 내고 면접을 보고 출근하기까지 걸린 시간은 열흘 남짓. 그러고 보면 세상의 많은 일이 아주 작은 속삭임, 지나가는 말, 바람 소리, 이렇게 작고 작은 것들의 손짓으로 이루어지는가 싶은 생각이 들기도 합니다.

처음 학교에 갔을 무렵에는 매일이 사건의 연속이었어요. 아이들은 신나게 에너지를 발산하며 오토바이를 타다가 동네 빌라 유리문을 깨기도 하고 누군가를 때리거나 놀리며 빵빵 터트리고, 어른은 어른대로 열심히 싸우고, 교사들은 밤새 며칠씩 대책회의를 하고 부모들과 만나는 날들이 지루하고 치열하게 이어졌어요. '교사'랍시고 뭔가 의견을 말하기에는 돌아가는 상황을 파악하는 것만으로도 바빴던 시절이었어요. 지금이야 이런저런 일들을 아주(!) 많이 겪으며 경험치가 쌓였지만, 그 당시를 돌아보면 서투르고 실수도 많이 했던 것 같아요.(변명 같지만 그럴 수밖에 없기도 했겠죠.) 그렇지만 지금 생각해도 동료들이 고맙고 자랑스러운 것은 어떻게 하는 것이 좋을까 궁리하고, 고민하고, 토론하고, 실행하고, 평가하며 참으로 치열하게 지냈다는 거예요. 처음의 어려움들은 또 그렇게 지나가고 다가오는 여러 가지 어려움과 비바람 속에서도 재미난 일상을 꾸려 나갔어요. 그렇게 11년, 성미산학교에 처음 들어왔을 때의 에리카(그 당시 별명은 여샘)는 대안교육에 대한 이해도 전혀 없었고, (성미산학교의 전 교육과정에 녹아 있는) 생태나 환경에 대한 생각도 상식적인 수준을 넘지 않았어요. 아무것도 모른 채 학교에 와서 아이들과 공부하고 부대끼며 이러한 것들을 함께 배웠어요. 성미산학교와 함께 저도 자란 셈이지요.

심슨에게 편지를 쓰며 이렇게 저렇게 10여 년을 헤아려 보니 대략 4년여마다 중등 통합교사, 중등 담임, 초등 담임으로 역할을 바꾸어 왔더라고요. 각각의 시기가 제 인생에 선사한 선물들이 많지만, 통합교사로 일했던 처음 몇 년이 특별한 기억으로 남아 있어요. 반짝이는 몇 순간이 있는데 그중에서도 아이들과 함께 갔던 가을여행의 한 장면이 가장 강렬하고도 큰 깨달음의 시간이었어요.

한라산 등반을 하던 날, 새벽을 깨우며 성판악에 도착했어요. 아이들은 탄식과 한숨을 내뱉었지만, 출발하자마자 이내 다람쥐처럼 정상을 향해 폴짝폴짝 뛰어갔어요. 저는 걷는 게 좀 불편한 수진이와 함께 걷기 시작했는데, 균형 잡는 것이 어려워 자꾸만 기우뚱! 게다가 큰 돌들은 왜 그렇게 많은지! 몸의 무게를 한껏 건네면서 한 발 한 발 내딛는 수진이를 온몸으로 지탱하며 걷는 길에는 이윽고 고요함과 저, 그리고 수진이만 남았어요. 가끔씩 올라가는 등산객들이 있었지만 금방 시야에서 멀어졌고요. 혼자 가기도 어려운 길, 아이의 무게를 오롯이 받아 걷는 길이 녹록지는 않았어요. 힘든 것도 힘든 것이지만, 우습게도 저를 더 괴롭힌 것은 정상에 가지 못하는 아쉬움이었어요. '아! 나도 정상에 가고 싶다고! 난 왜 맨날…… 에잇……' 투덜대는 제 마음을 마주하며 800미터, 900미터, 1000미터. 속이야 어떻든 우리는 최선을 다해 걸었어요. 수진이의 땀을 보며 한숨 돌리고 왔던 길을 다시 돌아 내려가는데, 바닥에 떨어진 동그르르 도토리며 가을빛에 물든 한라산. 올라갈 때와는 다른 풍경이 눈에 들어와요. '아! 그래서 내가 지금 이 자리에 있는 거구나!' 하는 생각이 머리를 스쳤지요.

유난스럽지는 않았던 것 같지만, 저는 잘하고 싶어 하는 마음이 가득한 사람이었어요. 1등 하고 싶고, 한다고 한 일을 (웬만하면) 꼭 해야 하고, 산을 오르면 정상에 가야 직성이 풀리고, 시작하면 끝을 맺고 싶어 하는 그런 사람이요. '그런 내가 어쩌다 통합교사가 되었을까? 나는 왜 통합교사를 하고 싶어 했지?' 하는 질문을 하면서 마음을 따라가 보니, 이 시간들은 삶이 나에게 주는 선물이라는 생각과 만났어요. 느린 시간 속에 담긴 깊이와 신비로움을 잃지 말라고, 진짜 소중한 것들은 아

오늘도 학교에 갑니다

주 작고 작은 것, 보잘것없어 보이는 것 속에 있다는 것을 새로 발견하게 되었어요.

"여샘!"

"응?"

"근데요, 내년에도 있을 거죠?"

"응? 아마 그럴걸? 하하."

"와! 대단하다. 우리를 견디다니!"

"야, 너네들을 내가 왜 견뎌. 난 이번 학기 진짜 재밌었는데? 잘해 줘서 고마워."

"근데요. 지금까지 우리를 한 학기 넘게 견딘 통합교사는 없었어요."

"내가 좀 독해. 히히."

"다행이다. 9학년 가서 외로울 뻔했는데, 여샘이 있어서."

성미산학교에서 통합교사로 일한 첫해 겨울, 어딘가 가는 길에 함께 탄 택시에서 탁구공 같은 남자 아이들이 했던 말이에요. 개교한 지 얼마 되지도 않았는데 여러 가지 이유로 1년 새에 통합교사가 한 학기에 한 번씩 바뀐 모양이에요. 아이들에게 남은 흔적들이 찡했던 순간이었어요. 그렇지만 그때 '여샘'의 말처럼 '에리카'도 아이들과 10년이 넘는 시간들을 '견뎠다'기보다는 재미있게 '가꾸어 왔'지요. 아주 다정하거나, 아주 친절하거나, 아주 멋있지 않아도 아이들에게 늘 말하듯 부족한 제 모습 그대로요. 돌아보면 부끄러워지는 시간들도 많지만 그래도 한 가지 위로가 있다면 인생이 저에게 준 숙제를 꾸준히 해 가며 저는 조금씩 괜찮아지고 있다는 거겠지요. '사소한 일에 담긴 우주를 발견'하는 것. 인생이 저에게 준 숙제를 앞으로도 꾸준히 해야겠지만요.

아이쿠, 가을이 10여 년 전 여샘을 호출하고, 저는 또 한라산에 갔다가 우주로 갔다가 긴 이야기를 하고야 말았네요. 문득 부끄러워지기도 하고 열정이 넘치면서도 실수투성이였던 그 시절의 수많은 이야기들. 아! 이 끝없는 이야기 보따리라니! 이것도 차차 들려드릴 기회가 있겠지요.

요즘 초록이들은 주제탐구로 '공기'를 성황리에 마무리하고 '불'에 대해 차곡차곡 공부하고 있어요. 공기 시간에는 움직이는 공기, 바람 공부를 하며 〈도레미송〉에 가사를 붙여 풍력계급 13계급도 외우고, 골든벨도 하고, 모두가 힘을 모아 풍선로켓을 저 멀리 쏠 수 있었어요. 공기에 빠져 지내다 아쉬운 마음으로 다음 주제 불을 만났지만 아이들은 금세 새로운 주제에 푹 빠집니다. 불 첫 시간에 '불로 시작해서 불로 끝내기. 불 꼬리따기!'를 했는데, 아이들이 어찌나 반짝반짝하던지요.

'불은 ○○해'부터 시작하자고 하니 '불은 뜨거워'가 좋겠다고 합니다. 그렇게 1~2학년이 머리에 머리를 모아 완성한 "불에서 불! 꼬리따기! 불은 뜨거워 뜨거우면 태양 태양은 밝아 밝으면 별 별은 눈부셔 눈부시면 손전등 손전등은 환해 환하면 보름달 보름달은 동그래 동그라면 탱탱볼 탱탱볼은 탱탱해 탱탱한 건 푸딩 푸딩은 맛있어 맛있으면 두 개 두 개는 작아 작은 것은 개미 개미는 시커매 시커먼 건 까마귀 까마귀는 똑똑해 똑똑하면 화장실 화장실은 냄새나 냄새나면 방귀 방귀는 지독해

지독하면 모기 모기는 간지러워 간지러우면 바람 바람은 무서워 무서우면 귀신 귀신은 귀여워 귀여우면 아기 아기는 통통해 통통하면 풍선 풍선은 가벼워 가벼우면 공기 공기는 안 보여 안 보이면 동굴 동굴은 추워 추우면 겨울 겨울은 길어 길면 기름 기름은 미끌미끌 미끌한 건 생고기 생고기는 빨개 빨간 것은!!! 불!!!"

탱탱볼은 탱탱해 운율을 살리고, 맛있으면 두 개 먹고 싶은 마음이며, 까마귀는 똑똑하고, 똑똑하면 (거기는) 화장실, '귀'신은 '귀'여워 말놀이하는 어린이들. 마지막에 생고기를 거쳐 빨간 것은 불 하니까 모두 환호를 지르며 기뻐합니다. 서로 의견을 내고 좋은 것을 고르면서 이렇게 멋진 노래를 만들었어요. 직접 만들어 그런지 쓴 것을 지워도 줄줄 잘 외웁니다. 도은이는 '화장실은 냄새나 냄새나면 방귀' 부분을 너무너무 좋아해 킥킥 환하게 웃으며 몇 번이고 읽어요. 친구들과 같이 손가락 짚어 가며 읽고 웃고 즐기는 모습이 얼마나 대견했는지 몰라요! 그런데 더 놀라운 일은 그 다음에 일어났어요. 주제탐구 시간에 꼬리따기를 한 다음 월요일, 도은이 일기를 보다 말문이 막혔어요. 도은이 일기장에는 이런 글이 있었고, 엄마가 '도은이가 쓴 시'라고 메모를 붙여 주셨어요.

까마귀는 높아 비행기는 공항에 아기는 기저귀 열기구는 높아 수영장에 첨벙첨벙 얼룩소는……

얼룩소는 뭘까 궁금함이 솟아나지만, 수업 시간에 재미있게 듣고 그 재미를 즐기며 공책에 곰곰이 써내려 갔을 도은이의 모습을 생각하니 그 감동을 무슨 말로 표현할 수 있을까요? 게다가 "비행기는 공항에 아기는 기저귀"라니! 물놀이 사랑하는 도은이답게 수영장은 첨벙첨벙! 이 말들이 그냥 쓴 게 아니라는 걸 아는 선생은 감동이 밀려올 수 밖에요.

수업 시간에 하는 활동에 큰 관심을 두지 않고 지냈는데, 2학기 들어 부쩍 웃는 일이 많아지고 이것저것 해 보려고 하고 특별히 글자 쓰는데 재미를 붙인 도은. 어느 날에는 공책에 '정성을 다하는 국민의 방송, 케이비에스 한국방송'을 한 자씩 꼭꼭 쓰면서 큰 목소리로 노래를 불렀어요. 친구들도 재미있어 하며 웃으며 같이 부르고, "숫자 1은 무얼까 맞춰 봐요, 무얼까 맞춰 봐요" 노래를 부르면 친구들도 잘 듣고 조용히 따라 부릅니다. 그러면 도은이는 기분 좋은 웃음을 짓고요.

얼마 전, 서로함께 시간에 물개를 색칠하는데 도은이가 조그만 목소리로 "물개, 공 놀아요"라고 말했어요. (아! 물개가 공 가지고 노는 그 장면!) 그래서 공책에서 동그라미를 오려 도은이가 색칠한 빨간 물개, 파란 물개 옆에 놓으니 물개를 공책에 붙이겠다고 해요. 공책에 물개를 붙이더니 공에 풀칠을 하고 물개의 입 근처 위치에 딱 맞게 붙여요. 하루 닫기 시간에 도은이의 공책을 보여 주며 물개와 공에 담긴 이야기를 해 주니 초록반 친구들은 엄지를 척 들어 올리며 제 일처럼 기뻐하지요. "우아, 도은이도 우리 수업할 때 밖에서 수업했네? 도은아, 잘했어. 멋지다!" 이렇게 말하는 어여쁜 아이들도, 멋지게 색칠하고 붙인 도은이 얼굴에도 빛이 납니다.

수업 시간에 뭘 해도 관심 없던 녀석이 찬찬히 생각하고 써요. 그것도 즐겁게 스스로 생각하고, 스스로 쓰고, 스스로 읽어요. 뭘 해도 먼 산

오늘도 학교에 갑니다

만 바라보던 아이가 반응을 하고, 하고 싶은 것을 말하고, 재미난 것들이 생겨나요. 요즘 이 녀석의 변화가 저를 설레게 해요.

　이 설레는 시간 중에서도 최고의 순간은 지난주 손끝활동, 찰흙놀이를 하던 날이에요. 아이들은 커다란 찰흙 덩어리를 앞에 두고 문지르고 누르고 철퍼덕 던지고 재미나게 탐색을 합니다. 도은이도 엉덩이 척 깔고 교실 바닥에 찰흙을 던지고 발로 밟고 이쑤시개도 꽂아 봅니다. 발로 밟는 느낌이 좋았던지 밟고 느끼며 그 시간에 몰입해요. 발에 물을 조금 묻혀 밟으니 미끌미끌한 느낌이 좋은지 발을 물통에 담갔다 뺐다 찰흙을 밟고 미끄러지는 도은이의 얼굴에서 웃음이 떠나지 않아요. 흙 묻은 발을 종이에 찍으니 발자국이 탁! 도은이는 또 하고 싶어 종이를 찾다 없으니 큰 목소리로 원하는 것을 말해요. "종이 나한테 주세요." 그렇게 이것저것 탐색하며 놀던 아이는 교실에 흙길을 만듭니다. 물기가 약간 있으니 쭉 미끄러지고요. 도은이는 씨익 웃으며 흙 묻은 손바닥을 깨끗한 창문에 턱! 턱! 창문은 도은이표 손바닥 무늬로 채워졌어요. 망설이던 친구도 "나도 해 보고 싶어!" 하며 도은이 놀이에 동참합니다. 점잖은 다른 친구들은 "재밌겠다!" 입맛만 다셔요. 두 녀석은 미끄러지며 벽에도 척, 창문에도 척! 손바닥 발바닥을 들이대고 그렇게 한참을 즐겁게 놀더니 그 흙길에 척 눕습니다.

　무엇이 더 필요할까요? 내가 지금 하고 싶은 것, 뒷일을 생각하지 않고 오로지 지금 이 시간에 충실하는 것, 그런 도은이의 충만함이 저에게도 전해졌어요. 창문에 아이가 흐뭇한 마음으로 찍어 놓은 손자국들, 선생님들은 아이의 웃음과 행복이 담긴 이 무늬가 눈물 나게 예뻐 며칠 그냥 두기로 했어요. 그러나 이것을 두고 볼 리가 없는 모범적인(?) 어린이 등장! 다음 날 그것이 거슬린 그 어린이는 선생들 마음도 모르고 더 예쁜 마음으로 창문을 걸레로 싹싹! 하하!

손바닥으로 척 찍는 녀석, 걸레로 싹싹 지우는 녀석, 다 예뻐요. 모두 순수하고 귀한 마음이지요. 아이의 자유로운 행동, 자유를 만끽하는 순간, 그 순간을 웃으며 기다리고 응원하는 어른들! 이토록 즐거워하는 도은이의 모습을 보는 그 마음이 얼마나 그득하던지요. 아이들의 팔딱팔딱 생명력 있는 모습들, 그 모습이야말로 살아 있는 모든 것에 대한 예찬이지요.

아이들의 모습을 보자니 엄청난 깨달음을 주기도 했고, 한편 상처가 되기도 했던, 그러나 다시 돌아간다고 해도 같은 선택을 했을 52학교 생각이 나요. 성미산학교는 2009년 100일 학교를 시작으로 시골에서 살아 보는 프로젝트를 시작했어요. 그 프로젝트는 1년 동안 사계절을 경험하며 자연의 흐름을 체득하는 지금의 농장학교로 진화했고요. 처음 100일 학교를 시작하고 자리를 잡기까지 참 많은 사연이 있어요. 시골에서의 시간은 아름답지만, 이런 프로젝트는 교사의 품이 많이 들기 마련이지요. 2009년 바닷가 마을에서 100일 학교를 한 지 50일쯤 되었을 때, 여러 가지 사정으로 교사도 바뀌고 장소도 지리산으로 옮겼어요. 어렵게 100일을 보내고 우리는 이것을 계속 진행할 수 있을까 서로에게 질문하며 이야기를 나누었어요. 접자는 이야기도 나오고, 아깝다는 이야기도 있고요. 내심 가 보고 싶다는 마음이 있었던 터라 자원해서 2010년 아이들 10명과 치술령 고개 녹동마을로 떠났어요.

아이들과 52일간 경주와 울산의 경계, 치술령 녹동마을에서 보낸 시간은 사춘기 아이들의 불뚝불뚝, 쨍, 챙! 날카로움과 제멋대로인 듯 보이는 거친 마음의 표현들이 저에게도 상처가 되었고 곱게 돌려줄 만한 내공이 없어 꽤 힘들었어요. 지금 같으면 그때보다 너그럽고 여유 있는 마음으로 아이들을 만났을 텐데, 그때는 아이들의 말을 들어줄 준비도, 말이 아니라 마음을 보는 방법도 몰랐던 것 같아요. 그러고 보니 새삼 그때의 7학년 아이들에게 미안한 마음이 들기도 해요. 억압적으로 할 때도 있고, 아이들 하나하나 세밀하게 보고, 살피고, 잔소리도 하고, '뭔가를 해야 한다'는 생각으로 꽉 찼던 것 같아요. 52학교를 다녀와 쓴 보고서나 문집을 보면 지금의 저처럼 그때의 여샘도 아이들을 사랑하고 아끼는 마음은 진한데 가만히 보아주고, 가만히 기다려 줄 줄 몰랐구나, 천천히 배워 가고 있구나 하는 생각이 들어요. 그때의 시간들이 저에게 너무 소중한 시간이라는 것을 그때도 희미하게 알았지만, 이제는 그때 아로새겨진 무늬가 뭔지 분명하게 알게 되었네요.

여전히 뭔가를 해 보려는 마음, 내가 좌지우지 하고 싶은 마음이 있어요. 그 마음과 늘 싸우며 지내고 있지요. 그렇지만 한 가지 분명한 것은 그때의 경험을 통해 나와 직면할 수 있게 되었다는 거예요. 나의 약점을 알게 되었고, 그 마음이 문득 올라올 때 가만히 다독이기도 하고 꿀꺽 삼키기도 하고요.

심슨에게 편지를 쓰면서 그때의 실수들, 그때의 시간들, 서툰 나의 세월들이 오늘 도은이가 찰흙을 문지르고 밟고 손바닥으로 흙도장을 찍는 순간을 애정의 눈으로 보는 마음을 키워 준 것이라는 생각을 문득 해 봅니다. 아이들을 기다려 주는 마음, 보아 넘기는 여유, 행동에 담긴 우주를 발견하는 눈 같은 거요. 나의 힘으로 해 보려고 하는 것이 아니라 겸손한 마음으로 바람과 햇살이 우리 사이에서 춤추도록, 아이들이 타고난 모습을 잘 가꾸어 가도록, 기다리고 응원하는 것!

녹동에서 지낼 때, 주말에 도와주러 온 동료 선생님이 애쓰는 저를 보며 "바람과 햇살에게 아이들을 맡기고 자신도 돌보며 지내요"라는 말을 했는데, 저는 그때 엄청 어이없어 하면서 "무슨 말씀! 속 편한 소리 하시긴! 무슨 바람과 햇살이 아이들을 키워요? 선생이랑 부모의 땀과 노력이 키우지!"라고 했어요. 근데 재미있게도 돌고 돌아 오늘에 이르고 보니 그 말이 맞아요. 나의 부족함을 채우는 아이들이 가진 힘과 생명력! 그 힘을 믿어 주는 마음, 바람과 햇살이 아이들과 노닐도록 기다려 주는 마음이 가장 중요한 것이더라고요. 이제 저는 햇살과 바람의 힘을 믿으며 살고 싶어요. 이 말 속에는 아주 많은 것이 담겨 있다는 것을 심슨은 '딱!' 눈치채시겠지요.

가을의 문턱, 명절, 연휴, 가을…… 만끽하시길 기도해요.

우리도 바람과 햇살 듬뿍 머금고, 다음 편지에서 만나요.

10월 2일
에리카 드림

오늘도 학교에 갑니다

특별한
안경

학교를 움직이는 많은 부분이 끊임없이 흔들리며
여기까지 오고 있어요. 공립학교의 특성상 흔들릴 수밖에 없는
여러 상황이 존재하지요. 잘 흔들리면 더 나은 방향으로
거듭날 수 있을 거라고 생각해요.

심슨

에리카!

가을이에요, 가을! 울긋, 불긋, 알록, 달록. 내려앉기 시작하는 가을 기운들 속에서 쓴 에리카의 편지를 읽고 구석구석 울긋불긋 알록달록 화려한 빛깔로 뒤덮인 가을의 한복판을 실감합니다. 아침저녁으로 우리를 감싸는 기운도 이젠 제법 차가워요. 감기로 고생하는 사람들이 많더군요. 에리카는 감기 걸리지 않고 잘 지내고 있지요?

에리카가 들려준 율이의 네 줄짜리 시! 정말 그러게를 연발하며 만났네요. 아이들이 쓴 글을 보면 참 좋아요. 얼마나 간명하고 또렷해요. 자연스레 '그러게'라는 말이 나오고야 말지요. 율이의 시도 멋지지만, 율이 시를 알아봐 주는 에리카 같은 멋진 선생님이 있어서 더 빛나는 것 같아요. 그 시를 또 아이들에게 들려주고 함께 가을 이야기를 찾는 모습

오늘도 학교에 갑니다

도 참 좋았어요. 아이들에게 아이들 눈으로 쓴 글만큼 귀한 자료가 또 있을까 하는 생각이 들어 올해는 그동안 만들었던 문집들을 뒤지며 어린이 시 모음 자료집 만드는 일도 하고 있어요.

이 아름다운 가을을 그냥 넘어갈 수 없어 저도 아이들과 시를 쓰고 시화를 그렸어요. 지난주엔 가을 풍경을 배경 삼아 시화전을 시작했고요. 해마다 가을엔 사랑의 쉼터 작은 숲에서 시화전을 해요. 학교에 오며 가며 가을 풍경 아래서 시화 감상 삼매경인 아이들과 어른들 모습 또한 아름다운 죽백의 가을 모습 중 하나랍니다.

지난 주말엔 가을에 풍덩 빠진 '별별축제'가 열렸어요. 올해로 세 번째 열리는 학교 축제예요. 교사, 학생, 학부모, 마을 사람들 누구라도 부스를 만들어 운영하고 공연을 할 수 있어요. 시화전이 열리는 학교 숲에선 수업 시간에 하고 있는 공부의 과정과 결과를 함께 전시하는 부스, 20여 개의 체험 부스와 10여 개의 먹거리 부스가 펼쳐졌고, 한편에선 알뜰나눔장터가 열렸어요. 한쪽 구석에선 작은 공연이 처음부터 끝까지 계속 펼쳐졌고요. 저는 우리 반 아이들과 함께 기부 부스를 운영했어요. 가족들과 부스를 운영할 수 있었겠지만 우리 반 친구들이 저와 함께 운영해 보겠다고 했어요. 무슨 부스를 할까 하다 먼저 나온 이야기가 배지 만들기 부스였고요, 만들어 주는 배지에 어떤 의미가 담기면 좋을까 이야기를 나누다 축제 수익금을 기부하게 하는 기부 부스로 이야기가 모아졌어요. 우리 아이들에겐 이렇게 함께 무언가를 해서 이루어지는 기부가 익숙해요. 작년엔 5~6학년 아이들이 중심이 되어 알뜰나눔장터를 연 날을 시작으로 한 달간 학교 안에서 반짝 카페라고 하는 카페를 운영해서 100만 원 정도를 모아 동물자유연대에 기부하기도 했었으니까요.

포스터와 모금함을 만들고, 기부 상황을 한눈에 볼 수 있게 하면 좋지 않을까 해서 속이 보이는 기부탑도 만들었어요. 기부에 참여하면 조그만 공을 하나씩 나눠 주고 그 공을 기부탑 통 속에 넣는 거지요. 그리고 기부천사 배지도 만들어 나눠 주고 기부에 참여한 사람 수를 나타내는 상황판도 만들었어요. 부스 운영은 조를 짜서 돌아가며 했어요. 부스 운영도 중요하겠지만 축제를 즐기는 일 또한 중요하니까요.

그날 하루 모은 돈이 170만 원이니 꽤 많은 사람이 참여한 거겠죠? 기부할 곳은 아직 정하지 못했어요. 축제에 참여했던 교사, 학생, 학부모의 의견을 모으고 있는 중이에요.

우리 학교 축제는 2014년에 학부모들이 만든 축제예요. 만들었다기보다는 학부모회와 학부모 동아리 활동이 절정으로 치닫다 보니 자연스럽게 생겨났다고 하는 게 맞을지도 모르겠어요. 그해 첫 축제가 토요일에 열리면서 몇몇 선생님이 불편함을 토로하기도 했어요. 원래 교육과정에 잡혀 있지도 않은 행사가 갑자기 기획되어서, 그것도 토요일에 진행되는 것에 대한 불만이었지요. 공립학교 교사들에게 학교는 직장인데, 학교에 두는 비중에 개인차가 있다 보니 여러 어려움이 끊임없이 일어나곤 하지요.

우여곡절 끝에 첫 축제가 잘 마무리되었고 다음 해인 2015년에도 축제가 이어졌어요. 물론 두 번째 축제는 학기를 시작하기 전 교사들의 협의를 통해 학교 교육과정 속에 미리 잡아 놓았어요. 교사들이 조금 더 적극적으로 참여했고, 마을과 함께하는 측면도 좀 더 늘려 가자고 뜻을

오늘도 학교에 갑니다

모았어요. 두 번째 축제 역시 성공적으로 잘 끝났어요. 그러면서 축제를 2년에 한 번씩 하자는 원칙이 만들어졌고요. 그래서 2017년 올해 세 번째 축제를 연 거예요. 올해 축제는 교사, 학부모가 함께하는 기획팀에서 부담이 좀 있었던 모양이에요. 항상 일하는 사람들만 한다는 피로감과 어려움이랄까요. 그래서 '즐겁게'를 강조하며 학교 구성원 모두의 자발적 참여를 유도하는 쪽으로 기획했어요. 항상 기획 단위가 짜놓은 판에 맞추어서 학급, 동아리 단위가 참여하는 형식으로 진행되던 행사 방식을 이번에는 아예 통으로 흔들어 놓았어요. 사람들에게 어떻게 무엇으로 참여할지를 물으며 시작했죠. 학급이나 동아리처럼 정해진 무리도 없고 특별히 무엇을 하자는 것도 없다 보니 초반에는 혼란이 없지 않아 있었지만 다행스럽게도 어느 해 축제보다도 다채롭게 우리 죽백만의 빛깔을 잘 보여 준 축제로 마무리가 되었어요.

축제가 끝나고 바로 죽백 아빠 모임에서 진행하는 1박 2일 아빠 캠프가 이어졌어요. 아빠 모임에서 스스로 기획하고 운영하는 행사인데 올해로 네 번째 열리는 거예요. 올해는 40명이 넘는 아빠들과 120명 넘는 아이들이 함께했지요. 아이들과 놀이도 하고 함께 밥도 먹고 캠프파이어도 하는데, 이 모든 과정에서 가장 큰 기준은 내 아이를 챙기지 않는다는 거예요. 이렇게 말하니 좀 이상하지만, 예를 들어 조를 편성할 때 내 아이가 속해 있는 조에는 들어갈 수 없는 거죠. 아빠가 참여할 상황이 안 되는 아이들도 편하게 참여할 수 있도록 하기 위해서이기도 하고, '내' 아이를 넘어 '우리' 아이들을 함께 키울 수 있는 문화를 만들기 위한 것이기도 해요.

그날 밤, 아이들을 재우고 열린 간담회에서 아빠들에게 "세상 어디에도 '내 아이'를 위한 학교는 없는 것 같다. 그런데 '우리 아이들'을 위한 학교는 한번 만들어 볼 수 있을 것 같다. 우리가 오늘 이렇게 함께하고 있는 일들이 우리 아이들을 위한 학교를 만들어 가는 새로운 역사가 아닐까 생각한다"라는 이야기를 했어요.

2014년 7월 아빠 모임이 생기기 전에 한 달가량 아빠들끼리 모임의 방향과 원칙에 대한 논의가 먼저 이뤄졌어요. 그때 '우리 아이'가 핵심이 되는 원칙으로 세워졌지요. 내 아이를 데리고 캠핑을 가고, 내 아이를 데리고 놀러가는 일은 학교가 아니라 친한 사람들끼리도 가능하다, 그러나 학교에서 하는 것이라면 우리 아이를 잘 키워나갈 수 있는 학교 문화를 만드는 데 도움이 되는 방향이어야 하지 않겠냐는 이야기로 정리가 된 것이죠. 사실 작년 아빠 캠프를 준비할 때 '내 아이'와 '우리 아이'를 놓고 치열한 논쟁이 오갔어요.

작년엔 아버지모임 밴드에 공지를 하고 친한 아빠들끼리 자기 아이들을 데리고 놀러가는 일이 몇 차례 있었어요. 그에 대한 불편함이 몇몇 아빠에게서 느껴졌고요. 아빠가 바쁜 아이들이나 아빠가 시간이 되어도 친한 사람이 아니면 끼기 어려운 일이 되어 버리는 것에 대한 불편함, 그런 일들은 굳이 학교란 공간이 아니어도 친한 사람들끼리 개인적으로 하면 되는 일이라는 생각들이 회의마다 쏟아졌어요. 그 불편함이 첨예하게 부딪혔던 건 아빠 캠프를 준비하면서였어요. 작년 아빠 캠프는 저녁 놀이를 학교에서 하기 전에 학교에서 출발해 평택을 길게 걷는 순서로 진행했거든요. 오전에 학교를 출발해서 중간에 공원에서 점심을 먹고 또

오늘도 학교에 갑니다

걸어서 학교로 돌아오는 짧지 않은 코스였어요. 모둠 편성을 놓고 언제나 그렇듯 내 아이와는 조를 짜지 않는다는 의견이 먼저 나왔고, 다른 아이를 안 챙기겠다는 것도 아닌데 내 아이와 이야기 나누며 걷는 게 무슨 문제냐는 의견도 나왔어요. 아빠가 아빠 캠프를 신청한 것은 내 아이와 시간을 보내기 위한 것 아니겠냐는 거죠. 거기에 우리의 처음 원칙에 관한 이야기, 아빠가 오지 않은 아이들이 느낄 감정에 대한 이야기가 접점 없이 맞섰어요. 몇 주간 계속되는 회의마다 이 문제가 쟁점이 될 정도로요. 하지만 어느 누구도 자리를 박차고 나가지 않았고 서로를 설득하려고 애썼어요. 설득이 다 된 것인지 아닌지는 모르지만 언제나 그랬듯 치열한 토론을 통해 합의를 이뤄 냈어요. 물론 내 아이가 아닌 '우리' 아이를 챙기는 것으로 말이지요.

축제도, 아빠 모임도, 학교를 움직이는 많은 부분도 끊임없이 흔들리며 여기까지 오고 있어요. 공립학교의 특성상 흔들릴 수밖에 없는 여러 상황이 존재하지요. 잘 흔들리면 더 나은 방향으로 거듭날 수 있을 거라고 생각해요. 그래서 어떻게 하면 꼭 지켜 내야 할 것들은 지켜가면서도 변화를 거듭할 수 있을까 하는 고민들을 계속해 나가고 있는 것이지요.

그러고 보니 우리는 교사로 살아온 시간이 공교롭게도 비슷해 보이네요. 저도 2006년에 평택으로 첫 발령을 받았어요. 발령일이 5월 1일이었는데 처음 만난 장면은 운동회였어요. 운동회를 한다고 수업 시간을 빼서 운동회 연습에 여념 없는 학교의 모습과 마주하게 되었지요. 남학생 기마전 연습을 시키던 선생님들의 권위적인 모습은 지금도 잊을 수가 없어요. 아이들을 단체로 줄 세워 놓고 혼내는 교사와 그 앞에 고개를 푹 숙인 아이들. 선배 교사들에게 물었어요. 운동회는 누구를 위해서 하는 건가 하고 말이죠. 이상하다는 듯 쳐다보던 그 모습, '왜?'라는 질문을 불편해하는, 처음 만난 학교는 그런 곳이었어요.

며칠 후 학교에서 신규 교사 취임식이라는 걸 해 주더라고요. 그날 선생님들 앞에서 무슨 이야기를 할까 고민스러웠죠. 고맙습니다, 열심히 하겠습니다 같은 이야기 말고요. 그래서 선배 교사들을 앞에 두고 이런 이야기를 했어요. 오늘 이 자리가 제가 교사가 된 것을 축하해 주는 자리이기도 하겠지만, 선배 선생님들께는 처음 교사가 되었던 순간에 가졌던 마음을 다시 되새겨 보는 시간이 되었으면 좋겠다고요. 그리고 도종환 시인의 「산을 오르며」라는 시를 읊었어요.

산을 오르기 전에 공연한 자신감으로 들뜨지 않고
오르막길에서 가파른 숨 몰아쉬다 주저앉지 않고
내리막길에서 자만의 잰걸음으로 달려가지 않고
평탄한 길에서 게으르지 않게 하소서
잠시 무거운 다리를 그루터기에 걸치고 쉴 때마다 계획하고
고갯마루에 올라서서는 걸어온 길 뒤돌아보며
두 갈래 길 중 어느 곳으로 가야 할지 모를 때도 당황하지 않고
나뭇가지 하나도 세심히 살펴 길 찾아가게 하소서
늘 같은 보폭으로 걷고 언제나 여유 잃지 않으며
등에 진 짐 무거우나 땀 흘리는 일 기쁨으로 받아들여
정상에 오르는 일에만 매여 있지 않고

오늘도 학교에 갑니다

오르는 길 굽이굽이 아름다운 것들 보고 느끼어

우리가 오른 봉우리도 많은 봉우리 중의 하나임을 알게 하소서

가장 높이 올라설수록 가장 외로운 바람과 만나게 되며

올라온 곳에서는 반드시 내려와야 함을 겸손하게 받아들여

산 내려와서도 산을 하찮게 여기지 않게 하소서

이제 저 자신에게 주어야 하는 시가 되었는지도 모르겠어요. 처음 교사가 될 때 그 마음 잘 간직하며 살아가고 있는지 말이죠. 아무튼 그날 무언가 메시지가 전달이 되긴 되었던 모양이에요. 짠돌이 교장 선생님의 지갑이 아이들에게 열렸으니까요. 모두 눈이 휘둥그레졌던 기억이 나네요. 덕분에 선생님들 사이에서 '랭보'라는 별명을 얻게 되었고 한동안 심슨보다는 랭보라는 이름으로 불리기도 했지요.

2012년, 새로운 학교를 꿈꾸며 작은 학교인 죽백초등학교로 왔어요. 죽백초등학교는 혁신학교로 지정되어 2년차 운영을 시작하고 있던 때였어요. 전교생 60명 정도의 학교에서 이제 막 120명을 넘어서며 커지고 있던 때였고요. 현재는 240명이 조금 안 되는 상황이니 그사이에 규모가 더 커졌죠.

당시 저는 학교의 막내 교사였어요. 날마다 이야기를 기록했고, 주마다 학부모님들께 편지를 쓰며 교육에 대한 생각들을 나누고자 애썼어요. 한 해 동안 썼던 이야기는 '방아다리 건너 피어오르는 행복한 죽백 이야기'라는 제목을 달아 작은 자료집 형태로 제본해 학부모님들과 나눠 가졌고요. 두 해를 그렇게 했나 봐요.

그사이 학부모회도 살아나고 아빠 모임도 생겼어요. 선생님들도 늘어났고요. 학교가 이럴 수도 있는 거구나 흥분이 되기도 했죠. 그런데 선생님들 사이에서 문제가 터져 나왔어요. 반이 늘고 교사가 늘면서 생각의 다름이 문제가 되기 시작했어요.

평교사 출신의 내부형 교장 공모제를 추진할 때였어요. 모두 다 저와 같은 뜻일 거라고 생각하고 우리 조건이 내부형 교장 공모제를 신청할 수 있는 상황이 되니 한번 신청해 보자는 제안을 했었어요. 학교가 흔들리지 않고 가려면 교장 같은 관리자가 중요한데 관리자의 변화에 따라 우리가 힘을 엉뚱한 곳에 쏟는 일이 없었으면 좋겠다는 생각이 들었고, 그러니 혁신학교를 함께 일군 교사가 교장이 되면 그 생각들을 잘 이어갈 수 있지 않겠나 싶었거든요. 또 교사 승진 제도를 흔들지 않으면 학교가 바뀌기 힘들다는 생각도 들었고요. 그런데 당황스럽게도 교사 조직에서 반대가 참 심하더라고요.

초등학교 교장의 직업 만족도가 높다고 하죠. 하지만 그 교장이 되기까지의 과정은 참 눈 뜨고 봐주기 힘들 때가 많아요. 점수를 따기 위해 본인들끼리 싸우고, 때론 자기에게 힘이 될 만한 사람들에게 줄을 서고, 심지어 성과를 위해서는 아이들까지 동원하는 이상한 일들이 벌어지곤 해요. 그렇게 해서 교장이 되고 나면 또 그렇게 힘들게 올라온 자리가 주는 권력을 마음껏 휘두르며 교사들의 교육활동을 힘들게 하기도 하고요.

그간 길진 않지만 직간접적으로 봐 왔던 이런 현실이 바뀌어야 우리가 일궈 온 학교가 더 나은 모습으로 나아갈 수 있다는 생각에서 한 저

오늘도 학교에 갑니다

의 제안은 다른 논리들 앞에서 흔들렸어요. 교감 자리도 거치지 않고 교장 자격도 없는 사람의 리더로서의 자격과 자질을 무엇으로 검증한다는 말이냐는 것부터 시작해서 온갖 논리들로 다수의 교사가 맞섰어요. 교사들의 반대도 있었지만, 교감의 방해가 가장 심했어요. 학교는 교육을 하기 위한 곳이니 공식적인 회의 석상 이외의 곳에서 관련된 이야기를 하지 말라는 둥, 학부모 문의는 반드시 교무실로 연결하라는 둥, 설명회는 결과에 영향을 미치니 불법이라는 둥. 아마도 지역 교감단에서 자신들의 자리를 하나 빼앗기는 상황이라고 판단해 압력을 행사한 모양이에요. 그러나 그들의 생각과 달리 죽백초는 학부모들의 압도적인 찬성에 힘입어 평교사도 지원 가능한 내부형 공모제 학교로 지정받았어요.

내부형 공모 학교 지정을 받고 절차에 따라 내부형 공모제 교장 모집 공고를 내니 네 명의 후보가 지원했어요. 다른 지역에서 지원한 한 명과 우리 학교 교사 한 명을 빼고 나면 지역에서 두 명이 지원한 거죠. 정황상 지역에서 정치를 하는 사람들과 지역 승진 라인, 거기에 지역 교육청까지 모종의 관계가 있었던 것으로 보여요. 둘 중 한 명은 먼저 있을 학교 내 심사에서 걸러질 테니 아마도 두 명의 후보가 동시에 들이밀었겠죠.

먼저 학교 심사에서 1등과 2등으로 우리 학교 교사와 평택 지역 교감 한 명을 지역 교육청에 올렸는데 지역 교육청의 심사가 이상하게 펼쳐졌어요. 혁신학교와 관련된 질의는 하나도 없고 심사 이외 시간에 교육청과 심사위원들끼리 나누는 대화도 이상한 내용이 많았고요. 벌써 지역의 교감이 교장이 된 것처럼 나눈 이야기들이 포착되었지요. 어쨌든 심사결과가 도교육청으로 올라갔고, 그 결과는 다시 우리 학교 교사 출신이 교장이 되는 것으로 정리되어 교육부로 올라갔어요. 그런데 이상한 점이 있었어요. 특정 정당 출신 지역 교육위원이 교육청에 나타나서 심사 결과에 대한 반대 압력을 행사하고, 교육부에도 심하게 민원을 넣으며 마지막까지 방해를 계속했다는 거예요.

조그만 한 학교의 교장 자리를 놓고 지역이 보여 주었던 일사분란함을 눈앞에서 보며 지금의 학교 승진 제도는 더욱더 흔들려야 한다는 확신을 갖게 되었어요. 교장들과 승진을 준비하고 있는 사람들이 중심이 되는 특정 단체가 강하게 반대할 것이니 쉬운 일은 아니겠지요. 그러나 결국엔 차근차근 변하지 않을까 싶어요.

잘 운영되던 혁신학교가 교장이 바뀌면서 혼란을 겪는 경우를 많이 봤는데 다행히도 우리 학교는 2014년부터 내부형 공모 교장 선생님과 함께 잘 살아오고 있어요.

사실 관리자의 변화만큼이나 교사들의 변화도 고민스런 지점 중 하나예요. 공립학교 특성상 교사들은 한 학교에 5년 이상 근무하기가 어려워요. 그러다 보니 학교를 일군 초기 교사들이 다른 학교로 옮겨 가야 하는 일이 생길 수밖에 없어요. 올해도 12학급인 우리 학교에 일곱 명의 선생님이 새로 오셨어요. 새로 오신 선생님들의 눈엔 죽백의 하나하나가 사실 쉽진 않을 것 같아요. 그래서 끊임없이 질문들이 나오고 그 와중에 우리가 가꿔 왔던 이야기들이 도전받는 듯 느껴질 때가 있어요.

"학교에서 꼭 낫을 들고 벼를 베야 되는 거야?"

"요새 김장을 해 먹는 집이 어디 있다고 학교에서 김장을 하는 거지?"

"혼자 하면 쉽게 될 걸 왜 자꾸 함께하라고 하는 거야?"

처음 그대로 지켜갈 필요도 없고 그래서도 안 되는 일이지만 학교를 지켜 나가는 일은, 처음 혁신학교를 시작했던 뜻이 무엇인지 헤아리고 그 뜻대로 살기 위해 어떻게 살아왔는가 하는 지난 이야기를 헤아리는 게 중요하다고 생각해요. 그걸 그 학교의 철학이라고 할 수 있을 텐데, 우리 공교육 안에선 구성원들이 끊임없이 바뀌고 있으니 그 철학을 지켜 나가는 일이 사실 쉬운 일은 아닌 것 같아요. 유럽의 프레네, 헬레네 랑에, 발도로프 같은 학교들을 보면 학교의 철학들이 또렷해 좋았어요. 몇 해 전 그 학교들과 만나며 우리도 그럴 수 있을까, 그러면 좋겠다는 생각을 강하게 했더랬어요.

요즈음 드는 고민은 바로 함께 만들어 온 이야기들을 어떻게 잘 이어 가며 더 나은 길을 찾아 나갈 것인가 하는 것과, 새로 들어올 교사들에 대한 고민이에요. 특히 새로 들어올 교사들에 대한 고민은 그냥 발령받아 들어오는 상황이 되면 서로가 너무 어렵고 힘든 상황이 펼쳐질 테니 더욱 많은 고민이 필요한 일이겠지요. 그런 까닭에 작년부터 지역의 교사들을 서로 연결해야겠다는 생각에 평택 지역의 교사 모임들과 연대하며 꾸준히 만남과 배움의 장을 엮고 있어요. 점차 모이는 교사들의 숫자도 늘고 있고요.

꼭 우리 학교가 아니더라도 교사들이 서로 외롭지 않았으면 좋겠어요. 서로가 서로에게 위로가 되고 힘이 되면 좋겠어요. 그러는 가운데 함께 성장하고 또 새로운 뜻을 세우면 좋겠다고 생각해요. 아이들과 함께하는 것만큼이나 그런 일들도 중요하다는 생각이 들어요.

혁신학교는, 혁신교육은 대한민국 교육의 희망으로 피어날 수 있을까요? 어떤 사람들은 그렇다고도 하고, 또 어떤 사람들은 불가능한 일이라고도 해요. 중학교부터는 쉽지 않은 일이고 고등학교부터는 불가능해 보이기도 해요. 특히 평택은 여전히 비평준화 지역이기에 더욱 어려움이 있는 것도 같고요.

처음 근무한 학교는 힘든 가정의 아이들이 많았어요. 그곳에서 혁신학교를 한다고 하면 지금과 같은 모습으로 할 수 있을까 의문이 들어요. 현재 우리 학교는 모두가 그렇진 않지만 그래도 아주 힘들게 살아가는 아이들은 거의 없는 편인 것 같아요. 아이들을 잘 키워 보고픈 열망으로 교육에 관심이 깊은 부모님들이나 혹은 다른 학교에서 잘 적응하지 못한 아이를 둔 부모님들이 찾아오는 학교니까요. 어떻게 보면 정작 좋은 교육이 필요한 아이들은 또 이런 교육에서 소외되고 있는 게 아닌가 하는 생각이 들어요. 이 아이러니를 어떻게 해결할 수 있을까요? 학교가 모든 일을 할 수는 없겠지요. 어쩔 수 없는 한계가 분명히 존재하니까요. 그럼에도 한 사람 한 사람 뜻을 함께할 수 있는 사람을 늘려 가는 수밖에요. 우리가 발 딛고 선 곳에서 새로운 길을 찾아나가고, 또 그 이야기들을 지역 사회와 함께해 나가는 것이 우리가 해야 할 일 아닐까 하는 생각으로 마음을 다잡아 봅니다.

어쩌다 보니 이번 편지는 교사가 되어 그동안 겪어 온, 또 겪고 있는 어려움에 대한 이야기를 많이 적어 버렸네요. 성미산 이야기를 듣고 나니 꾹꾹 눌러놓았던 이야기들이 떠올라 말하지 않고서는 배길 수 없었나 봐요. 이해해 주실 테죠?

오늘도 학교에 갑니다

참, 드디어 우리 추수했어요! 3~4학년 아이들끼리 어른들 도움 없이 200평 논에 가득한 벼를 낫으로 쓱 베었어요. 위험하진 않을까 엄마들도 선생님들도 한참 전부터 전전긍긍 걱정이 참 많았어요. 하도 들으니 나중엔 저도 살짝 걱정이 될 정도였어요. 하지만 역시 그 많은 걱정이 무색하게 아이들은 오전에 벼를 싹 베어 버렸어요. 물론 순조롭기만 했던 건 아니에요. 우리 반 도움반 친구 채호가 손을 조금 베었어요. 씩씩하게 웃으며 낫질을 하고 있기에 다친 줄도 몰랐는데 어느새 장갑에 피가 흥건해 깜짝 놀라 살피는 와중에도 씨익 웃기만 하더라고요. 병원에 가서 꿰매고 왔어요. 채호는 언제 그랬느냐는 듯 씩씩하게 생활하고 있어요.

지난주엔 볏단을 학교 쪽으로 옮겨서 와롱이로 탈곡도 했어요. 와롱이를 아실지 모르겠어요. 발로 페달을 밟으면 큰 바퀴가 돌아가는데 그 바퀴에 달린 못처럼 생긴 것들이 낟알을 훑어내요. 페달을 계속 밟으며 아이들 안전도 챙겨야 하기에 사실 이 작업이 참 힘든 일이었어요. 모든 작업을 무사히 다 마치고 지금은 나락을 잘 말리는 작업을 날마다 하고 있어요. 다음 주쯤 학교에서 도정 작업을 하려고 해요.

요즘처럼 편한 기계들이 많은 시절에 우리는 왜 이렇게 아무도 쓰지 않는 옛날 방식으로 농사를 짓고 있는 것일까요? 소비와 속도와 편리의 시대를 역행하는 이런 비효율적인 방식으로요! 저는 이걸 맞짱이라고 생각해요. 학교만큼은 그래도 된다고, 그래야 하지 않을까 하고요. 작년엔 4학년 아이들에게 벼농사를 짓고 나서 중요한 것은 눈에 보이지 않는 법이라는 어린 왕자 이야기를 들려주었어요. 그리고 이야기를 나누고 글쓰는 시간을 가졌지요. 중요한 것은 눈에 보이지 않는 법인데 언젠가부터 우리는 눈에 보이는 것에만 지나치게 치중하고 있는 것 같아요. 학교에서 교사란 자리에 서서 하는 일들 역시 눈에 보이는 것에 치우치는 일이 참 많지요. 에리카 말씀처럼 아이들을 키우는 건 내가 아니라 바람과 햇살, 그리고 서로일 텐데 말이지요.

"열여덟~열여덟~"을 이야기하며 교사로 섰던 에리카 이야기를 읽으면서 품 웃음이 터졌다가, 한라산 오른 이야기를 응원하며 읽다가 그 일에서 또 깨달음을 얻는 에리카 모습에서 '역시!' 하며 저절로 엄지 척했다가, 또 도은이와 친구들이 찍어 놓은 흙 손도장 이야기 부분에서는 웃음이 터졌어요. 사진이 없어도 충분히 상상되는 그런 모습, 또 그 모습을 애정 어린 눈으로 보고 기다려 줄 수 있는, 바람과 햇살의 힘을 느끼며 살아가는 에리카를 통해 다시 한번 나를 돌아보는 시간을 가졌어요.

하루에도 수십 번 아이들과 살아가는 속에 스물스물(열여덟 열여덟이 아니라 다행일까요?) 다양한 감정이 밀고 올라오려 하고, 때론 그런 감정을 주체하지 못해 아이들에게 쏟아 놓기도 하다가, 문득 나의 부족함에 대해 스스로 탓하며 돌아보기도 하다가…… 그러면서 바람과 햇살의 힘에 아이들의 힘까지 빌려 나 또한 성장하는 것 아닌가 하는 생각도 해요.

이 아름다운 가을, 에리카와 에리카의 아이들이 보내는 나날에도 아름다움으로 가득하길 응원합니다.

10월 또 늦게
심슨

오늘도 학교에 갑니다

성미산학교에 처음 아이를 보낸 부모님들은 첫 통지표를 받고 감동한다고 해요. 아이에 대해서 세밀하게 보고, 애정을 담아 정성스럽게 쓴 내용을 읽으면 '아! 이래서 내가 여기 왔구나!' 하는 생각이 자연스럽게 든대요.

에리카

심슨!

"어머! 가을이네요!" 하던 말은 이제 쌀쌀한 날씨 속으로 쑥 들어가 버렸어요. 찬바람에 옷깃을 여미며 성큼 뛰어오는 겨울을 바라보니 '벌써 한 해가 다 지나가는구나!' 하는 생각에 괜히 이 마음 저 마음들이 기웃거리네요. 겨울 끝자락 3월에 만났던 아이들이 슬슬 그때 입었던 옷을 하나둘 입고 오니 한 바퀴가 너무 빨리 도는 것 같은 아쉬움이 들기도 해요. 그렇게 돌고 도는 일상에서 특별한 것을 잘 찾아내는 것이 새삼 중요하다 싶기도 하고요.

10월의 마지막 즈음, 영동으로 가을여행을 다녀왔어요. 아침에는 강가에 물안개가 피어오르고(노래에서만 듣던 물안개를 실제로!), 마당에는 감이 익어 가고, 집 옆 개울에는 돌만 들추면 가재가 사는 곳, 빨갛게 익은 사과와 추수하고 남은 짚이 쌓인 논, 그야말로 가을 한가운데서 노닐다 왔어요.

1~2학년 꼬맹이들과의 3박 4일은 참 다채롭고 재미있어요. 1학기에는 엄마와 헤어지는 것이 너무 슬퍼 자주 울던 어린이들도 2학기에는 제법 단단해져서 잠깐 울고 자신에게 주어진 한 번밖에 없는 2017년의 가을을 즐겼지요. 실상은 코미디지만, 이름은 거창하게 무려 한국식·미국식·유럽식으로 간단하게 아침을 만들어 먹고, 아주 험한 뒷산을 용맹무쌍하게 오르고요. 장대 들고 사다리 타며 감도 몇 바구니 땄는데 사다리에 올라 감 따서 던지고 쌓고 척척 분업도 잘해요. 몇 시간이나 지치지 않고 재미나게 감 따는 아이들과 선생님들 모습이 이 가을을 완성하는 한 편의 그림 같았지요.

다음 날에는 칡넝쿨 끊어 예쁘게 가을로 장식한 화관 만들어 머리에 쓰고, 가을이 주는 갖가지 색들을 하얀 손수건에 옮겼어요. 붉나무, 싸리, 까마중, 남천, 애기똥풀, 개똥쑥, 칡잎……. 나뭇잎들이 간직한 물감은 너무 지나치지도 않고 모자라지도 않고 딱 보기 좋게 예뻤어요. 아이들이 푹 빠져 열심히 작업하는 모습은 더 예뻤고요.

밤에는 이것저것 준비한 것들을 내보이는 자리를 가졌는데 평소에는 나서기 싫어하는 아이들도 마술이며 노래, 인간 탑 쌓기 등 소박하면서도 웃음이 나는 것을 준비해 나눴지요. 친구들이 보여 주는 공연에 아이들은 환호하고, 그 모습을 보는 선생들의 마음은 빵빵하게 부풀어 올랐답니다.

부모님들은 선생님들 힘들겠다고 하시지만, 3박 4일 동안 함께 부대끼며 먹고 자고 시간을 보내는 일은 제가 가장 좋아하는 일이에요. 설레는 녀석들과 쿵짝을 맞추며 아침을 준비하고, 땀이며 혼을 쏙 빼며 놀고, 밤에는 밤산책도 가고, 길 가다 보이는 것들 하나하나 천천히 들여다보고, 수건돌리기며 공공칠빵, 아이엠그라운드도 해요. 올해는 이 꼬맹이들과 심지어 마피아 게임도 했어요(마피아였던 저의 활약에 남자 아이들 몇은 "분하다. 두고 보자!"며 눈을 흘겼지요). 잠자리에 드는 아이들에게 재미있는 이야기를 해 주고, 낄낄대던 녀석들이 하나둘 새근거리면 꼬맹이들의 하루가 담긴 일기를 읽고 제 생각도 몇 자 적어요. 아이들은 아침에 일어나 제가 일기에 뭐라고 썼나 공책을 들춰 보고요. 선생들이 아이들을 살뜰하게 살펴 주지만, 아이들도 자신이 해야 할 일은 자기가 잘 챙겨야 하는 것을 알아요. 아무것도 안 할 수 있고, 뭐든지 다 할 수도 있는 자연스러움! 오롯이 그 시간에만 집중할 수 있어서, 귀 기울일 수 있어서, 저는 여행하며 아이들을 만나는 시간이 참 좋아요.

제가 이렇게 여행을 좋아하게 된 것도 사실 역사가 있답니다. 성미산학교에 온 지 얼마 안 되었을 때, 장애학생의 부모님과 초등 통합선생님이 여행을 제안하셨어요. 장애학생들이 몇몇 친구와 함께 2박 3일 짧은 여행을 정기적으로 가면 어떻겠냐고요. 취지는 좋다고 생각했지만, 그때만 해도 매주 일요일에 하는 종교 활동이 조금 더 중요하게 여겨져서 저는 쉽게 동의하지 못했어요. 그래도 통합교사니까 하는 의무감으로 시작했고, 교육과정 외의 활동으로 두 달에 한 번씩 전국의 휴양림을 다녔어요. 그런데 재미있게도 여행을 하면 할수록 아이들의 성장이 눈에 들어오는 거예요. 친구들과의 관계나 스트레스로 힘들어하던 아이가 훨씬 더 여유로운 모습으로 작은 집단 속에서 즐거운 관계를 맺고, 내 역할을 가지면서 유능감도 경험하고, 스스로 먹고 입고 시간을 꾸리며 달라지더라고요. 그런 모습을 보며 제가 더 여행에 빠져들었어요. 무거움과 힘겨움으로 시작한 여행이 점점 가벼워지고 즐거움으로 바뀐 거죠.

처음에는 다른 교사들이 여행에 동의하지 않았어요. 그래서 설득도 하고, 얼굴 붉히며 싸우고, 마음도 상하고, 끊임없이 이야기 나누면서 통합교사와 담임교사 한 명이 같이 가는 형식으로 정리되었지요. 그렇게 함께 그 시간을 경험하면서 담임교사들도 여행의 필요성에 공감하게 되었고, 횟수를 거듭하며 금토일에서 목금토, 다시 수목금으로 일정을 조정하며 '통합여행'은 교육과정 속으로 들어오게 되었어요.

열흘 넘게 전국 방방곡곡 다녔던 중등 봄·가을여행도 빼놓을 수 없는 즐거움이었어요. 진안에 가서 '일거리 찾습니다!'라고 쪽지를 써서 동네 어른들께 광고하고, 제주도에 가서 둘레길을 함께 걷고 바람 맞으며 오름에 오르고, 물 20리터에 전기 없이 지내는 저탄소여행을 통해 극한(?)의 즐거움을 찾는 등 서툴지만 이것저것 먹고 나누고 즐기며 10년 동안 참 많이도 다녔어요. 그러면서 여행이 주는 즐거움과 진한 경험들을 많이 사랑하게 되었어요. 얼마 전에는 더 나이 들기 전에 '여행학교'를 해 볼까 하는 생각도 잠시 했을 정도니 저의 여행 사랑을 조금은 짐작하시겠지요.

예산으로 떠났던 작년 가을여행도 특별한 추억으로 남아 있어요. 여자 아이들이 묵은 방은 보일러, 남자 아이들이 묵은 방은 불 때는 황토방이라 해가 지면 몇몇이 둘러앉아 불을 피웠어요. 아이들과 종이 넣고,

오늘도 학교에 갑니다

부채질하고, 불이 붙는 걸 두근두근 지켜보던 시간의 소란과 평화는 참 좋았어요. 아이들이 내내 열심히 뛰고 놀다가 황토방 굴뚝을 무너뜨리기 전까지는요.

'나 잡아 봐라' 친구들이 쫓아오고 열심히 도망치다 낮은 황토 굴뚝 위로 올라간 아이가 그 굴뚝을 안고 논개마냥 쓰러졌어요. 뛰던 친구들도 놀라고 굴뚝 안고 떨어진 아이도 놀랐어요. 부모님들께 이야기하니 당장 수리비를 보내주신다고 했지만, 먼저 아이들과 이야기 나눠 보고 도움이 필요하면 말씀드린다 했어요. 그리하여 우리는 깜찍한 계획을 세우고야 말았지요. 굴뚝 비용 마련을 위한 500원 장터! 아이들과 의논하여 포스터를 만들고, 동네방네 광고를 하며 장터를 준비했어요.

"1~2학년들이 여행을 갔는데, 굴뚝이 무너져서 굴뚝 비용을 물어내게 됐습니다. 비용을 우리 힘으로 해야 된다는 생각으로 이 바자회를 열었습니다."

"저희가 가을여행을 갔는데 황토 굴뚝을 부수고 말았어요. 수리 비용을 내야 되는데 좀 도와주세요."

아이들의 간절한 마음이 전해졌는지 이곳저곳에서 장터에 팔 물건을 기증해 주었어요. 모두의 성원과 염려와 격려를 등에 업고 드디어 장터가 열리던 날! 누구는 전날 쿠키를 만들고, 누구는 빗자루질을 하고, 누구는 걸레로 돗자리를 깨끗이 닦고, 누구는 물건을 정리했어요. 1학년 동생들은 군고구마를 구워 굴뚝 비용에 보태기로 했어요. 혹시 다른 사람이 다 사 갈지도 모르니 먼저 하나씩 쇼핑하자 해서 우리도 한 가지씩 골랐지요. 밖에서는 손님들이 어서 문을 열라고 아우성이었어요. 두 시간이 지나기도 전에 장난감은 완판! 점심시간이 되기 전에 물건은 거의 다 팔렸어요.

　　장터가 끝난 뒤 우리는 교실을 정리하고 생생한 느낌을 살려 글을 썼어요. 그리고 아이들이 아기다리고기다리던 돈 세는 시간! 얼마인지 세고 칠판에 써서 같이 머리 모아 덧셈해 도서관 책 판 비용을 떼 주고 나니 딱 굴뚝 비용만큼 남았어요. 아이들은 "우아! 우리가 이렇게 많이 벌었다고요?"하며 환호했어요. 기분 좋게 아이들과 인사하고 찬찬히 아이들이 쓴 글을 읽는데 돈보다 더 큰 감동이 밀려왔지요.

　　장터를 하니 실수를 해도 재미있게 바로잡을 수 있다는 걸 알았다.
　　에리카가 재밌으라고 장터를 열자고 한 것 같다. 그리고 우리 힘으로 해결해 보려고 장터를 열었다. 해 보니까 재미있었다.
　　뿌듯하다. 친구들도 열심히 팔고 재미있게 했다. 내 친구들이 자랑스럽다. 오늘 장터에 와 주신 모든 사람들이 고마웠다.
　　그런데 돈을 모은다고 생각하니까 기분이 좋았다. 하루 종일 하느라 엄청 힘들었는데, 그래도 큰일을 해낸 기분이 든다. 번개반 다 잘해 준 것 같다.

　　고마움을 알고, 즐겁게 해결하는 방법을 알고, 큰일을 잘해내는 경험의 짜릿함을 딱 알아채는 아이들! 함께하는 즐거움을 발견하고야 만 아이들! 누구나 실수를 할 수 있지만 그것을 배움으로, 좋은 경험으로 바꾸는 것은 아주 특별한 경험이지요. 이렇게 한 코 한 코 짠 시간이 저는 두고두고 흐뭇해요. 아마 아이들에게도 좋은 기억으로 남겠지요?

　　　　　　　　　　　　　　　오늘도 학교에 갑니다

이야기도 나뭇가지처럼 가지를 치는지 영동을 떠나 전국을 여행하다 500원 장터까지 왔네요. 그 시간들을 다시 산 듯, 조금 두근거리기도 해요. 어쩌면 이렇게 '황진이가 베어 낸 동짓달 기나긴 밤마냥' 할 이야기가 많은지……. 아마도 잘 들어주는 좋은 벗 덕분이겠지요?

영동 가을여행에서 손수건 탁본 작업을 같이한 선생님들을 배웅했는데, 성미산학교 아이들이 굉장히 차분하고 집중력이 좋다고 하셨어요. 자신의 생각을 잘 펼치고 자유로우면서도 정돈되어 있다고요. 그러자 옆에서 운전하시던 숙소 아주머니께서도 맞장구를 치시면서 대안학교 아이들이라고 해서 편견을 가지고 있었는데 사흘 넘게 지켜보니 밥 먹는 예절이며 일상생활의 습관이 잘되어 있다고 하시며 정말 애들이 괜찮다고 폭풍 칭찬을 하시지 뭐예요. "제가 너무 억압적이어서 그런 건 아닐까요?" 하며 조심스럽게 물어보니 웃으시면서 "에이, 무슨 말씀이세요. 아이들과 호흡이 좋으신데 무슨 그런 말을 하세요" 합니다. '정말 다를까? 정말 다른가? 뭐가 다르지?' 하는 생각을 잠시 하고 잊었어요.

그러다 엊그제 방과후 모임을 하다가 반짝 스치는 것이 있었어요. 지난여름부터 성미산학교는 신청을 받아 동네 다른 학교의 1~2학년들과 함께 방과후를 진행하고 있어요. 4명의 친구가 함께했는데, 처음에는 문화가 다르다는 것을 서로 실감하는 시간이었어요. 점차 녹아들듯, 스며들듯 잘 어울리고 있지만요. 그런데 신기한 게 방과후에 오는 아이들의 반응이었어요. 아이 둘이 투닥거리며 싸우고 영 해결될 기미가 안 보이길래 "잠깐 이야기 좀 나눌까?" 하며 부르자 성미산학교 다니는 별별이는 '네!' 하며 통통 걸어오고, ○○초등학교 깡총이는 (벌써 혼날 준비를 하고) 고개를 푹 숙이며 와요. 차근차근 이야기를 나누는데 깡총이는 혼날까 봐 말을 잘 못하고, 별별이는 씩씩거리면서도 자기가 잘못한 것은 뭔지 뭐가 기분이 나빴는지 이야기를 잘합니다. 익숙하지 않은 공간이라 긴장한 탓도 있겠지만, 이야기를 나누기도 전에 혼날 준비를 하고 있는 아이의 얼굴이 마음에 걸렸어요. "아! 그러니 네가 기분이 나빴겠다. 그런데 네가 이건 놓친 것 같으니 사과를 하면 되겠네?"하며 이야기를 마무리하니 아이의 표정이 스스로 풀리면서 씨익 웃더라고요.

그렇게 시간이 흘러 2학기 개학을 했어요. 학교에 간 깡총이 어머니에게 담임선생님이 전화를 해서 방학 때 무슨 일이 있었는지 물으며 아이가 많이 달라졌다고 했대요. 나중에 알고 보니 깡총이는 거친 행동과 넘치는 호기심으로 학교에서 아주 많이 혼나는 아이였고, 깡총이 어머니는 담임선생님의 전화를 많이 받아야 했나 봐요. 깡총이 어머니가 방과후 담당 선생님에게 전화를 하셔서 고마운 마음을 전하며 깡총이가 "엄마, 성미산학교 가니까 잘못해도 막 혼내거나 그러지 않고, 민주적으로 해결해. 엄마는 왜 안 그래?"라는 말을 했다고 하더래요. 이 이야기를 들으면서 뜨거운 무언가가 올라오는 느낌이 들었어요. 우리들이 박봉과 중노동을 감수하면서도 애쓰는 것이 이거였구나 하는 생각이요.

2학기까지 방과후를 같이한 ○○초등학교 아이들의 부모님들은 아이들이 성미산 방과후에 가는 것을 행복해하고 있고, 아이들이 달라지는 모습을 보게 되어 기쁘다고 하셨어요. 부모님들 이야기를 들으며 '우리가 지켜 나가고 싶은 것들이 이런 거였어! 이렇게 서로 만나면서 아이

들이 성장해 가고 있다는 기쁨! 정작 성미산학교 식구들은 이 소중함을
실감하며 살고 있을까?' 하는 아쉬움도 살짝 들었지요.

성미산학교에 처음 아이를 보낸 부모님들은 첫 통지표를 받고 감동
한다고 해요. 아이에 대해서 세밀하게 보고, 애정을 담아 정성스럽게 쓴
내용을 읽으면 '아! 이래서 내가 여기 왔구나!' 하는 생각이 자연스럽게
든대요. 드물게 그 눈을 오래 간직하고 있는 부모님들도 계시지만, 유통
기한이 있는지 조금 시간이 지나면 그 마음이 바래고 특별한 것들은 어
느새 일상이 되어 버려요. 고맙고 새삼스러웠던 것들이 당연한 게 되고
당연한 것들이 많아지면 채워지지 않는 욕구도 생기기 마련이지요. 그
래서 교사들의 노력이라든가 아이들의 반짝이는 순간 같은 것, 우리가
가꾸고 싶은 다정한 삶에 대한 감각을 잃어버리고 자꾸만 더 좋은 것을
요구하게 되고요.

교사들은 대안학교의 열악한 사정 탓에 경제적인 면에서 불리함을
감수하면서도 '아이의 변화와 성장에 참여하는 즐거움'을 위해 기꺼이
마음을 내고 시간을 썼어요. 그 노력은 때로 눈물겹기도 하지요. 아이의
성장을 위해 함께 손 맞잡고 나가는 기쁨이야말로 교사들이 즐겁게 일
할 수 있는 처음과 끝인데, 슬프게도 돈 주고 물건 사듯 (대안)교육을 소
비하는 모습도 종종 보곤 해요. 부모님들은 학비로 적지 않은 돈을 내니
요구가 늘어나는 것이지요. 처음의 감동은 점점 희미해지고 당연한 일
상이 되니 교사들은 다 채워 줄 수 없는 어떤 욕망에 좌절하기도 하고,
열심히 노력하고 애쓰는 것들이 부정당하는 경험을 하기도 해요. 사실
곰곰 생각해 보면 교사나 부모나 아이들의 변화와 성장이 선물인데, 왜

자꾸 잊는 걸까요? 소비자가 아니라 함께 좋은 것을 찾아가는 동료라는 것을요. 새삼 학교를 교육을 함께 가꾸어 간다는 것은 누군가에게 책임을 미루고 뭔가를 요구하는 것이 아니라 내가 찾고자 하는 것들, 그 소중한 것들을 분별하는 눈을 잃지 않고 그 순간을 볼 줄 알고 전할 줄 아는 태도에서 시작되는 것이 아닌가 생각해 봅니다.

얼마 전, 부모님 한 분과 이야기를 나누다 바로 그거야 하며 무릎을 쳤더랬어요. "에리카, 저는 단우가 도은이의 자유로움을 보고 배우는 것이 너무 고마워요. 무서움 많고 소심한 단우가 도은이 보고 용기 얻어 나무에 올라가고 흙놀이를 하고 도은이 하는 걸 보고 나도 해 보고 싶어 하는 말이 너무 좋았어요. 또 그걸 말리지 않고 '응! 해 봐!' 하던 어른들도 너무 좋더라고요." 아이들의 자유로움을 인정하고 보아주는 마음도 귀하고, 서로 배우는 짜릿한 순간을 딱 알아채니 이보다 더 고마운 일이 있을까요? '장애가 있으니 도와주어야 해'라는 관점이 아니라 서로 배우는 순간을, 그리하여 함께 지내는 것이 얼마나 서로의 성장에 필요한 것인가를, 다른 사람으로부터 배우는 것이 얼마나 귀한 일인가를 알아주는 것! 좋은 것이 무엇인지를 알고 그것을 만들어 나가는 마음, 좁쌀 한 알에서 우주를 발견할 수 있는 '특별한 안경'을 가진 사람이 그 즐거움을 찾을 수 있는 것 아닐까 싶어요.

호암산에서 숲놀이 하던 날, 밥 다 먹은 아이들은 다람쥐마냥 잣을 까먹으며 산 구석구석 재미난 일을 찾았어요. 도은이도 이곳저곳 다니다 발견한 유아용 자전거를 타고 싶어 끙끙댔어요. 도은이를 발견한 친구들은 "앗! 도은아! 그거 우리 거 아니야!"라고 하지만 그 자전거를 타고 싶어 하는 도은이를 위해 잠시 고민하더니 자전거 주인에게 "이거 좀 타도 될까요?"라고 물어봐요. 주인이 그러라고 하자 아이들은 그 오르막 내리막 산길에서 서너 명이 붙어서 도은이가 탄 자전거를 밀고 끌어 줍니다. 교사들은 도은이 마음을 알아주는 아이들이 신기하고 대견했어요. 그래도 그게 얼마나 힘들지 아니까 조금 하다 말겠거니 했는데, 20분이 지나도 계속 이리저리 도은이를 살피더라고요. 저는 그 장면을 카메라에 담으면서 가슴이 찌릿했어요.

'특별한 안경'을 쓰면, 이 장면은 막연히 누군가가 누군가를 도와주는 것에 그치지 않는다는 것을 알아요. 나한테만 집중하던 아이가 다른 사람의 마음을 돌아볼 줄 아는 순간! 나의 재미와 다른 사람의 즐거움을 만나게 한 순간! 이 아이들은 나의 재미를 찾을 줄도 알지만 친구가 하고 싶어 하는 것, 아직 유아용 자전거 타는 것이 좋은 도은이의 마음을 헤아릴 줄 아는 넓은 아이가 되는 계단을 조금씩 오르고 있는 것이죠. 아이들이 아이들 본연의 모습으로 살아가는 것을 사랑스럽게 보아 주는 안경, 아이가 실수를 통해 배울 수 있도록 기다려 주는 안경, 아이의 특별한 순간을 알아채고 흐뭇해할 수 있는 안경, 아이들이 배우는 순간을 눈치챌 수 있는 안경! 우리가 이런 특별한 안경을 잃어버리지 않고 잘 쓰고 살면 좋겠다는 생각을 해 봅니다.

요즘 저는 틈만 나면 뜨개질을 해요. 코바늘로 이것저것 얼렁뚱땅 만들다가 얼마 전에는 대바늘뜨기를 배워서 뚝딱 목도리를 떴어요. 그리고 다시 코바늘로 세 번째 모자를 뜨고 있고요. 뜨개질이 신기한 게 처음에 익숙하지 않을 때는 손가락에 엄청 힘을 줘요. 코바늘 잡고 있는 오른손 검지와 실 잡고 있는 왼손 검지에 힘이 쫙 들어가서 한참 뜨다 보면 어깨까지 무척 아파요. 그런데 그렇게 뜨고 뜨고 또 뜨며 몇 년 해 보니 자연스럽게 손가락에 힘이 빠지고 설렁설렁 가볍게 코바늘을 놀릴 수 있게 되었어요. 피아노도 마찬가지더라고요. 처음에는 바짝 힘을 줘 세게 치는데, 제대로 배우다 보면 온몸에 힘이 빠지면서 부드럽게 강약을 조절할 수 있게 되어요. 클라리넷도 똑같더라고요. 이제 막 배우는 처지라 손가락 하나하나에 용을 쓰며 구멍을 막아요. 불필요한 힘이 엄청 많이 들어가서 한 번 불고 나면 온몸이 너덜너덜해지지요. 하지만 익숙해지면 자연스럽게 힘이 빠지고 부드러워지겠죠. 뭔가를 잘하기까지 연습과 시간이 필요해요. 무수한 시행착오와 노력의 순간들, 그 시간들을 잘 넘기면 비로소 또 다른 차원이 열려요.

교사도 그렇지 않을까, '끌어 주거나 가르치는 사람'이 아니라 '기다려 주고 발견하는 사람'이 진짜 교사가 아닐까 싶어요.

심슨의 지난 편지에 저도 조금이나마 답을 하고 싶었는데, 오만 가지 다른 이야기로 팔도유람하다가 이렇게 또 밤이 깊어지고 말았네요. 그저 전보다 훅 들어온 심슨의 편지가 반가웠다는 마음 살포시 얹어 봅니다.

어깨에 힘을 빼고 부드럽고 여유롭게!

특별한 안경을 잊지 않고, 그렇게 11월을 만나 볼까요?

11월 5일

에리카 드림

성장은
가장 약해진 순간
찾아와요

그 여행들이 차곡차곡 모여

아이들의 몸과 마음의 성장을 위한

굵고 튼튼한 마디를 만들어 줄 테지요.

심순

에리카!

벌써 열 번째 이야기를 전하게 되네요. 편지를 보낼 때마다 부족한 느낌을 지울 수가 없어요. 한계도 많이 느끼고요. 하지만 또 그런 아쉬움이 다음 편지로 이어 갈 수 있는 힘이 되기도 하는 것 같아요. 열 번째라니 뭔가 꽉 채운 느낌이랄까, '에리카!'라고 부르는 순간 어쩐지 특별한 느낌이 들었어요. 아쉬움 속에서 때때로 소소한 일들에 의미를 부여하는 건 우리가 나날을 살아가기 위한 안간힘 같은 거겠지요. 이번 이야기는 또 어디를 헤매며 중구난방으로 내달릴지 모르겠지만 언제나처럼 이해해 주실 테지요?

기온이 영하를 넘나들기 시작하고 있어요.

지난 금요일은 5~6학년이 김장을 했어요. 예전엔 전교생이 함께했는데 그때는 김장이라기보다는 양념을 묻혀 보는 체험 정도였어요. 모든 일이 주로 어른들 몫이었고, 아이들은 김치를 맛보는 날이었다고 봐야 했지요.

어느 해였던가 200포기 넘게 김장을 했는데 며칠을 아파 고생했던 기억이 지금도 생생해요. 김장이란 힘이 드는 일이고 또 일은 일답게 배워야 하니 힘든 일을 함께 해내는 경험 또한 소중한 것이죠. 그래서 몇 해 전부터 힘들더라도 모든 과정을 아이들이 하는 것으로 바꾸고, 전교생이 아닌 5~6학년으로 한정지었어요.

5~6학년 아이들이 하는 김장은 여름방학이 끝나면 배추와 무, 쪽파와 갓을 심는 것부터 시작해요. 지난주 화요일에 드디어 배추를 수확하고 목요일부터 김장 준비에 돌입했어요. 아침에 배추와 무, 쪽파와 갓을 깨끗하게 씻고 다듬고 자르고 절이고 모든 일을 아이들이 했지요. 그날 밤 엄청 추웠는데 학교에 모여 절인 배추를 뒤집는 작업을 함께한 모양이에요. 한편엔 불도 피워 놓고요. 다음 날 아침 일찍 모여 배추를 씻어 물기를 뺀 다음 속을 버무리고 김장을 끝냈어요. 한쪽에서 미리 고기를 삶아서 일을 마친 뒤엔 갓 담근 김치를 곁들여 먹었어요. 김장한 김치는 조금씩 집으로 가져가고, 또 일부는 아이들이 홀로 생활하시는 지역 어르신들께 배달하기도 해요.

저와 함께 생활하는 3~4학년 아이들은 틈틈이 일하는 5~6학년 형님들의 모습을 눈에 담아만 두지요. 그 대신 벼농사를 짓고 있어요. 지난번에 이야기해 드린 탈곡했던 나락을 잘 말려서 11월 둘째 주에 도정했어요. 도정기는 몇 해 전 마을에서 안 쓰는 것을 빌려 와 학교에서 쓰고 있어요. 나락을 도정기 위에 조금씩 넣으면 껍질이 벗겨져 쌀이 되어 아래로 나오게 되지요. 한 줄로 주욱 서서 아이들 한 명 한 명 나락을 도정기에 넣어 보게 했어요. 눈 앞에서 나락이 쌀로 변신하는 과정을 그대로 보게 되는 거죠. 아이들이 직접 담아 포장한 쌀봉지에는 〈쌀 한 톨의 무게〉(홍순관)라는 노랫말을 살짝 줄여서 붙여 주었어요.

사실 이 쌀 한 톨 한 톨에는 아이들 한 명 한 명의 이야기가 담겨 있어요. 맨손으로 냄새나는 거름을 논에 뿌리던 날, 온몸이 흙투성이가 되어 모를 심는 건지 나를 심는 건지 헷갈린다며 낄낄거리며 모내기하던 날, 논에 들어가 일일이 피를 뽑던 순간, 낫을 들고 다칠세라 조마조마 벼 베던 날, 건성으로 하다 행여 다치기라도 할까 봐 목소리가 점점 커지는 선생님한테 야단맞으며 탈곡하던 기억, 그리고 이렇게 도정한 이야기까지. 이야기가 가득 담긴 쌀에 이름도 붙였어요. 3학년 아이들이 후보 이름을 만들어 홍보를 하고, 나머지 학년 아이들이 투표를 해서 정했어요. 작년에는 '울고갈쌀'이었는데, 올해는 '맛쌀'로 정해졌어요. 포장한 봉지에 쌀 이름표도 떡하니 붙여 주니 그럴듯해요. 모두 나눠 한 봉지씩 집으로 가져가고 나머지는 학교에 보관해 두고 학교에 오시는 손님들에게 하나씩 선물하고 있어요. 물론 떡을 만들어 전교생이 먹을 쌀은 남겨 두었지요.

11월 13일에는 가래떡을 만들어 나눠 먹었어요. 떡을 먹기 전에 칠판에 11월 11일이라고 쓰니 아이들이 바로 농업인의 날이라고 하더라고요. 농업인의 날에 대한 이야기를 나누고, 우리가 농사지은 쌀로 만든 떡을 맛나게 먹으면서 농업인의 날을 기념했어요. 우리도 올해는 꼬마

농부들로 살았으니까요.

그러고 나서 11월 13일을 칠판에 적었지요. 무슨 날일까 답답해하는 아이들을 위해 바로 '전태일'이라고 적고 잠깐 1970년 11월 13일 전태일의 이야기를 했어요.

이번 달 함께 공부하는 주제가 '더불어 사는 따뜻한 경제'거든요. 교과서에 빠져 있는 경제와 관련된 다양한 이야기를 아이들과 나눠 볼 생각이에요. 노동에 대한 이야기 역시 그중 하나예요. 김장을 하고, 벼농사를 짓는 것 역시 생태교육이라 볼 수 있겠지만 어떤 맥락에선 노동교육이자 진로교육이기도 하지요. 학교 교육이 땀 흘려 일하는 노동을 잘 담아냈으면 하는 바람을 일기에 쓴 적이 있어요.

> 이 땅에 사는 사람들이 노동을 대하는 시선이 참 서글프다. 학교는 무엇을 해야 할까? 적어도 학교는 땀 흘려 일하는 것의 소중함을 느낄 수 있게 하는 곳이면 좋겠다. 땀 흘려 일하는 사람들을 귀하게 보고 대하는 것을 배울 수 있는 곳이면 좋겠다. 초등학교에서 진로교육의 큰 줄기는 그런 마음을 가질 수 있게 하는 것이었으면 좋겠다.

진로교육이 이런저런 직업 체험을 소비하는 형태로 이루어지는 게 바람직한지 자주 생각해요. 오히려 우리 주변의 땀 흘려 일하는 사람들을 귀하게 바라볼 수 있는 눈을 심어 주는 게 진로교육의 출발이어야 하는 건 아닐까 하는 생각을 자주 하고 있어요. 학부모님들도 대부분 땀 흘려 일하고 있는 노동자로 살아가고 있고, 또 우리 아이들도 땀 흘려 일하며 살아갈 건데 노동이 귀하게 대접받아야 하는 건 당연한 일이겠지요. 그래서 이 부분에 대한 교육을 아이들과 공부하는 과정에 포함시켜 보려고 애쓰고 있어요.

2015년 가을 즈음, 6학년 아이들과 '함께 살자'라는 주제로 공부한 적이 있어요. 그 과정에서 다른 사람들을 위해 애쓰며 살아가는 사람들의 이야기를 담은 그림책 만들기를 진행했어요. 위인이나 우리와 멀리 있는 사람들이 아니라 내 둘레 사람들 중에 한 사람의 이야기를 담아 그림책으로 만들어 보는 수업이었어요. 그때 고이내린이라는 아이가 만든 그림책을 보며 가슴이 참 많이 아팠어요. 쌍용자동차 해고 노동자로 오랜 시간을 버틴 아빠 이야기였거든요. 3학년 때도 우리 반이었는데 이 녀석이 쓴 시도 오래오래 마음에 남았지요.

눈이 소복히 쌓이던 그 나무에
행복이 피었다.
외투를 입고도 추워서 내복까지 입던 그 사람에게
따뜻함이 피었다.
얇은 옷을 입는 보통 사람으로
이렇게 봄은 살아 있는 식물, 사람들에게
희망, 행복을 가져다주었다.
겨울이면 매일 힘든데
봄은 날 웃게 만들어 주었다.
봄은 천사 같다.

오늘도 학교에 갑니다

누구에게나 행복, 희망을 심어 주니까.

— 「봄이 가져다준 희망」, 고이내린

초등학교 3학년의 시가 이렇게 조숙한 느낌인 것도, "겨울이면 매일 힘든데 봄은 날 웃게 만들어 주었다"라는 구절에서도, 「봄이 가져다준 희망」이라는 제목에서도 턱 숨이 막혔어요. 그 아이가 겪은 일들과 아픔을 잘 알고 있으니 제 스스로 감정이입이 되었던 것인지도 모르겠어요. 물론 이 녀석은 밝고 씩씩하게 자라 지금은 여느 아이들처럼 아이돌을 좋아하는 중학교 2학년이 되었지요. 그리고 아빠는 올해 복직하셨어요. 기뻐하는 게 당연한데 아직 동료들 중 복직되지 못한 사람들이 있으니 마냥 그러기도 어려운 모양이에요. 지금은 복직되지 않은 동료들의 복직 투쟁에 힘을 모으고 있다고 해요.

'더불어 사는 따뜻한 경제' 수업에서 아이들과 돈을 벌어보는 일을 해 봤어요. 학교에서는 '한잔할래'라는 이름의 카페를 만들어 중간놀이 시간, 점심시간에 장사를 했어요. 반응이 폭발적이었지요. 중간에 옆 반에서 '드루와'라는 카페를 개업해서 경쟁이 일어났고 가격을 낮춰야 하는 불상사가 발생하기도 했고요. 며칠 만에 12만 원가량을 벌었는데 재료비를 비롯한 투자 비용을 모두 제하니 3만 원이 살짝 넘는 이익을 남겼답니다. 그사이 아이들은 집에서 노동을 해서 건당 100~300원의 돈을 벌었어요. 실제 근로 계약서를 아이들 수준과 상황에 맞게 바꿔서 집으로 보내 노동 내용과 급여, 횟수를 비롯한 필요한 내용을 정하고 계약을 맺었지요.

집과 학교에서 번 돈으로는 음식 만들기를 진행했어요. 아이들이 번 돈 중 500원 미션에 사용할 500원씩을 빼놓고 모둠별로 모은 돈으로 만들 수 있는 요리를 정해 장을 봐서 요리하고 3학년 동생들과 나눠 먹는 것이 수업 내용이에요. 모둠별로 시장과 마트로 나누어 장을 보러 가서 일하시는 분들 인터뷰도 하고 몇 가지 조사활동도 진행했어요. 다녀와서 시장과 마트에 대한 이야기를 한참 나눴어요. 다녀온 이야기는 시장과 마트에 관한 보고서로 간단하게 작성했고요.

500원 미션은 500원으로 내 주변에 있는 가까운 사람들을 위해 '가장 따뜻하게' 사용하는 거예요. 단, 선생님이나 친구들을 제외하고 찾아보는 게 조건이에요. 아이들은 고민에 고민을 거듭하며 가장 따뜻하게 사용할 방법을 궁리하고 있어요.

이번 주부터는 교실 안에서 모의 경제활동을 시작해요. 3주에서 4주 정도 교실 안에서 재산도 갖고 직업 활동도 할 거예요. 직업에 따른 소득도 생길 거고, 그 소득에 따른 세금도 내게 될 거고요. 아마 여러 문제가 생기겠죠. 그 과정에서 우리가 생각해 봐야 할 것들을 찾아가며 이야기를 나눌 생각이에요. 정규직과 비정규직 문제도 다뤄 볼 생각이고, 최저임금 이야기도 해 보려고 해요. 어떤 일들이 펼쳐질지는 두고 봐야겠죠? 수업 마치면 에리카에게 꼭 전해 드릴게요.

며칠 전 지진의 여파가 계속되고 있네요. 저는 그 시각에 차로 이동 중이라 몰랐어요. 나중에 뉴스를 보니 세상은 난리가 났더군요. 이번 지진에 대한 정부의 대응을 보면서 여러 가지 생각이 들었어요. 발빠른 대

오늘도 학교에 갑니다

응은 물론 수능 연기를 신속하게 결정하는 모습도 인상적이었어요. 메르스 때도 떠올랐어요. 메르스가 처음 발생했던 공포의 중심지 평택에서 느꼈던 답답함과 암울함이 있었거든요. 구체적인 가이드라인이 내려오지 않으니 학교들도 서로 눈치만 보고 있었는데, 우리 학교가 가장 먼저 휴업 결정을 내렸어요. 그러자 지역의 다른 학교들도 줄줄이 같은 결정을 했었죠. 그야말로 '각자도생'의 시대였어요. 그때 「아이들에게 각자도생을 가르쳐야 하나」라는 제목으로 급히 지역 신문에 칼럼을 썼던 기억이 나네요.

이번에는 믿을 만한 대응과 함께 소수의 아픔과 불편, 손해를 모른 척하거나 무시하지 않고 헤아리는 모습이 참 좋았어요. 적어도 국가는 그래야 하지 않을까 하는 생각을 한참 했습니다. 아이들이 살아갈 세상은 좀 더 안전하고 또 좀 더 소수의 입장과 처지까지 배려하면 좋겠어요. 그러려면 내가 발 딛고 선 일상에서부터 그렇게 살아가려고 애써야 하지 않을까 싶기도 합니다.

참, 에리카가 들려준 성미산의 여행 프로그램은 참 부러워요. 일반 학교에서는 꿈도 꾸기 어려운 일이지요. 저도 여러 번 시도했었지만 아직 2박 3일을 넘기진 못했네요. 선생님들은 고생스럽겠지만 아이들은 얼마나 좋을까요? 떠나기 전의 설렘도 그렇고, 낯선 이야기들과 만나는 과정들도 그렇고, 일상에 대한 그리움들도 그렇고, 다녀온 다음 두고 두고 꺼내 볼 수 있는 것도 그렇고요. 선생님들까지 좋다면야 더할 나위 없겠죠? 진심으로 부러울 따름입니다. 그 여행들이 차곡차곡 모여 아이들의 몸과 마음의 성장을 위한 굵고 튼튼한 마디를 만들어 줄 테지요. 우리 죽백에도 차츰 그런 교육과정과 내용이 만들어지면 좋겠다는 생각을 해 보며 이만 줄입니다.

11월 21일 새벽

심슨

오늘도 학교에 갑니다

갑각류가 성장하는 순간은 가장 약해져 있는 순간이라는 거죠.
상처받지 않은 단단한 껍질도 좋지만 죽을 것 같고,
잡아먹힐 것 같고, 상처받는 바로 그 순간에 성장한다는 거죠.

에리카

심슨!

번쩍번쩍 번개와 우르르 쾅쾅 천둥이 어스름한 시간을 채우는 토요
일 저녁입니다. 편지는 잘 받았어요. 편지를 읽으며 역사의 굵직한 줄기
를 구성하는 사건들 속에서 지낸 심슨의 시간들이 조금 더 궁금해졌어
요. 메르스와 각자도생은 살짝 놀랍기도 했고, 오늘은 마침 쌍용자동차
의 해고 노동자들이 인도에 원정투쟁을 간다고 연대를 부탁하는 글을
봤거든요. 서 있는 곳이 달라지면 풍경도 달라지는 법. 심슨이 목격한
풍경은 조금 더 선연하고 내밀하지 않을까요? 학교에서는 그 시절의 이
야기를 어떻게 나누었는지, 심슨은 아이들과 그 역사의 현장을 어떻게
마주했는지 그 이야기 속으로 꼭 한 번 초대해 주세요.

어제는 서울에 눈 같은 눈이 펑펑 내렸어요. 평택에도 눈이 왔나요?

밤에 눈이 내리나 싶더니 아침에는 제법 쌓여서 아이들의 마음을 설레게 했어요. 나무 위, 지붕 위에 조금 쌓인 눈을 보고 마음이 들썩거리는 어린이들! 게다가 성미산을 넘어 학교에 오는 4학년 형님이 와서 삼단공원에 눈이 하얗게 쌓였다고 하자 마음은 이미 성미산 삼단공원에! 김장에 군고구마 굽기까지 할 일이 많았지만 그 들뜬 마음을 모른 척할 수 없어 알림장 후딱 쓰고 옷 단단히 여미고 산에 올랐어요. 계절이 주는 선물을 온몸으로 받는 것이 삶의 이치니까요.

공원에는 하얗게 눈이 쌓여 있고, 아이들은 올라가는 내내 자동차 위에 쌓인 눈이며 담벼락의 눈 살살 긁어 꼭꼭 뭉쳐 던지며 깔깔대기 바빠요. 눈뭉치는 선생들을 향해 자비 없이 날아오고, 선생들도 "어디 맛 좀 볼래?"하며 알차게 돌려줬지요. 던지고 받는 즐거운 웃음소리가 골목을 채우고, 성미산을 채웠어요.

삼단공원에 도착하자마자 아이들은 달리고 굴러요. 제법 경사진 언덕에 망설임 없이 누워 데굴데굴 구르고, 나뭇잎 모아 놓은 포대 털어 쭉쭉 미끄럼도 타고, 눈뭉치 굴리고 굴려 귀여운 눈사람도 만들고요. 한참 놀다 보니 장갑이 다 젖어 손이 얼음장이라 김장하러 가자고 내려왔어요.

저희도 매년 11월 마지막 주 금요일에 김장을 해요. 이날은 1학년부터 12학년까지 온 학교가 수업을 멈추고 김장에 돌입! 모든 과정을 주도적으로 하는 중등 형님들이 배추 물 빼고 무채 썰고, 갓이며 쪽파 다듬어 적당한 크기로 썰어요. 3~5학년 친구들도 쪽파 다듬고 썰어서 김칫소에 넣을 재료를 준비합니다. 1~2학년들은 형님들이 준비해 준

오늘도 학교에 갑니다

김칫소를 넣고 맛보고 즐기면서 김장을 맞이하고, 3학년이 되면 쪽파와 갓을 다듬으며 재료 준비 과정에도 참여합니다. 학년이 높아질수록 할 수 있는 일, 해야 할 일들이 많아지는 셈이지요. 김치통 닦아서 김치냉장고에 넣는 일이며 뒷마무리까지 하고 나면 비로소 김장이 마무리됩니다.

떠들썩하게 김칫소를 넣다 보면 평소에 김치를 잘 먹지 않는 아이들도 자꾸만 김치를 집어 먹어요. 무언가 새롭게 다가오는 시간이지요. 귤 하나 까 먹으면서 아이들과 앉아 김치 양념을 뭐라고 부르는지, 김칫소에 들어간 재료는 무엇인지, 이 배추는 어디에서 왔는지 이야기를 나누다 보면 아이들 눈이 더 반짝입니다. 김장은 짧고 뒷정리는 길지만, 김장의 노고에 심슨네처럼 따끈하게 막 삶은 수육과 방금 담근 김치가 점심시간에 더해지니 어쩐지 잔칫날 같은 기분도 들어요.

성미산학교는 1년 동안 홍천에 가서 농사를 짓고 삶을 꾸리는 '농장학교'를 운영하는데, 올해는 김장배추도 농장에 간 형님들이 준비했어요. 형님들이 직접 키운 건 아니고요, 농장학교 형님들이 마을 분들이 키운 배추를 손수 절여서 학교로 가져온 거예요. (배추를 절이는 게 처음이라 밭으로 걸어갈 것 같은 배추도 있었다는 건 우리만 아는 비밀. 흐흐) 처음 농장학교를 기획하면서 농장학교에서 난 쌀로 급식을 하고, 채소와 과일, 김장할 수 있는 배추도 자급할 수 있는 시스템을 갖추는 그림을 그렸어요. 아직 시작 단계이긴 하지만 조금씩 그 꿈을 실현하려고 애쓰고 있어요. 지금도 홍천 마을 어르신들이 키우는 작물 중 못난이 작물들을 매주 받아서 동네 어귀에서 팔면서 조금씩 시골과 도시를 연결하는 일을 고민하고 있지요. 이 그림이 완성되면 동네 근처 텃밭에서 갓이며 쪽파, 마늘 같은 작물을 키워 납품하고, 농장 형님들은 배추며 무를 살뜰히 키워 소금에 절여 보내고, 잔칫날마냥 온 학교 식구들이 맛있게 김치 담가 나눠 먹는 날이 오겠지요. 지금도 조금씩 그러고 있지만, 급식에서 형님들의 손길이 담긴 채소들을 자주, 많이 만날 수 있게 되겠고요. 내 입에 쌀 한 톨, 김치 한 조각이 들어오는 과정을 머리가 아닌 몸으로 경험하는 것, 이야기가 있는 음식을 통해 다시 생각할 기회를 갖는 것. 심슨네나 성미산학교가 이러한 과정을 통해 아이들에게 주고 싶은 선물이라 생각해요.

가만히 기다리고 발견하는 것이 선생이라고 말했지만, 아이들에게 어떤 '순간'을 '선물'하고 싶은 것도 선생의 마음일 거예요. 억지로 그렇게 하라고 강요하지는 않지만 소중한 꿈을 꾸고, 소중한 순간을 볼 줄 아는 눈을 갖고 발견할 수 있게 돕는 것이라고 하면 더 이해하기 쉬울까요?

아이들에게 주고 싶은 선물이라고 말하고 보니 지난주에 있었던 '시가 흐르는 밤(이하 시밤)' 이야기를 하지 않을 수가 없네요. 성미산학교는 매년 가을 시밤 행사를 하며 아이들이 시를 읽고 쓰고 즐길 수 있는 시간을 가져요. 올해는 추석 연휴가 길어서 11월에 했지요. 시밤이 가까워지면, 1학년부터 12학년까지 모두 시를 읽고 쓰면서 슬슬 준비를 합니다. 시를 써 보자고 하면 대개 머리를 뜯으며 난감해하지만, 시가 되는 '딱 그 순간!'을 함께 찾고 이런저런 이야기를 주고받다 보면 아주 멋진 시가 탄생해요.

시 하면, 작년에 번개반 아이들과 시 쓰던 것을 떠올리지 않을 수가

오늘도 학교에 갑니다

없어요. 이 특별한 녀석들은 쓰고 싶은 것도 많았고, 이런저런 이야기를 주고받으며 딱 자기들처럼 멋진 시를 써 냈거든요. 필립이는 속상한 채 집에 돌아왔을 때 강아지 브라우니에게 위로를 받았던 순간을 떠올렸고, 우재는 매일 쓰고 다니는 안경을 쓰고 벗을 때 어떤 것들이 달라지는지 고운 눈으로 바라봤고, 콩주머니 놀이를 앞두고 고관절을 삔 윤슬이는 그 조마조마한 마음을 시에 담았어요. 학철이는 친구들이랑 선생님들하고 지내는 게 너무 재미있어 토요일에도 일요일에도 학교에 오고 싶다고 박력 있게 고백하고, 율이는 2학년이라기에는 너무나 큰 인생의 고민을 안고 「인생」이라는 시를 썼지요. 그 시들이 참 좋아서 우리 번개 반은 친구의 시를 서로 외우기도 했어요. 지금도 만나서 아이들에게 첫 문장을 던지면 줄줄줄 읊어요. 저도 아직까지 그 시들을 외우고 있고, 가끔 생각나면 작년 시밤 영상을 돌려보기도 해요. 작년 시밤 때 찍은 '모든 아이가 환하게 웃고 있는' 사진은 우울할 때 찾아보는 저만의 보물로 등극했고요.

그냥 지나칠 수 있는 것들을 세밀하게 들여다보며 무슨 생각을 했는지 떠올려보고 적절한 표현을 찾아가는 과정은 제가 참 좋아하는 시간이에요. 무엇보다도 별거 아니라 생각하거나 자신 없어 했는데, 자기가 한 말이 이렇게 멋진 시가 된다는 것을 느끼면 아이의 표정은 확 달라져요. 그리고 시밤을 준비하는 마음도요. 나도 모르게 뿌듯한 마음으로 시밤을 기다리게 되지요. 시를 쓴다는 것은 멋진 말을 늘어놓는 것이 아니라 내 마음을 그대로 잘 표현하는 것이라는 것도 배우게 되고요. 그리고 많은 사람 앞이라 긴장하면서도 당당하게 시를 낭송한 아이들의 뿌듯한 표정! 내가 쓴 시를 낭송하는 것은 자랑이 될 수 있다! 시를 낭송하는 것보다 함께 시를 쓰고 준비하면서 아이의 그런 변화와 과정을 지켜보는 것은 말로 표현할 수 없는 기쁨을 줍니다. 이런 게 아이들과 함께 시를 쓰고 낭송하는 기쁨의 전부라고 생각했는데, 이번 시밤에서 제가 또 충격적인 일을 경험했지 뭡니까! 음…… 이 이야기를 시작하자니 오랜만에 고백타임이 될 것 같은 예감이 드네요.

옆 반 선생님 줄리아가 시밤을 준비하면서 2학년 시를 봐 달라고 도움을 청했어요. 2학년 녀석들이 쓴 시를 보니 좀 더 이야기를 나누면서 쓰면 좋겠다는 생각이 들었어요. 그래서 좋은 날, 적당한 때에 2학년 아이들과 만나 시에 대한 이야기를 잠시 나누며 멋진 말을 늘어놓기보다는 '진짜 내 마음'을 잘 담아 보자 했어요.

여행 가서 자주 눈물지었던 태윤이에겐 여행에 대한 시를 써 보면 어떠냐고 물어봤지요.

"태윤아 여행 가서 울었어?"

"가을여행 가서 울었어."

"왜 울었어?"

"엄마 보고 싶어서."

"그랬구나. 근데 언제 언제 울었어?"

"밥 먹을 때도 울고, 그네 탈 때도 울었어."

"가을여행 끝났을 때, 태윤이는 뭐라고 했어?"

"만세!"

"크크. 그랬구나. 그래서 줄리아한테 뭐라고 이야기했어?"

오늘도 학교에 갑니다

"줄리아, 3학년 때 여행 가요?"

이렇게 태윤이 버전의 아주 멋진 시가 탄생했어요. 친구들도 태윤이 마음이 그대로 담겨 있다며 아주 좋아했고요.

가을여행 가서 울었어

엄마 보고 싶어서

밥 먹을 때도 울고

그네 탈 때도 울었어

가을여행 끝났다

만세!

그런데 줄리아!

3학년 때 여행 가요?

— 「가을여행」, 김태윤

한 녀석은 '자존심'에 대한 시를 쓰겠다고 해요. 이 녀석으로 말하자면 놀이나 게임을 할 때 뭔가 뜻대로 안 되면 화나고, 져도 화나고, 심지어 비겨도 화가 나는 승부욕 활활 어린이인데, 1학년 때에 비해 그 횟수와 강도가 많이 줄었어요. 친구들도, 스스로도 그렇게 느끼고 있었거든요. 오! 좋은데! 기대할게! 녀석은 신이 나서 시를 씁니다.

다른 녀석은 뜀틀 할 때 날아오르는 느낌, 툭 내려올 때 친구들이 박수 쳐 줄 때의 기분을 쓰고 싶다 하여 '폴짝, 콩, 톡, 와' 같은 소리와 움직임을 나타내는 말을 잘 살려 써 보는 건 어떠냐고 하니 기분 좋게 써

내려 갑니다.

그렇게 한참 이야기를 나누니 점점 아이들이 적절한 표현을 찾으려고 나름 욕심을 내기도 해요. 아이들 얼굴에 설렘 같은 것도 얼핏 보이고요. 그런데 효은이가 영 표정이 좋지 않아요. 다른 아이들은 시를 완성하고 집에 가는데, 효은이는 뭔가 걱정이 있는지 몸이 안 좋은 건지 내내 울상이 되어 쓰는 둥 마는 둥 합니다. 아이들을 보내고 효은이에게 물어봤어요.

"효은이, 무슨 일 있니? 에리카 보기에는 뭔가 속상한 일이 있는 거 같은데?"

효은이 눈이 빨개지더니 그 큰 눈에서 눈물방울이 후두둑 떨어지지 뭐예요. 효은이를 꼭 안아 주면서 "무슨 일이 있었구나" 하니 꺽꺽 웁니다.

"네. 하늘다람쥐가 우리 집에 오기로 했는데요. 나는 것도 이상하고, 감기에 걸렸대요. 엉엉."

"아, 그래서 우리 효은이가 속상했구나."

효은이를 꼭 안아 주고 눈물을 닦아 주면서 하나하나 조곤조곤 물어봤어요. 효은이가 하는 말을 그대로 공책에 받아 적으면서요.

"기다리는 사람이 너무 많아서요. 4년이나 기다렸어요."

"그때 마음은 어땠어?"

"힘들기도 하고, 보고 싶기도 했어요."

"하늘다람쥐 데리러 간다고 하니 엄청 기뻤겠다."

"네……."

"마지막으로 하늘다람쥐에게 해 주고 싶은 말 있어?"

"얼른 나아서 우리집에 와!"

"효은이는 그때까지 어떻게 기다릴 건데?"

"나도 씩씩하게 기다릴 거예요."

"와, 좋다! 효은아!"

효은이가 한 말을 적은 공책을 차근차근 읽어 주니 얼굴이 말랑해져요. "속상해하지 말고 응원해 주면서 잘 기다리자!" 하니 배시시 웃었답니다.

그렇게 아이들은 시를 준비했어요. 아이들이 하나하나 시를 완성하고, 자기가 쓴 시를 들고 소리 내어 읽어 보는데 얼굴에 즐거움과 뿌듯함이 서려 있어요. 순서를 정해서 연습을 하는데, 시가 마음에 드는 아이들은 잘 발표하고 싶은 마음에 서로서로 격려해 가며 큰 목소리로 낭송합니다. 아이들의 마음이 그대로 전해져 저도 뿌듯하고 즐거웠어요. (시밤이 끝나고 한참 뒤에 하늘다람쥐가 효은이 집에 왔대요. 적응을 위해서 조용히 해야 한다고 하니, 효은이는 틈날 때마다 하늘다람쥐 앞에서 자기가 지은 시를 읽어 주고 있다고 합니다. 하하!)

두구두구! 드디어 시가 흐르는 밤, 도은이가 큰 목소리로 씩씩하게 문을 열고 1학년 모두 자기 이야기를 잘 들려주었어요. 2학년들도 낭랑한 목소리로 자기 이야기를 합니다. 아이들 시 하나하나에 담긴 사연을 다 아니 저에게도 참 특별한 시간이었겠지요? 대견하고 뜨끈한 마음으로 1부 초등 시간을 마치고 쉬는 시간에 누군가 저에게 "에리카! 너무너무 좋은 시간이에요. 아이들 다 너무 예뻐요. 그런데 2학년들 왜 이렇게 대단해요?"라고 하셨어요. 그런데 예상치 못하게 제 마음이 울렁거리지 뭐예요. 무슨 대가를 바라고 한 것도 아닌데 이 허전한 기분은 뭐지? 아무도 내가 물심양면 도운 줄 모를 텐데 나 혹시 알아주길 바라는 마음으로 이걸 했나? 이 당황스러운 기분은 뭘까? 잠시 휘청했어요. 2학년 아이들의 준비를 도우며 내가 했다는 생각은 전혀 하지 않고 그저 아이들이 대견한 마음만 있었어요. 그런데 막상 그런 이야기를 들으니 뭔가 억울한 마음이 스멀스멀 올라온 거지요. 곰곰 생각해 보니 나의 성과, 나의 노력을 인정받고 싶은 마음이 있었나 보다 싶었고, 그 생각에 이르니 유치한 제 모습에 좀 웃음이 나기도 했어요. '어우, 나 좀 별로다' 하는 생각에 남몰래 며칠 좀 부끄러워했어요.

그러다 얼마 전 페이스북에서 영화 〈땐뽀걸즈〉에서 댄스스포츠 동아리, 치어리더, 힙합 동아리를 지도하는 이규호 선생님의 인터뷰를 보고야 말았어요. 선생님의 인터뷰를 읽는 내내 괜히 흐뭇하고 다정하고 웃음이 났어요. 선생님의 말 한마디 한마디가 울림이 있었는데, 저는 그만 이 질문 앞에서 무릎을 꿇었어요.

가끔 선생님의 기대를 무너뜨리고 실망감을 주는 학생들도 있을 텐데요.
속 썩이는 학생에게 앞으로 잘해 보겠다는 다짐을 받아도 사람이니 쉽게 바뀔 수 없습니다. 금방 나쁜 짓을 해도 아무 말 없이 지켜보면 아이들도 '아, 내가 잘못했구나' 하고 알아요. 잘잘못을 따지기보다 스스로 반성하고 돌아오면 보듬어 주는 것이 제 방법입니다. 선생님한테 미안해서라도 잘해야겠다는 마음으로 스스로 변화하려는 아이들을 보면 기쁩니다.
물론 한 10년 전에는 '내가 잘해 줬는데, 이 아이는 왜 나에게 실망을 줄

오늘도 학교에 갑니다

까' 하는 고민도 했죠. 저도 보상심리가 있었습니다. (웃음) 상처받고 고민 하던 시기가 있었는데, 예전 학교 교장선생님이 보내주신 이메일을 보고 큰 감동을 받았어요. 그분께서 "선생님, 성경 말씀에 네 이웃을 네 몸과 같이 사랑하라는 말씀이 있습니다. 그런데 그 사랑엔 대가가 없습니다"라 고 하셨어요. 베푼 만큼 돌려받아야겠다는 생각을 하지 말라는 말씀이죠. 저도 아이들을 가르치면서 '사람마다 그릇의 크기가 다르다'라는 나름의 결론을 내렸습니다. 그릇이 큰 사람은 아무리 지극정성을 쏟아도 넘치는 법이 없지만, 어떤 사람은 그릇이 소주잔만 해서 정성을 쏟는 게 소용없 기도 하거든요. 그렇게 생각하니까 상처받지 않고 마음이 훨씬 편합니다.

얼핏 보면 너무나 당연한 말이지요. 그래서 식상할 수도 있어요. 그 렇지만 영화를 보면 저 말이 단순히 말에 그치지 않는다는 것을 알아요. 저 말은 그대로 선생님의 삶이 되었거든요. (말은 얼마나 쉬운지요! 삶으 로 살아 내기란 또 얼마나 어려운 일인지!) 보상심리! '베푼 만큼 돌려받아 야 한다, 내가 한 것을 누군가 알아주어야 한다'는 당연한 교환의 원리 가 내 마음에 작동하고 있는데 실제로 내가 가장 주목해야 할 것, 그리 고 그렇게 하려고 애쓰는 것은 아이들이 자기 이야기를 하는 순간, 아이 들이 자신의 시를 읽고 또 읽으면서 뿌듯해하는 순간, 빵빵한 마음으로 무대에 서는 순간, 그 긴장과 잘해냈을 때의 기쁨 같은 것이지요. 그것 은 다른 누군가가 알아주어야 의미가 생기는 것이 아니라 그 자체로 그 런 순간을 경험한 아이와 내가 이미 알고 있는 것이고요.

부끄러움으로만 보냈을 시간을 글 한 편이 이렇게 깨달음으로 바꾸어 주니 삶은 참 오묘하기도 해요. 일부러 애쓰지 않아도 이런 깨달음이 나의 의식을 잔잔히 주도하며 삶으로 내려앉기를 기도해요. 그러자면 여유롭게, 그러나 마음을 벼리는 일에 게으르지 않아야겠지요.

얼마 전 하루닫기를 마치고 청소를 하고 있는데, 작년 번개반이었던 아이들이 하나둘 모여들어요. 늘 그랬던 것처럼 자연스럽게 교실 문을 열고 들어오더니 네 명이 모여서 각자 뭔가를 하며 꼼지락거려요. 장난기가 발동해서 아이들을 둘러보며 "어? 이상하다. 얘들아, 나 이 장면이 낯설지가 않아. 어디서 본 것 같은데, 너희들 혹시 작년에 이 교실에서 지냈니?" 물으니 아이들이 킥킥대며 그렇다고 합니다. 그러면서 한 녀석이 하는 말, "야, 나는 지금까지 학교 다닌 것 중에 2학년이 제일 재미있었어", "나도야! 2학년 때 엄청 좋았는데", "에리카, 우리 2학년 때, 즐거운 파티여행도 갔지요?" 도란도란 이야기하니 아이들 얼굴에 웃음이 살포시 떠올라요.

가만 보니 이 녀석들도 그렇고 저도 그렇고 작년의 기억을 딛고 새 인생을 살아야 할 텐데, 아직 마음에 그 시절이 둥둥 떠다니는 것 같더라고요. 율이는 자주 교실에 들러 "에리카, 내년에 밥살림 해요. 에리카는 요리도 잘하니까 밥살림 해도 되잖아요. 그럼 저도 밥살림 할 거예요"라고 해요. 틈만 나면 창문에 딱 붙어서 저에게 추파(응? 하하하)를 던지는 녀석도 있고, 하루에 오백 번쯤 들러서 시시콜콜 자기 이야기를 하는 녀석도 있어요. '날 좀 보소, 날 좀 보소' 하는 아이들이 툭 던지고 가는 고백에 솔직히 내심 기쁜 마음도 있지만, 이제는 보내 줘야 하지

오늘도 학교에 갑니다

않나 하는 생각이 들어 괜스레 무거워지기도 해요. 물론 보낸다고 가는 것도 아니고 잡는다고 머무는 것도 아니지만, 그 기억에만 묶이는 건 아닌가 하는 노파심 같은 거지요. 물론 그럴 리 없다는 것도 알고 있어요.

초기 성미산학교 중등은 1학년 때부터 쭉 올라온 친구들이 아니라 중간에 전학 오거나 중등부터 입학한 친구의 비율이 높았어요. 그래서 서로 합을 맞춘 시간이 짧아 이런저런 갈등도 많았어요. 아이들의 다양한 면과 각종 어려움을 대면하면서 막막함 같은 것도 느꼈어요. 끝이 없는 미로에 빠진 것 같은 느낌이요. 그런데 재미있는 것은 아무리 부모들이 안달하고, 교사들이 조바심 내도 소용이 없다는 거예요. 9학년이 되고 10학년이 되면 자연스럽게 아이들의 눈빛이 달라지거든요. 교사들이나 부모가 아무것도 안 했다고 할 수는 없지만(그리고 나름의 방법으로 아주 많은 것을 했을 테지만), 저는 아이들에게 '때'가 있다는 생각을 많이 하게 되었어요. '자기 속도대로 간다.' 초등에 내려와 몇 년 지내면서 그 생각은 조금 더 확고해졌어요. 중등에 비하면 훨씬 더 제멋대로인, 좀 더 고급스럽게 표현하면, 자연상태에 가까운 모습의 아이들은 10년 정도의 시간을 두고 바라보면 제가 가진 모양대로 적절하게 가지치기도 하고 멋도 내면서 꼴을 갖추더라고요. 선생 뒷목 잡게 하는 말썽쟁이도 매일 조금씩 달라질 것이고, 어떤 모습일지 확신할 수는 없지만 10년쯤 뒤에는 (이전보다) 훨씬 멋지고 괜찮은 청년으로 자란다는 것을 경험으로 알게 되었거든요. 그래서 저는 조금 더 느긋해진 것 같기도 해요. 사람에 대한 믿음을 많이 갖게 된 셈이지요.

자주 들락거리며 애정을 던지고 가는 이 아이들과 만나면서 이 아이들의 10년 후를 상상해 보기도 하고, 과정은 어떨까 짐작도 해 보지만 아이들에 대해서 생각할수록 저는 저에 대한 고민을 훨씬 많이 하게 됐어요. 아이들에게 나는 어떤 사람이 될 수 있을까, 어떤 사람이고 싶을까, 그런 생각들이요. 괜찮은 사람이 되고 싶고, 아이들에게도 좋은 선배가 되고 싶기도 해요. 이래라 저래라 하며 내가 맞으니 나를 따르라 하는 게 아니라 늘 그 자리에서 기다려 주는 사람, 무슨 일이 생기면 이야기 나눌 수 있는 사람이요. 그런데 생각해 보면, 놀랍게도 아이들에게 좋은 선배가 되고 싶다는 말이 무색하게, 제가 그런 사람이 되어 가는 과정을 아이들이 함께해 주고 있고 그 길을 잘 가도록 끊임없이 도와주고 있는 것 같기도 해요. 말하자면, 아이들과의 시간이 저를 그렇게 성장시키는 거죠. 그러고 보면 우리는 서로의 관계를 통해 배우고 성장하는 셈이지요.

두어 주 전에 우연히 〈알아두면 쓸데없는 신비한 잡학사전(알쓸신잡)〉에서 장동선 박사가 이런 말을 했어요. "인간의 몸은 척추동물이지만, 인간의 마음은 갑각류와 비슷하지 않을까"라고요. 무슨 말인고 하니, 갑각류는 뼈가 없고 밖의 껍질이 단단하지요? 그럼 어떻게 성장할까요? 네, 허물을 벗어요. 즉, 탈피를 통해 성장하는데 아무리 힘이 센 왕가재나 게라도 자기 허물을 벗고 나오는 순간은 말랑말랑해서 천적이 아니더라도 잡아먹히고 상처받기가 쉬워요. 갑각류가 성장하는 순간은 가장 약해져 있는 순간이라는 거지요. 단단한 껍질도 좋지만 죽을 것 같고, 잡아먹힐 것 같고, 상처받는 바로 그 순간에 성장한다는 거예요. 그 이야기를 듣고 보니 절로 고개가 끄덕여져요. 제가 제일 성장한 순간이 딱 그때였거든요. 그러니 저는 아이들 한 명 한 명과의 만남이 저의 우주를 발견하게 해 주고, 저를 조금 더 괜찮은 사람이 되게 해 준다는 고백을 할 수 있게 되었고요.

거슬러 올라가 보면 우리가 아이들을 사랑하는 마음도 진심이고, 그 아이들과 좋은 일을 꾸려 나가려는 마음도 진실이고, 선생 노릇 사람 노릇을 잘해야 하는 것도 진실이지만, 결국 이 모든 과정을 통해서 내가 조금씩 나아지는 것이 핵심이라는 생각이 들어요. 산다는 것은 말이죠. 이타적인 삶을 표방하면서 그러려고 노력하고, 삶에서 다른 사람을 생각하며 나누는 마음으로 살아가고 있지만 역시 이 모든 것은 나와 관련되어 있다는 것. 그것이 결국 돌고 돌아 나를 풍요롭게 하고, 또한 다른 사람을 풍요롭게 하는 것이고요. 그러니 조금 겸손해질 것 같기도 해요. 내가 대단한 무엇을 한다는 생각은 살짝 옆에 두고, 지금까지 그랬던 것처럼 앞으로도 매일 내게 깨달음을 주는 아이들과 잘 배워 가며 무럭무럭 자라 보겠습니다. (그나저나 다시 읽어보니 오늘 편지는 부끄러운 고백투성이네요. 어쩌다 제가 고백을 일삼는 자가 되어 버렸는지…….)

위대한 것은 인간의 일들이니 / 나무 병에 / 우유를 담는 일, / 꼿꼿하고 살갗을 찌르는 / 밀 이삭들을 따는 일, / 암소들을 신선한 오리나무들 옆에서 / 떠나지 않게 하는 일, / 숲의 자작나무들을 / 베는 일, 경쾌하게 흘러가는 시내 옆에서 / 버들가지를 꼬는 일, / 어두운 벽난로와, 옴 오른 / 늙은 고양이와, 잠든 티티새와, / 즐겁게 노는 어린 아이들 옆에서 / 낡은 구두를 수선하는 일, / 한밤중 귀뚜라미들이 날카롭게 / 울 때 처지는 소리를 내며 / 베틀을 짜는 일, / 빵을 만들고 / 포도주를 만드는 일, / 정원에 양배추와 마늘의 / 씨앗을 뿌리는 일, / 그리고 따뜻한 / 달걀들을 거두어들이는 일.

— 프랑시스 잠, 「위대한 것은 인간의 일들이니……」, 『새벽의 삼종에서 저녁의 삼종까지』, 곽광수 옮김, 민음사

그래요. 잘 배우는 사람답게 프랑시스 잠의 시처럼, 우리 일상 속에서 벌어지는 위대한 인간의 일들을 묵묵히, 즐겁게 해 나가 볼까요? 아이들을 꼭 안아 주는 일, 눈이 오면 눈싸움을 하는 일, 외투의 지퍼를 올려 주는 일, 차가운 손을 잡아 주는 일, 자주자주 눈 맞춰 주는 일, 기다려 주는 일, 즐거운 순간을 함께 만끽하는 일, 잘 싸우도록 격려하는 일, 더러는 호통치는 일도요.

번개반 아이들과 너무 친해서 다시는 안 그럴 줄 알았는데, 아이들과 헤어질 날이 얼마 안 남았다고 생각하니 자꾸 아쉬운 마음이 들어요. 아이들이 더 두꺼운 겉옷을 입고 올 때마다 현실감이 팍팍 들어요. 내년에는 어떻게 될지 아무도 모르지만 얼마 안 남은 올해의 아이들과의 시간 즐겁게 마무리하자고요.

11월 25일 밤
고백 전문 에리카 드림

오늘도 학교에 갑니다

부끄럽고
미안한 마음

이게 다 교사란 자리에 선 자의 이상한 자존심 같은 거겠지
하는 생각에 미치니 부끄러워 견딜 수가 없었어요.

심슨

에리카~!

오늘 평택엔 아침부터 눈이 내렸어요. 서울에는 더 많이 왔다던데 에리카와 친구들은 어떻게 보냈나요? 쏟아지는 눈발을 간신히 뚫고 학교에 가니 아침부터 일찌감치 제법 많은 녀석이 논에서 썰매를 타며 놀고 있더군요. 날이 추워지기 전에 논에 물을 가둬 두었는데 썰매를 탈 수 있을 정도로 꽁꽁 얼어붙은 게 며칠 되었어요. 아이들이 틈만 나면 논으로 달려 나가요. 작년에는 날이 따뜻해 거의 못 타고 방학을 맞이했거든요.

심슨네 아이들도 한주열기를 간단하게 하고 단단히 무장한 채 썰매장으로 우르르 달려 나갔어요. 썰매를 타고 빠르게 미끄러지며 속도를 즐기기도 하고 그러다 꽈당 넘어지기도 했다가 썰매들끼리 충돌하기도

오늘도 학교에 갑니다

해요. 썰매를 차지하지 못한 녀석들은 얼음에 주르륵 미끄러지며 놀기도 하고 넘어져 엉덩방아를 찧기도 하고요. 그러다 만난 2학년 동생 도훈이 얼굴을 보고 웃음보를 터뜨리기도 했지요. 콧구멍 아래로 흘러나와 들락날락하는 노란 콧물을 어떻게 해 줘야 할지 난감하기도 하고 귀엽기도 해서요. 다들 마냥 즐겁습니다.

성미산학교의 겨울방학은 언제인가요? 죽백은 2018년 1월 19일이라 아직 한 달이나 남았어요. 날씨가 도와주는 만큼 아이들과 함께 신나게 썰매도 타며 뛰어노는 겨울로 만들 심산입니다.

아이들이 이렇게 학교 안팎에서 신나게 뛰어노는 사이, 아빠들과 선생님 몇 분이 주말마다 학교에 모여 뚝딱뚝딱 또 다른 작당을 벌이고 있어요. 5학년 아이들이 올해 목공 수업으로 쉼터의 일부를 만들고 있는데 날이 추워지니 어른들이 힘을 보태기로 했답니다.

원래는 토끼 사육장이 학교 안 숲 한쪽에 자리잡고 있었는데 몇 해 전 키우던 토끼가 모두 떠났어요. 오랫동안 사용하지 않던 사육장을 뜯어내고 다른 무언가 만들어 보기로 했고, 여러 사람의 생각과 수고가 보태져 처음 생각했던 것보다 큰 규모의 쉼터가 만들어졌어요.

3층짜리 나무 쉼터인데 곳곳에 아이들이 쉬며 놀 수 있는 것들이 배치되었어요. 각각의 층은 오르내릴 수 있도록 연결되어 있고 두 번째로 높은 층 쉼터에는 큰 구멍이 뚫려 있어요. 그 구멍 사이로 나무 한 그루가 자리잡고 있고 맨 아래층 안쪽 벽면에는 암벽판이 있어요. 또 그 반대쪽 벽면에는 맨 위층 쉼터까지 타고 올라갈 수 있는 그물망을 설치했고요. 어찌 보면 다소 아슬아슬해 보이는 쉼터이자 놀이터죠. 어제까지 대체적인 작업은 마무리가 됐어요. 이제 마지막 보강 작업과 5학년 아이들이 하는 일부 난간 작업을 마무리하고 안전 상황만 점검하면 끝날 것 같아요.

결과물도 결과물이지만, 전 이 쉼터가 만들어지기까지 함께했던 고민과 땀방울이 더 귀하다고 생각해요. 그래서 저도 틈나는 대로 함께하려고 애썼어요. 어제 마지막 작업을 함께하신 아빠 한 분이 말씀하시길, 맨 위층 쉼터에서 페인트 칠을 하다 보니 학교 구석구석 아빠 모임을 하며 함께했던 흔적들이 보이더래요. 여름 수영장, 구석구석 페인트 칠, 흙집 지붕, 논 썰매장, 학교 뒷산 숲놀이터……. 이 아빠들에게 학교는 어떤 공간일까요? 아이들에겐 또 어떤 공간으로 다가서고 있을까요? 학교가 부정할 수 없는 삶의 한 공간일 바에야 단지 수요자와 공급자의 위치에서 적당히 요구하고 요구받으며 졸업장 하나 받고 마는 관계가 아니라 함께하는 모든 이에게 의미 있는 이야기를 남기는 공간이면 좋겠다는 생각이 들었어요.

작업을 마치고 나니 이곳에서 시간을 보낼 아이들의 모습이 떠올라 참 좋았어요. 어떤 녀석은 누워서 살랑이는 바람을 느끼며 하늘을 바라보며 쉬어 갈 것이고, 또 어떤 녀석은 구석구석 오르내리며 신나게 놀겠지요. 물론 아쉬움도 있어요. 날이 추워질 즈음에야 시작해서 작업 속도를 무리하게 내야 했어요. 어떤 모습을 한 쉼터를 만들면 좋을지 아이들과 이야기 나누며 아이들의 생각을 담고, 또 시간이 걸리더라도 아이들이 여러 날에 걸쳐 함께 일하며 직접 만드는 쉼터였다면 더욱 좋았겠지요.

오늘도 학교에 갑니다

지난번에 우리 죽백은 내부형 공모제로 평교사 출신 교장을 선출했다는 이야기를 전해 드린 적이 있지요? 벌써 그 교장 선생님 임기 4년이 훌쩍 흘렀어요. 이번에는 경기도 교육청에서 경기도 내 초등학교 두 곳을 평교사도 지원 가능한 내부형 공모제 학교로 지정했어요. 원하는 학교는 많은데 정해진 원칙 때문에 여러 학교를 지정할 수는 없어요. 이번에 열 곳 정도의 초등학교가 내부형 공모를 원했나 봐요. 경쟁이 치열했지요. 그런 경쟁 속에서도 여러 노력과 운이 맞닿아 또다시 우리 죽백이 선정되었어요. 지난달 끝자락에 '교장 자격 미소지자 응모 가능 내부형 공모제 운영학교 지정'을 받았고 공고 과정을 거쳐서 현재는 심사 과정에 있어요. 현 교장 선생님이 다시 응모하셨고 별다른 문제 없이 진행되고 있는데, 저는 4년 전 경험 때문인지 하루하루 마음 졸이며 지내고 있네요. 제가 교장을 할 것은 아니지만 교장이 누구인가에 따라 많은 부분 영향을 받으니까요. 기본적으로 우리 학교의 철학을 흔들지 않으며 함께 갈 수 있고, 아이들의 자리를 잘 지켜줄 수 있고, 교사들을 교육 주체로 잘 세워줄 수 있고, 학부모들을 포용하며 함께할 수 있는 사람이어야 할 테니 말이지요. 우선 내일 지역 교육청 심사까지 잘 마무리 짓고 나면 결과를 기다리는 일만 남아요.

문재인 정부에서 내부형 공모 교장을 늘리겠다고 하던데 얼른 그 공약을 좀 현실화시키면 좋겠어요. 적어도 학교 교육이 승진을 위한 사람들을 위한 도구가 되면 안 되니까, 학교는 아이들 한 명 한 명의 미래와 열린 마음으로 기꺼이 마주할 사람들을 위한 공간이어야 하니까요. 제가 겪어 본 바 교장의 민주적 리더십은 학교에 참 많은 영향을 끼쳐요. 결국

엔 그 민주적인 문화가 아이들의 삶으로 연결되고요.

얼마 전 페이스북에 올라온 대전의 어느 초등학교 교장 이야기를 보며 가슴이 좀 답답했어요. 교장이란 자리에 앉아 고작 하는 일이 교사를 감시하는 일이라니 참으로 한심한 일이 아닌가 싶어요. 구체적인 장면을 상상해 보면 감시를 넘어 거의 괴롭힘 수준이니, 초등학교가 교장 공화국이라는 말도 틀린 말은 아닌 것 같아요. 승진 제도가 바뀌어야 하는 중요한 까닭은 바로 이런 모습 때문이 아닐까 싶고요.

교장이란 자리에 서 있는 사람들은 어떤 역할을 해야 하는지에 대해 자주 생각하게 되는 나날이에요. 평택에서도 요즘 여러 일이 일어나고 있거든요. 얼마 전에 들었던 한 초임 교사의 이야기는 참으로 안타까웠어요.

한 학교에서 초임 교사 반 학부모 한 분이 무슨 까닭이었는지 민원을 제기했나 봐요. 그 민원을 수습하려고 교장이 그 교사를 불러다가 학부모 앞에 무릎을 꿇고 사과하게 한 일이 있었어요. 물론 까닭이야 있었겠지만, 그 초임 교사가 입었을 마음의 상처는 어떻게 해야 할까 하는 안타까운 마음이 들었어요. 그 교사는 앞으로 아이들 앞에서 당당하게 교육활동을 해 나갈 용기를 낼 수 있을까요? 교장이 선배 교사로서의 든든함을 보여 줬다면 좋았을 텐데, 오히려 관리자로서 책임을 회피하기 위해 교사 개인의 책임을 묻는 형태로 문제를 무마한 모양새라 좀 답답했어요. 만약 제가 교장이고 그 상황이 무릎을 꿇어야 할 정도로 중한 사안이었다면 차라리 교장인 제가 꿇었을 텐데 참 비겁하다는 생각이 들었어요. 교장이라는 자리는 책임을 져 주는 자리이자, 교사가 교육

오늘도 학교에 갑니다

을 펼쳐 갈 주인공으로서 오롯하게 설 수 있도록 응원하고 도와주어야 하는 자리라고 생각하거든요.

사실 전 학교 안에서 만나는 '민원'이라는 말이 무척 불편해요. 어쩌다 교육이 서비스가 되어서 날마다 이런 민원 처리들로 학교가 골머리를 앓아야 하나 하는 생각도 들고요. 학교가 아이들을 돌보고 가르치는 일보다 학부모의 불편과 불안까지 모두 감당하고 해결해 주어야 하는 곳은 아닐 텐데 말이죠. 지나치게 교사 입장에서 하는 이야기인지도 모르겠지만, 학교가 학부모 만족을 위한 서비스를 일방적으로 제공하는 곳이 되어선 안 된다고 생각해요. 아이들 삶을 다루는 교육이 겨우 그렇게 소비되는 서비스가 되면 안 되니까요. 조금 부족하더라도 학교와 학부모가 함께 아이들을 보며 서로의 역할을 해 나갈 수 있다면 좋겠어요.

요즘 새로운 일을 벌이고 있어요. 그중 가장 큰 일은 지역 교사들의 이야기를 기록하고 공유하는 잡지를 만드는 거예요. 《월간 다섯수레》로 제호도 정했답니다. 수업에 대한 내용뿐 아니라 지역 학교 이야기도 자연스레 나눠 보려고 해요. 12월에 창간 준비호를 만들어 내고, 내년 3월부터 다달이 발간하는 게 목표예요. 예산이며 형태 등을 어떻게 할지 아직 갈 길이 멀지만 구체적인 고민은 천천히 하려고요. 만들어 놓으면 또 가야 할 길이 보이겠지요? 함께하겠다는 사람들이 있으니 걱정은 없습니다.

심슨이 교사 잡지를 구상하는 동안 심슨네 아이들은 각자 그림책을 만들었어요. 1학기 끝자락에 이야기 수업을 하며 마지막에 만들었던 거예요. 책을 사서 읽게 하는 것도 좋지만 책을 한번 만들어 보는 것도 의미 있는 경험이 될 수 있겠다는 생각이 들었거든요. 한 친구가 방학 전에 제출을 못 해 기다렸다가 2학기가 되어서야 인쇄소에 맡겼는데 11월에야 그림책이 도착했어요. 틈만 나면 언제 책이 오는지 묻곤 했던 아이들은 무척 즐거워하며 몇 번이고 들춰 보곤 했어요.

우리들이 한 출판을 어떻게 함께 축하할까 궁리하다 작은 출판기념회를 열었답니다. 2학년 동생들을 교실로 초대해서 그림책을 읽어 주고 사인회를 했어요. 또 다른 학년을 위해서는 작은 전시회를 열고요.

교실 책상과 의자를 옮겨 가며 읽어 줄 자리를 곳곳에 만드는 등 각자 마련해 둔 자리에 동생들이 오면 그림책을 읽어 주었어요. 번갈아 가며 도착하는 동생들에게 쉼없이 읽어 주느라 힘들었을 텐데 다들 잘 참고 읽어 주었지요. 어떤 녀석들은 과자와 음료를 준비해서 이야기를 들어주는 동생들에게 선물도 하더군요. 이렇게 자기들이 만든 이야기를 신이 나서 읽어 주고 나서는 멋들어지게 작가 사인을 해 주는데 한마디씩 적어 주는 녀석도 있고, 요상스런 그림으로 사인을 하는 녀석들도 보이더라고요.

출판기념회는 인쇄가 늦어지는 바람에 특별히 11월에 진행할 수밖에 없던 수업이었어요. 사실 11월엔 원래 해마다 경제 수업을 하고 있답니다. 지난번에 전해 드린 500원 미션 기억하시죠? 아이들은 500원을 따뜻하게 사용하기 위해 2주가량 고민에 고민을 거듭했어요. 그 결과, 동네 할머니에게 핫팩을 사서 드리거나 가족을 위해 쓴 녀석들이 있었어요. 세 녀석이 돈을 합쳐서 고양이를 위한 통조림을 사서 당직 기사

할아버지께 선물해 드리기도 했어요.

본격적인 모의 경제활동은 3주에 걸쳐 진행했어요. 먼저 사용할 화폐의 이름을 정했어요. '심'이라고 부르기로 했지요. 그러고 나선 각자의 재산을 정했지요. 제비뽑기로 결정했는데, 여기저기 터져 나오는 환호와 탄식들. 경식이는 200심, 시윤이는 4000심으로 각각 최저와 최고를 기록했어요. 또 부동산 가격도 정했지요. 부동산은 각자 앉은 자리로 하고 각 자리마다 다른 값으로 했어요. 물론 매매 및 임대도 가능하고요. 여기까지 정하고 나서 왜 초기 재산을 제비뽑기로 했을까 하는 이야기를 나눴어요. 그리고 이렇게 불평등한 재산으로 시작하는 게 어떤 느낌인지도 나눴지요. 이 수업을 통해서 자유와 경쟁에 기반한 현재 자본주의 시스템을 그대로 겪으며 문제점을 찾고 느낄 수 있는 기회를 가져 보려고 했어요. 직업은 원하는 것을 하되 여러 사람이 원하면 경쟁을 하는 형태로 뽑았어요. 경쟁 방법은 그 직업에서 중요한 게 무엇일까 하는 이야기를 나누며 빠르게 뽑을 수 있는 방법으로 진행을 했어요.

가장 먼저 시원이가 선거를 통해 대통령으로 뽑혔고, 민성이를 국무총리로 지명했어요. 외교관은 협상력이 중요하다고 해서 눈싸움으로 뽑는 걸로 했는데 하린이가 뽑혔어요. 공무원은 간단한 퀴즈로, 판사는 판단력이 중요하므로 가위바위보, 경찰은 빠른 달리기가 필요하다고 해서 글 빨리 읽기로 선발했지요. 비정규직(환경미화원, 우유배달원)도 두 명이나 있었고요. 각자 직업에 맞는 역할을 해야 하고, 직업에 따라 매주 월요일에 다른 급여를 받았어요. 급여에 대한 세금은 경제 활동을 어느 정도 진행한 금요일에 소득세로 내고요. 또 날마다 수업을 받으면 시간당 수업수당을 받게 되고 그에 따른 수업료도 납부하고요.

이렇게 정해진 직업 외에 아이들은 가게를 하거나 창업할 수도 있어요. 그곳에서 자신이 가지고 있는 돈을 쓸 수 있게 했어요. 아이들이 슈퍼마켓이나 문구점에서 파는 물건은 제가 도매상이 되어 아침마다 싼 값에 판매했어요. 창업한 친구들은 저한테 산 물건들을 더 비싼 값에 아이들에게 팔았고요. 이 과정에 알바를 뽑는 가게도 있고, 알바를 여러 개 하는 아이들도 보이더군요. 물론 그날 번 소득에 대해서는 날마다 소득세를 납부해야 하고요. 이외에도 한 주가 지나고 나면 아이들은 부동산에 대한 토지세, 주급에 대한 소득세, 생활비 등의 돈을 납부하기도 했어요. 그런데 1반과 2반이 각기 다른 화폐 단위를 쓰고, 물가는 물론 법률도 서로 달랐어요. 그러다 보니 생기는 여러 문제는 외교관들이 만나서 협상을 하고 약속을 정하는 것으로 했어요. 자연스럽게 통행세가 발생하고, 관세도 매겨졌지요.

직업 중에 복권을 판매하는 직업도 있었으니 금요일엔 복권 추첨을 했고요. 월요일엔 노사 협상을 진행했어요. 수업 과정에 나오는 여러 가지 경제 용어를 설명해 주고 최저임금을 받아서 한 달 일하면 지금 유행하는 스마트폰을 살 수 있을까 하는 계산도 직접 해 보며 최저임금 공부도 했지요.

4학년 수준에서는 조금 어려울 수도 있는 내용을 조금씩 이해할 수 있는 만큼 직접 겪으며 배웠지요. 그 과정에서 아이들이 교과서에 있는 지식 너머, 우리가 살아가는 세상을 조금씩 알아 나가길 바랐어요.

참, 좀 부끄러웠던 사건도 있었군요. 경제 수업을 하던 중 하루는

오늘도 학교에 갑니다

운동장으로 나가서 1, 2반 아이들에게 공동 긴줄넘기 미션을 주었어요. 1반 남자, 1반 여자, 2반 남자, 2반 여자 네 모둠으로 나누어 2분 동안 긴줄넘기를 몇 회 하는가 하는 미션이었지요. 각 팀별 도전 활동으로 2분 동안 넘은 총 횟수에 대한 상금을 주는 것으로 규칙을 정했어요. 중간에 걸리더라도 다시 넘어서 넘는 횟수만 세는 걸로 했지요.

먼저 연습할 시간을 주고 끝날 즈음 도전을 하도록 했는데 우리 반 남자 녀석들 모습이 제 눈에 크게 들어왔어요. 몇 번 하다 걸리니 서로를 탓하다 결국 싸우는 모습까지 보이더라고요. 그날따라 어찌나 그런 모습이 또 눈에 확 들어오는지요! 아마도 그 무렵 제 마음 상태가 그리 여유롭지 못한 탓이었겠지요. 화를 삭이지 못한 상태로 활동을 마치고 교실로 들어가 아이들에게 폭풍 잔소리를 쏟아 냈지요. 잔소리를 하다 하다 결국 남자 아이들에게 조건부 축구 금지령까지 내리고 말았어요. 모든 친구가 긴줄넘기를 함께해서 2분 안에 50회를 해 낼 때까지 축구를 하지 않기로요. 축구가 무슨 죄라고 저 스스로 넘어서는 안 될 선을 넘어 버린 거예요. 그날 아이들을 보내고 어찌나 미안하고 부끄럽던지……. 그와 함께 내가 뱉어 놓은 이야기를 뒤로 물릴 것인가 그대로 밀고 갈 것인가 하는 고민이 들더군요. 이게 다 교사란 자리에 선 자의 이상한 자존심 같은 거겠지 하는 데까지 생각이 미치니 부끄러워 견딜 수가 없었어요. 그러고도 다음 날 학교에 가서 이 미션을 준 의미를 제 입장에서만 마구 쏟아 놓고는 대단한 시혜라도 베푸는 양 횟수가 너무 많은 것 같다며 몇 회까지 하는 게 가장 합리적일까 협상을 했지요. 결국 30회로 줄여 주는 걸로 제 알량한 자존심을 지키며 간신히 미안한 마음을 표현했어요.

그날 눈이 오길래 2교시는 운동장에서 놀게 했어요. 그런데 남자 아이들은 줄넘기를 들고 우르르 나가더라고요. 멀리서 조용히 지켜보았어요. 과연 어떤 일이 펼쳐질 것인가 하고 말이죠. 여기서 걸리고 저기서 걸리고 안 되는 것 같더니 한 번 두 번 넘기 시작하더라고요. 박자를 맞추는 구호를 넣기도 하고요. 그 모습이 얼마나 웃기고 또 미안했는지 몰라요. 40분 내내 그렇게 매달리더니 결국 여섯 번까지 성공하고 그 시간을 마쳤답니다. 저렇게까지 하는 녀석들을 외면할 수 없어서 또 체육을 한 시간 잡아서 긴줄넘기를 했지요. 그 시간에도 연습을 하는데 점점 넘는 횟수가 늘더라고요. 5교시를 마칠 즈음 도전해 보겠다더니 결국 마지막 도전에서 서른다섯 번을 넘는 데 성공했어요. 그렇게 축구 금지령은 하루 만에 해제되었답니다.

12월이 되니 교사의 자리에서 이런 부끄러운 모습을 몇 차례 반복하고 있다는 것을 느꼈어요. 그래서 12월 초에는 마음이 좀 힘들었어요. 선생이랍시고 온갖 당위를 끌어와 앞 뒤 없이 '옳음'에만 목을 매고 있진 않은지, 아이들에게 자꾸 불필요한 잔소리만 쏟아 내고 있진 않은지 문득 아이들과 저 자신에게 부끄럽고 미안한 마음이 밀려왔어요. 교사가 너무 힘을 주고 서 있으면 교사라는 자리와 그 자리에서 하게 되는 생각에만 집중하게 되고, 그러다 보면 아이들의 생각과 이야기는 놓치기 마련이니까요. 어느새 한 해의 끝자락, 없는 여유도 끌어 모아야 할 때인 걸 깜빡 잊고 있었나 봐요. 이제야 조금 정신을 차리고 잊었던 여유를 찾고 있는 느낌이에요.

오늘도 학교에 갑니다

이번 주엔 우리를 위해 한 해 동안 애써 주신 분들께 고마운 마음을 표현하는 시간을 가지려고 해요. 오늘 아이들과 함께 담임 선생님을 제외한 모든 교직원을 한 명 한 명 적고 담당을 나눴어요. 어떻게 고마운 마음을 전할까 이야기 끝에 배지를 만들어 달아드리고 편지를 써서 따뜻한 음료와 함께 전해 드리기로 했어요.

참, 이번 주 금요일이 동지예요. 학부모님들이 동지 팥죽을 만들어 아이들과 나눠 먹을 준비를 한다고 해서 그러는 줄 알았는데 없던 일이 됐어요. 올해는 애동지라서 팥죽을 쑤지 않는대요. 그 대신 아이들이 차고 다닐 수 있는 조그만 팥주머니를 만들고 계신대요. 아이들이 주머니에 팥을 세 알씩 담아서 가지고 다니면 병에 걸리지 않는다고 해요. 저 같은 교사들이 놓치는 부분을 이렇게 채워 주시는 학부모님들이 있어 얼마나 든든한지 모르겠어요. 매일매일 어리바리 좌충우돌이지만 좀 부족하면 어떠냐고, 이렇게 서로 그 부족함 채워 줄 수 있는 사람들과 함께 살아가면 되는 일 아니겠냐고 슬그머니 능쳐 봅니다.

온기 한 줌, 여유 한 조각, 건강한 몸
잘 챙겨 사는 겨울이
에리카의 학년 말 되기를

12월 18일
두 손 모아 심슨

선생의 부족함을 채우는 아이들의 힘!

그러니 우리는 어울렁더울렁 함께 지내며

서로서로 배우고 채우면서 사는 게 아닐까요?

에리카

아니, 심슨! 방학을 1월 19일에 한다고요! 와, 새해 지나 방학을 하다니 완전 신기해요. 저희는 12월 28일에 방학을 해요. 실제로는 12월 30일 해보내기 잔치를 마쳐야 방학이지만요.

해보내기 잔치는 1학년부터 12학년까지 다 모여서 한 해 동안 배운 것을 다양한 방식으로 나누는 자리예요. 중등 형님들은 작물마켓이나 차(茶)방을 운영하거나 화덕 요리를 해서 나누려고 한대요. 초등 형님들은 프로젝트 수업에서 배운 것을 체험하는 부스를 운영하고요. 우리 꼬맹이 1~2학년은 성미산에서 해 온 나무를 잘게 잘라 군고구마를 구워 볼까 해요. 돈 벌겠다는 생각보다는 엄마, 아빠 들과 불 피워 맛있게 굽고 도란도란 나눠 먹으며 재미 좀 보겠다는 생각으로 작당한 거죠. 지난 주 성미산에 가서 긴 나무들을 좀 가지고 왔고요, 다음 주에는 군고구마

오늘도 학교에 갑니다

통에 넣기 좋게 쓱싹쓱싹 톱질도 할 거예요.

　제 표현대로 하자면 12월은 '극성수기'인데, 이상하게 올해는 더 분주하고 정신이 없는 느낌이에요. 교사회에서는 학생, 부모, 교사가 모여 이야기 나누는 '열린마루'를 준비하며 진하게 회의를 하고 있고, 이것저것 일상적으로 해야 할 일에 덧붙여 시즌 아이템까지 있으니 그야말로 헉헉대는 시기죠.

　12월 들어서자마자 문집 작업을 위해 아이들 글을 모으고, 아이들 그림 하나 놓친 것 없게 사진 찍고 편집하고, 문집에 넣을 제 글도 밤 꼴딱 새워 썼어요. 평소에 두 장 정도 썼는데 심슨하고 편지를 주고받으니 하고 싶은 말이 자꾸만 많아져서 올해는 무려 네 장이나 썼어요. 그러니 밤을 샐밖에요. 그걸 다 하고 나니 다른 선생님들이 편집한 문집이 도착해요. 이거저거 수정 추가 보완하며 며칠 밤을 보내고 드디어 문집을 인쇄소에 넘기니 또 학기 말 영상에 올라갈 사진 추리는 일이 인사를 해서 용을 쓰며 완성했네요. 이렇게 꽉 찬 한 해가 저물어 가요.

　심슨네 학교의 3층짜리 쉼터 이야기를 들으니 부러운 마음이 솔솔! 아이들이 쉼터에서 또 얼마나 많은 추억을 쌓을지 저도 궁금해져요. 학교라는 공간을 두고 늘 고민하는 심슨을 보며 이런 생각이 들었어요. 사전을 찾아보면 공간(space)은 '비어 있는 곳'이고, 장소(place)는 '어떤 일이 벌어지는 곳'이래요. 둘은 비슷한 것 같지만 들여다보면 다르다는 걸 알 수 있지요. 여름 수영장, 구석구석 페인트 칠, 흙집 지붕, 논 썰매장, 학교 뒷산 숲놀이터까지 아빠들의 애씀은 '비어 있는 곳'을 '어떤 일이 벌어지는 곳'으로 바꾸는 의미 있는 일이죠. 아빠들의 손길이 닿은 곳에 아이들의 마음이 머물고, 새로운 이야기가 쌓이고, 생명들이 꿈틀 대겠지요. 아빠들에게 그 작업은 그런 기회가 되었으리라 생각해요. 학 교라는 공간이 아이들에게 혹은 부모에게, 물론 선생에게도 의미 있는 장소가 되는 것! 아마 우리 모두가 원하는 것이기도 하겠고요.

참, 교장 선생님은 결정되었나요? 어떤 분이 오시기로 하셨나요? 저희도 이번에 교장 선생님이 사의를 표하시면서 교사회에서 많은 이야기를 나누고 있어요. 거의 10여 년을 함께한 분인데 때가 되었다고 생각하셔서 마음을 전하셨고, 교사회와 이사회는 교장 선생님의 뜻을 받아들이기로 했어요. 그리고 교사들은 학교의 어른으로 교장 선생님께 알게 모르게 의존했던 지난 10년을 돌아보는 시간을 갖는 중이에요. 미룬 일은 없는지 살피고, 교장의 역할을 교사들이 나누어 수행하고, 우리에게 필요한 리더십은 어떤 리더십일까 고민하며 교사회의 역량을 강화하는 생각을 나누고 있어요.

그렇게 공과 과는 무엇이고, 어떤 것들을 살려야 할지, 어떤 것들을 새롭게 가꾸어야 할지 이야기를 나누다 한 선생님이 우리는 함께 그리고 있는 꿈이 있냐고 물었어요. 누군가 큰 배를 만들게 하고 싶으면 배 만들 수 있는 도구가 아니라 바다에 대한 동경을 만들어 주라고 했다는데, 과연 우리는 무엇을 동경하고 있는지, 무엇을 하려고 모였는지, 무엇을 꿈꾸고 있는지 교사가 혹은 학생들이 가지고 있는 꿈 같은 걸 나누면 좋겠다는 이야기를 시작으로 교사들은 자신의 꿈을 이야기하고 아이들과 꿈에 대한 이야기를 나누기 시작했어요. 앞으로 어떤 그림을 그릴지 의논하고, 같은 방향을 바라보며 같이 손잡고 뚜벅뚜벅 걷는 꿈을 꾸면서요.

아침열기 시간, 초록반 어린이들에게 학교가 왜 좋은지 질문을 던졌어요. 그러자 나오는 답들! 숲놀이가 좋다, 연극놀이랑 손끝이 좋다, 중정이 있어서 좋다, 친구들이 웃기고 착해서 좋다, 어린이집에서 보던 형들이랑 같이 다녀서 좋다, 책을 많이 읽을 수 있어서 좋다, 엄마를 좋아하는 데 이유가 없는 것처럼 학교도 그냥 좋다고 해요. 좋아서 좋기도 하고, 좋아하니까 좋아지기도 하고, 좋아지니까 자꾸만 더 좋은 학교! 이렇게 학교 오는 걸 좋아하는 아이들이 모인 교실이니 매일매일 재미있는 일이 벌어질 수밖에요. 사실 좋고 나쁜 것은 이미 정해진 어떤 상태가 아니라 찾는 사람에게만 보이는 선물 같은 것, 아이들은 이미 이 엄청난 비밀을 알고 있는 거죠.

아이들 이야기를 들으며 살짝 대견한 마음을 머금고 어떤 사람이 되고 싶은지 생각해 본 적 있냐고 물어보자 아이들은 몇 마디 농담을 건네더니 금세 곰곰 생각에 잠깁니다.

정환이가 가장 먼저 스케치북에 시원하게 썼어요. 가서 보니 "나는 평범한 사람이 되고 싶다"고 썼더라고요. 무슨 뜻인지 물으니 평범하게 지구온난화 안 시키고 남들 괴롭히지 않고 살고 싶대요. 3월과 12월에 뭐가 달라졌나를 생각하던 정환이는 (음악 시간에 친구들과 수다 떨어서 수업 마치고 항상 남아서 애기똥풀과 이야기를 나누었는데) 음악 할 때 안 남았다고 해요. 2학기 되면서 이렇게 살면 안 되겠다는 생각을 하고 수업 시간에 집중했대요. 그러면서 "나부터 잘하면 작은 행동으로 세상도 바꿀 수 있다는 걸 알게 되었다"고 하지 뭐예요. 제가 깜짝 놀란 얼굴로

"정환아, 너 진짜 엄청난 이야기한 거 알아?" 하니 눈이 동그래져요. "그걸 바로 나비효과라고 해. 작은 나비의 날갯짓이 뉴욕에 태풍을 일으킬 수 있다는 뜻인데, 작은 사건이 엄청난 결과를 가져올 수 있다는 말이거든!"이라고 하니 정환이는 설마 내가 그렇게 멋진 말을 한 건가 하는 표정이었어요. 이 간단하고도 위대한 진리를 아무렇지 않게 던지는 여덟 살 어린이. 이 비범하고도 특별한 삶의 진리들을 여덟 살에 간파하다니요. 평범한 사람이 되고 싶다는 아이의 꿈을 곰곰이 생각해 봅니다.

단우는 어떤 사람이 되고 싶냐는 질문에 "지구온난화 안 되게 하고, 다른 사람들 안 괴롭히는 진짜 사람이 되고 싶다"고 합니다. 세상에는 그렇지 않은 사람이 얼마나 많은가요. "사람이면 다 사람이냐, 사람다워야 사람이지!" 이 말이 생각나는 단우의 꿈. 아마 우리 모두의 꿈일 진짜 사람이 되는 길, 사람답게 사는 길, 함께 행복하기 위한 길을 우리가 손잡고 함께 걷고 있으니 얼마나 든든한지요. 이 아이의 꿈도 저를 생각에 잠기게 했어요.

지안이는 스케치북에 천천히 또박또박 친구들이 좋다고 쓰고, 색색의 예쁜 펜으로 고운 옷도 입혀 주었어요. 어떤 사람이 되고 싶냐는 질문에 "마음이 예쁜 사람이 될 거야!"라고 썼습니다. 마음이 예쁘다는 의미를 알고 꿈꾸는 아이지요.

지오는 "착한 사람, 마음 넓은 사람이 되고 싶다"고 썼어요. 서로함께 노래 가사에 "마음 넓은 임지오"가 있는데, 이 말은 사실 진실에 기대를 조금 섞은 거였어요. 그렇지만 역시 애정을 두고 그렇게 가꾸면 더욱 순도 높은 진실이 되지요. 1년이 지나고 보니 하고 싶은 것도 많고,

오늘도 학교에 갑니다

앞서가고 싶고, 잘하고 싶은 마음이 많아 더러는 삐걱대던 아이가 넓고 넓은 '태평양'이 되었어요. 착하고 마음 넓은 사람, 매일의 즐거움과 깨달음 속에서 꿈을 이루어 가고 있는 셈이지요.

저는 뭐라고 썼을까요? "아주 작은 것에 담긴 우주를 발견하는 사람"이라고 썼어요. 소중한 것은 아주 작은 것들 속에 있고, 아주 작은 모습으로 다가오거든요. 그건 볼 줄 아는 자에게 모습을 드러내고, 찾으려 하는 자에게 소리를 내요. 길을 걷거나 등산을 할 때, 우리는 아주 작은 돌에 걸려 넘어질 때가 있어요. 그 누구도 높은 산이나 큰 언덕에 걸려 넘어지지 않아요. 아주 작아 보이는 것들이 실제로 가장 중요한 것일 수 있고, 가장 결정적인 것일 수 있지요. 일상의 작고 소중한 것을 아끼는 마음이 없다면 우리는 많은 것을 잃게 될지도 모를 일이에요. 그래서 저는 늘 이 말을 마음에 품고 아이들과 지냅니다.

"와~ 우주다!"는 요즘 도은이가 밀고 있는 유행어예요. 어느 날 불꺼진 교실에 난로만 켜져 있으니 그 모습이 마치 우주처럼 느껴졌는지 빙그레 웃으면서 "와~ 우주다!"라고 외쳤는데, 그 후로도 친구들에게 같이 우주를 외쳐 달라고 제안해요. 처음에는 아주 작은 목소리로 "와~ 우주다, 시작!" 하더니 이제는 아주 쩌렁쩌렁한 목소리로 외치고 있어요. 친구들은 기꺼이 도은이의 우주를 함께 즐기고, 우주로 가는 엘리베이터를 타자는 도은이의 제안을 즐거운 마음으로 받아요. '아주 작은 것에 담긴 우주를 발견하는 사람'이 되려고 하지만 저도 가끔은 까먹기도 하고 놓치기도 했겠지요. 그럴 때마다 옆에서 도은이가 외칩니다. "와~ 우주다!" 그 덕분에 지금 내가 살아 내는 매일의 일상이 우주이며, 구석구석에 반짝이는 별과 신비로움이 가득하다는 것을 잊지 않을 수 있으니 얼마나 고마운지요.

날이 아무리 추워도 잠바를 입고 장갑을 끼고 찬바람 맞으며 중정에서 시간을 보내는 도은이, 손바닥에 물집이 가득 잡힐 정도로 매일매일 철봉을 하는 도은이, 하루에도 수십 개의 그림을 그리는 도은이, 지독한 성실함으로 하루의 시간을 꽉 채워 만끽하는 도은이. 이 아이가 온몸으로 외치는 신비로운 우주! 그 덕분에 저도 꿈꾸듯 살아온 것 같아요.

한 해 한 해 모여 10년, 10년쯤 되니 새삼 알게 된 것이 있어요. 단감 씨를 조심스럽게 반으로 갈라 보면 하얀 나무가 있지요. 어렸을 땐 숟가락이라고도 했는데, 가만히 보면 나무 같기도 해요. 단감 씨 안에는 이미 감나무가 들어 있어요. 아이들 안에는 이미 충만한 '자신'이 들어 있고요. 마음이 예쁜 사람이 되고 싶은 아이에게는 이미 그 마음이, 마음 넓은 사람이 되고 싶은 사람에게는 이미 그 마음이, 진짜 사람·평범한 사람·귀여운 사람이 되고 싶은 사람도 이미 다 그 마음이 있어요. 물론 그 외에도 무궁무진 많은 것이 들어 있고요. 그러니 조바심 내지 말고 좋은 것들 많이많이 꺼내면서 지금의 나를 사랑하며 일상에서 우주를 발견하며 살도록 으쌰으쌰 해야겠지요. 도은이가 외치는 "와~ 우주다!"에 귀 기울이면서요.

교장 이야기를 하다 꿈나라를 지나 어느새 우주로 왔네요. 우리에게 어떤 리더십이 필요한가에 대한 고민만큼 나는 어떤 마음으로 이 자리에 있는지, 무엇을 꿈꾸는지 들여다보며 그 길을 섬세하게 가는 것도 중요하지 않을까 생각해 봅니다.

오늘도 학교에 갑니다

심슨의 줄넘기 사건이 너무 재미있어서 혼자 빙그레 웃었어요. 부대끼는 일상에서 부끄러운 마음이 들며 힘들어하는 심슨의 얼굴도 겹쳤지만, 그런 선생의 마음은 아랑곳하지 않고 아이들이 가진 특유의 생명력과 집중력으로 심슨 코를 납작하게 만드는 통쾌한 사건! 심슨은 부끄러운 일이라 하셨지만, 아이들은 그 시간을 통해 함께하는 것이 주는 기쁨이며 그 과정에서의 소소한 즐거움들, 기어코 해냈을 때의 짜릿함 같은 것들에 흠뻑 빠졌을 거예요. 그러고 보면 처음부터 나쁜 일, 처음부터 좋은 일은 없는 것 같아요. 나쁜 일이라도 마음먹으면 배울 것이 되고, 나쁜 일도 좋은 일로 바꾸려는 노력이 중요하지 않을까 싶어요. 하여 그 경험도 아마 아이들에게 귀한 시간으로 기억될 것이라 생각해요. 인간은 절대 완벽할 수 없지요. 그것은 선생이라고 해도 예외가 없고요. 선생의 부족함을 채우는 아이들의 힘! 그러니 우리는 어울렁더울렁 함께 지내며 서로서로 배우고 채우면서 사는 게 아닐까요?

어제는 3월에 시작한 숲놀이의 마지막 문 닫는 날이었어요. 1년을 함께한 숲선생님 오이풀과 다람쥐와 피피티와 영상을 준비해 오셨어요. 한 달 전부터 사진을 모으고 작업해서 지난주에 일찌감치 저에게 보내셨지요. 뿐만 아니라 아이들 표정이 생생한 사진도 뽑아 오셨어요. 교실 사방에 둘러 전시하니 사진에 담긴 아이들의 싱싱한 표정과 즐거운 순간이 바로 작품이었어요. 아이들에게 어떤 느낌이었는지 하고 싶은 말 있으면 쓰라고 메모지를 쥐여 주니 이곳저곳 구경하며 댓글 쓰는 재미를 느낍니다. 아이들의 마음이 담긴 메모를 하나하나 읽는데 눈에 띄는 댓글이 하나 있었어요.

"재밌다. 그리고 행복하다."

그 메모 앞에 머무르는 동안 코끝이 찡 마음이 찌릿찌릿 뭔가가 꿈틀대는 느낌이 들지 않겠어요. 아이의 댓글 속 행복이라는 낱말. 행복이라는 말이 저 멀리 보이는 신기루 같지 않고, 지금을 저당 잡히며 바쁘게 달리지 않아도 되는, 멀리 있는 어떤 것도 아니고 잡을 수 없는 것도 아닌, 지금 이 아이들이 삶에서 향유하고 있는 바로 그 감정이라는 사실에 그만 마음이 뜨끈해졌어요. 자신들이 숲에서 보낸 1년을 보며 행복해하는 아이들과 아이들과 함께해서 행복하다는 숲선생님들, 그 둥둥 떠다니는 행복 속에서 행복을 딱 만나게 되는 행복한 순간, 지금 그리고 여기! '이거다! 이거여야 해!' 하는 생각이 들었어요.

오이풀과 다람쥐는 아이들 한 명 한 명 이름을 부르고 꼭 안아 주셨어요. 오이풀은 어제 저녁 5시부터 밤 12시까지 꼭꼭 눌러 접은 예쁜 종이 상자에 사탕도 담아서 선물로 주셨고요. 아이들은 〈우리 마을에 눈이 내리면〉이라는 노래를 다정하게 불러 드리고, 며칠 전부터 그리고 오리고 붙여서 만든 고운 편지도 전했지요. 사탕과 노래가 아니라 사랑과 사랑이 오가는 순간이었어요. 선생님이 손수 접어 만든 편지며 사진들, 애정 어린 눈빛들과 다정한 시간들, 나를 사랑해 주는 사람의 표정들. 아이들의 일생에서 이 순간은 마치 제가 하루 종일 고른 사진처럼 티도 나지 않을 수 있지만, 아마도 잔잔한 기쁨의 순간으로 오랜 시간이 지난 후에 문득 소환되지 않을까 싶어요.

선생님들은 성미산 친구들을 만나서 너무 행복한 한 해였다고 하시며, 선생님들도 많이 성장했다고 고맙다고 하셨어요. 메모 붙이는 것마저

오늘도 학교에 갑니다

즐거운 놀이처럼 하는 아이들과 그렇게 놀 줄 알고 그렇게 놀게 하는 선생님들이 있어서 2년 동안 즐거웠다고요. 덕분에 앞으로 숲 활동을 어떻게 해야 할지 방향성을 찾았다는 고마운 고백까지, 감동의 시간이었어요.

꿈이고 교육이고 다 '지금 그리고 여기'를 잃지 않는 것이 중요하다는 생각을 했어요. 심슨과 편지를 주고받지 않았다면 둥둥 떠다니는 생각에 지나지 않았을 텐데, 편지를 쓰면서 희미한 것들이 조금씩 분명해지는 걸 느껴요. 아이들이 가르쳐 주는 것처럼 삶에서 진짜 중요한 것은 지금 그리고 여기를 충만히 살아 내는 것, 그럴 수 있게 자리를 깔아 주고 기다려 주는 것, 행복이 우리 곁에서 살아 숨 쉴 수 있도록 자리를 내주는 것, 나를 잃지 않는 것, 고마운 마음을 전하는 것……! 그렇게 살아 내고 싶어요.

학기 마무리를 하면 집중해서 통지표를 쓰고, 1월 7일에 덴마크와 독일로 연수를 떠나요. 몇 년 전 『삶을 위한 학교』라는 책을 읽으며 덴마크의 교육과 그룬트비, 콜에 대한 몽글몽글한 생각을 품고 있었는데, 기회가 생겨 덴마크의 학교와 현장을 방문하게 되었어요. '위대한 평민을 기르는 덴마크 자유교육', 단기 방문으로 속살을 들여다볼 수는 없겠지만 저의 생각에 어떤 날개를 달아줄지, 어떤 모양으로 다가올지 기대가 됩니다.

심슨이 방학하는 날, 저는 한국으로 돌아오겠네요. 다음 편지에는 아마 덴마크와 독일의 이야기를 조금은 들려드릴 수 있을지도 모르겠네요. 물론 비행기를 타기 전까지 수많은 밤을 하얗게 불태워야겠지만 즐거운 만남을 기대하며 힘내 보려 합니다.

심슨도 아이들과 행복 쏙쏙 찾아가며 즐거우시길 기도해요.

12월 24일

오늘도 어김없이 밤을 새우는

에리카 드림

'휘게 라이프'의
비밀

추락하는 교권을 걱정하지만 그 걱정만큼

'인권에 대한 감수성과 민감성'을 기르는 일에는

우리 교사들이 좀 게으른 느낌이 들어요.

심슨

에리카, 유럽엔 잘 다녀왔나요? 지금쯤 한국에 도착해서 시차 적응 중이겠군요. 독일과 덴마크에선 어떤 이야기들을 담아 왔을지 기대됩니다. 무슨 이야기든 곁에서 보고 듣는 것처럼 생생하게 들려주는 에리카 덕분에 지난 편지를 받은 뒤로 제 마음까지 덩달아 들떠 있었다는 걸 아실는지요.

죽백은 드디어 방학을 했어요. 드디어라고 하니 방학을 한참 기다린 것처럼 느껴져 민망하네요. 실은 이렇게 뒤늦은 방학은 처음이라 학년 말이 너무 힘들었어요. 지친 와중에 문집 작업도 해야 했고, 통지표를 작성하고, 학년 말 업무들도 처리하고, 또 한 해를 돌아보며 내년을 준비하는 일들로 정신이 하나도 없기도 했고요.

방학을 하고 벌써 사흘이나 흘렀어요. 벌써 우리가 함께 보낸 시간

오늘도 학교에 갑니다

이 그리워지는 녀석이 있나 봐요. 이런 문자를 보냈더라고요.

보고 싶다.
원래 가던 학교도 안 가니까 보고 싶고,
매일 장난치던 남자애들도 보고 싶고,
여자애들은 사랑하니까 좋아하니까 보고 싶다.

저도 오늘 빈 교실에 홀로 앉아 있으니 시끌벅적하게 뛰어놀던 녀석들이 보고 싶더군요. 힘들다, 피곤하다, 쉬고 싶다 해도 역시 아이들과 있을 때 살아 있다고 느끼니 선생일 테지요.

에리카가 연수 가 계시는 동안 전 제주엘 다녀왔어요. 첫날 늦게 도착해 숙소에 짐을 푸니 하루가 저물어, 다음 날 제가 가장 사랑하는 올레 3코스를 하루 종일 걸었어요. 종일 눈이 내렸는데 바람이 없었어요. 수직으로 느리게 내리는 눈, 눈부시게 흰 고요, 눈길에 찍히는 일직선의 발자국들, 거기에 덧붙여지는 더할 나위 없이 딱 적당한 고독. 번잡하고 화려한 세상과 떨어져 홀로 걸은 사람만이 마주하게 되는 것들이 있지요. 제일 먼저 와서 끝까지 함께하는 건 언제나 바로 저 자신이고요. 그래서 전 언제나 걸어서 하는 여행이 좋아요.
국가 폭력이라는 비슷한 역사를 겪었고, 또 겪고 있는 평택에 사는 제게 강정은 늘 마음 한구석을 무겁게 하는 곳이었어요. 그래서 이번엔 꼭 잠깐이라도 들러야겠다는 계획을 세워서 왔는데, 셋째 날 갔어요.

강정으로 들어서는데 문정현 신부님이 길 위에서 미사를 보고 계시더군요. 신부님 표정이 어찌나 평화롭고 해맑아 보이는지, 날도 추운데 날마다 길 위에 서서 평화를 위해 온 삶을 바쳐 싸우시는 모습에 나는 어떻게 살고 있는지 저절로 돌아보게 되더군요.

강정에서 나오니 눈이 너무 많이 와서 무작정 걷기는 좀 힘들다 싶어 제주4·3평화기념관으로 향했어요. 아름다운 제주 구석구석에 스며 있는 아픔의 역사, 평화로운 세상을 열어 가기 위해선 잊지 말고 기억해야 할 또 하나의 역사인 제주4·3 이야기와 마주하니 이후에도 계속 반복되었던 우리네 슬픈 역사가 떠올랐어요. 5·18, 대추리, 쌍차, 밀양 그리고 강정. 우리 아이들에게 국가라는 이름으로 벌어진 야만과 폭력의 역사를 어떻게 마주하게 해야 할까요? 이를 폭력이라 생각하지 못하는 감수성이 다수인 세상에서, 그 세상을 딛고 넘어 우리 아이들과 함께 평화로운 세상을 열어 가려면 어떻게 해야 할까요?

평택은 쌍차에서 일하다 해고된 사람들과 미군 기지 이전으로 쫓겨났던 대추리 사람들이 있는 곳이에요. 외면할 수도 없고 외면해서도 안 되는 현실이 복잡하게 얽혀 있는 문제들과 공존하고 있어요. 처지에 따라 이 문제를 바라보는 시선이 다르니 크게 부딪히는 부분들이 참 많아요. 쌍차의 경우엔 아빠가 해고되었던 아이들도 있고, 회사에 남은 아빠를 둔 아이들도 있으니 교실 안에서 이런 이야기를 꺼내는 게 여간 조심스런 일이 아니에요. 대추리 문제만 봐도 미군 기지가 있어서 먹고사는 사람들이 다수 존재하고요. 게다가 평택은 아산만 방조제를 만들었던 박정희에 대한 향수가 강한 동네이기도 해요.

그럼에도 학교는 함께 살아가는 것을 배우는 공간이니 죽백은 끊임 없이 '함께 살자'라는 메시지를 전하고 있어요. 특히 대추리 평화마을과 평택 평화센터와는 자주 오가고 때론 그곳 이야기를 공부의 재료와 공간으로 삼고 있어요. 평택 평화센터는 대추리 싸움에 이어 평택 지역 일상의 미군 문제를 비롯한 지역의 평화 문제를 다루는 평화운동단체인데, 대추리 주민들이 이주해서 살고 있는 마을에 사무실이 있어요. 저는 2년째 운영위원으로 활동하고 있고요.

아이들은 해마다 대추리에서 마을 어른들의 도움을 받아 체험 활동을 하고, 마을에서 야영 활동을 하기도 해요. 아이들은 뭐니 뭐니 해도 밤에 마을을 한 바퀴 돌며 진행하는 담력 훈련을 참 좋아하지요. 또 대추리에서 해마다 하는 정월대보름 축제, 큰가을 축제 같은 행사에 학부모님들과 아이들이 많이 참여하고 있어요. 작년 12월에는 대추리, 평화센터 10주년 행사에 우리 4학년 아이들이 참여해 악기 연주와 춤 공연을 선보였어요. 이렇게 다양한 모습으로 대추리와 계속 관계를 이어가려고 애쓰고 있어요.

그런데 이렇게 대추리를 매개로 함께 산다는 것에 대해서 이야기하는 것을 모든 분이 다 지지하지는 않아요. 앞서 잠깐 이야기한 것처럼 지역이 이렇다 보니 왜 자꾸 대추리를 들추냐고 하시는 분들도 계시고, 또 이념적으로 편향적이라는 지적을 하시는 분도 계세요. 이런 점 역시 공립학교가 처한 어려움이지요.

그럼에도 학교가 아이들에게 가르쳐야 할 것은 무엇이어야 하는지를 생각해 보면 결국 평화와 공존, 상생의 가치로 되돌아오게 되지요. 아이들에게 끊임없이 우리는 서로 연결되어 있다고 이야기하는 까닭도 이와 같은 맥락이고요. 도시형 마을의 성공 사례로 알려진 성미산 마을도 마냥 평화롭지만은 않을 거라고 막연하게 짐작해 봅니다. 그 안에서 마을학교라는 자리에 어떤 가치와 의미를 쌓아가야 할지 고민이 깊겠지요.

참, 내년에는 6학년 아이들과 생활하기로 했어요. 꼭 함께 한 해를 보내야겠다는 생각이 드는 녀석이 있어서요. 지난 8월에 잠깐 이야기했던 도도라는 아이예요. 학교 폭력 등 문제아 꼬리표를 달고 벌써 여러 학교를 돌고 돌아 결국 작년 6월에 우리 학교로 전학 온 아이요. 녀석에게 학교는 자신을 배제시키고 거부하던 곳이자 문제라는 꼬리표를 달아 주었던 곳이었지요. 그러는 사이에 거부당하고 거절당할 것에 대한 두려움이 녀석에겐 일상이 되어 있었어요. 욕과 폭력이 일상화되어 있고, 느닷없이 화를 내거나 흥분하는 것으로 생존해 왔나 봐요. 그동안 바깥에서 워낙 사건 사고가 많아 부모님도 녀석에게 호의적이지 않아요. 1학기 말 어느 정도 괜찮아졌던 녀석은 방학이 끝나고 2학기가 되니 또 눈빛부터 달라진 모양새였어요. 어쨌든 녀석의 삶 속에서 학교나 어른들 그 누구도 도대체 녀석이 왜 그렇게 행동하는지 녀석의 마음을 살피려 들지 않았고, 삶을 통해 배워야 할 것들이 무엇일지 헤아리려고 하지 않았던 것 같아요.

선생님들이 도도를 위해 수시로 이야기를 나누고 조금 여유로운 모습으로 녀석을 보듬어 안으면서, 녀석은 서서히 달라졌어요. 어느새 녀석에게 학교는 배제당하기 싫은 공간, 다니고 싶은 공간이 된 듯해요.

물론 여전히 규칙과 틀 안에서 좌충우돌하고 있지만 그래도 이제는 외부의 시선과 규칙 들을 어느 정도 의식하고 있어요. 때때로 잘해 보려고 노력하는 모습을 보여 주기도 하고요. 또 외발자전거에 푹 빠져 친구들과 함께 타기도 하고, 친구들과 축구를 하며 갈등 없이 노는 날도 생겼어요. 주말에도 친구들 집에 가서 함께 노는 모습도 보이고 있고, 어떤 학부모님들과는 친근하게 한참씩 대화를 나누고 오기도 해요. 엄청난 변화이지만 여전히 불편한 부분이 적지 않아요. 갑자기 화를 내며 흥분하는 바람에 친구들은 두려움을 느끼고, 그러다 보니 친구들 역시 마음 놓고 옆에 다가가 친하게 지내기 어려운 부분이 있어요. 하지만 도도의 바람은 친한 친구를 만들고 싶은 거예요. 이를 지켜보는 담임 선생님 역시 전체 아이들의 문화를 함께 돌봐야 하는 입장에서 고민이 있을 수밖에 없고요.

전 담임은 아니었지만 도도를 바라보며 참 마음이 많이 쓰였어요. 2017학년도를 마무리하고 2018학년도를 준비하면서 녀석의 곁에서 함께 마음을 나누며 살아가면 좋겠다는 생각이 들었어요. 그래서 선생님들과 둘러앉아 새로운 학년을 정할 때 녀석이 속해 있는 6학년 한 반을 맡고 싶다고 이야기해 버렸어요.

물론 마음속에는 잘할 수 있을까 하는 두려움이 없진 않았지만 어쩐지 녀석이 운명처럼 제 마음 속으로 들어왔어요. 함께 보낼 한 해 동안 여러 일을 겪겠지만, 그 시간이 여전히 모자람투성이인 저를 성장시키는 아름다운 시간이 될 수 있을 거라고 믿어요. 평범한 초등학교 교사로 살아가고 있지만, 6학년이 된 도도에겐 따뜻하고 위로가 될 수 있는 시간, 용기를 줄 수 있는 시간을 만들어 주고 싶어요. 온 마음 다해 잘 지낼 거예요.

　얼마 전 뉴스로 보도되었던 한 젊은 선생님 이야기를 보셨을지 모르겠네요. 신분제를 학급살이 한복판에 놓았던 선생님이요. 교실 벽면에 신분칸을 만들어 놓고 규칙을 지키고 어김에 따라 오르락내리락하며 신분을 바꿔 가며 생활한 모양이에요. 이게 여러 차례 신문에 오르내릴 만큼 논란이 된 모양이고요. 이 논란을 마주하며 많은 교사들이 해당 선생님이 문제시되는 모습을 참으로 안타까워하더군요. 교권이 침해당했다고 생각하는 분들도 있는 듯해요. 사실 이와 비슷한 형태의 활동은 전국 곳곳의 교실에서 별 문제의식 없이 이루어지고 있으니까요. 한때는 아이들이 책을 읽는 상황을 원숭이에서 시작해서 사람으로 진화하는 과정으로 표시해 주는 독서 진화판이 유행한 적도 있었어요. 신분제와 비슷한 맥락을 가지고 있는 관리 기제라고 할 수 있죠. 왜 그 활동을 해야 하는지, 그 활동이 사람과 사람이 함께 살아가는 일에 문제가 되는 것은 아닌지에 대한 성찰이 좀 아쉽다는 생각이 들었어요.

　이 문제가 그 선생님만의 책임이겠는가 하는 생각도 들어요. 다양한 아이디어가 인터넷과 연수로 공유되고 있는 세상이다 보니 좋아 보이고 재미있어 보이는, 또 효율적으로 보이는 것을 아이들과 살아가는 이야기 속에 별다른 고민 없이 꺼내 놓는 경우가 많이 보여요. 특히 공립학교는 더할 수밖에 없겠고요. 요새 많이 팔리는 책을 보면 주로 방법과 기법에 관한 내용이 많은 것도 비슷한 현상이라고 생각해요. 교사로 살아가는 데 지금 당장 필요한 것들은 얼른 수용하지만 이것을 왜 하려고 하는지에 대한 물음이 빠진 경우가 많은 거죠. 게다가 추락하는 교권을 걱정하지만 그 걱정만큼 인권에 대한 감수성과 민감성을 기르는 일에는 우리 교사들이 좀 게으른 느낌이 들어요.

교대 교육과정을 봐도 그렇죠. 인권이나 평화, 민주주의에 대한 공부를 제대로 할 수 있는 기회는 거의 없으니까요. 물론 교사가 된 뒤에도 스스로 큰 관심을 가지지 않으면 마찬가지일 듯하고요. 각 학교에서도 해마다 몇 시간 이상씩 인권 교육을 실시하고 있지만 대부분 형식적으로 운영되고 있는 게 현실이지요. 그 젊은 선생님에게 인권에 대한 감수성과 민감성이 어느 정도 있었다면, 저런 방식의 학급 운영은 하지 않았을 거예요. 저는 이 논란 아래에 깔려 있는 우리 안의 결핍들이 좀 안타까워요. 저도 잘하지 못하는 주제에 말이 참 많았네요. 우선 저부터 일상을 잘 성찰하며 살아가야겠어요.

언제 제주 이야기에서 여기까지 온 걸까요? 언제나 꼬리에 꼬리를 물고 이야기가 어디로 튈지 종잡을 수 없어 민망합니다.

에리카, 개학은 하셨나요? 아니면 새 학년을 시작할 때까지는 쉬시나요? 저희는 졸업식과 종업식까지 마치고 방학을 했으니 새 학년을 시작할 때까지는 쉬어 가다 2월 말부터 새 학년 준비를 하게 된답니다.

저는 이 편지를 보내고 다시 배낭을 메고 라오스로 떠날 생각이에요. 비행기 표만 끊은 상태인데 어떤 시간들을 마주하게 될지 두근두근합니다. 아울러 에리카에게 듣게 될 유럽 이야기도 두근두근 기대하고 있습니다.

참, 오늘 저희 학교 교장 선생님 발령이 났어요. 구성원들 모두 바라던 대로 내부형 교장으로 일하시던 교장 선생님이 4년 더 교장으로 함께 생활하게 되었어요. 마음 놓고 훌쩍 떠날 수 있게 되었다는 소식, 끝으로 전해요.

유난스레 추운 나날이 이어지고 있지요.

에리카 일상에 따스한 기운들 가득하기를 두 손 모아 빕니다.

2월에 만나요.

1월 30일

심슨

오늘도 학교에 갑니다

우리도 덴마크처럼 대안교육도 교육의 한줄기로,

자유로운 선택지의 하나로 자리 잡아야 하지 않을까,

그러려면 어떤 계단이 필요할까 생각했어요.

에리카

심슨!

교장 선생님께서 4년 더 같이할 수 있게 되었다는 기쁜 소식, 반가운 소식에 축하를 전해요. 즐거운 상상을 함께 만들어 갈 벗이 있다는 것은 살아갈 힘이 되기도 하지요. 기쁜 마음 안고 훌쩍 떠난 라오스 여행은 어떠신가요? 길에서 만난 인연들과 즐거운 시간 보내고 계시겠지요. 아마 출신 성분(?) 못 속이고 아이들 눈여겨보며 슬그머니 웃음도 지으실 테고요.

심슨이 내년, 아니 올해 6학년을 맡기로 했단 이야기를 들으면서 저도 모르게 쿡 웃었어요. 아주 작은 물방울과 풀잎이 흔들리는 소리, 여치가 우는 소리처럼 멀리서 보면 사소한 것들이 그 세계에서는 아주 큰 파동을 일으키듯, 인생에서도 얼핏 사소해 보이는 것이 우리의 선택과 운명을 바꾸어 놓곤 하지요. 삶의 이정표마다 마음을 톡 건드리며 손 흔드는 그런 신호들이요. 저 역시 심슨처럼 '맑은 눈빛' 하나에 그만 마음이 일렁거려 겁 없는 선택을 하고, 행복과 괴로움 사이에서 롤러코스터를 타고, 갑각류 허물 벗듯 가장 약할 때 눈부신 성장의 순간을 만났지요. 선택하지 않아도 휘청거릴 만큼 넘치게 주는 것이 인생인데, 가슴 설레는 선택 후에 오는 것도 귀한 보물이지요. 앞으로 어떤 시간이 펼쳐질지 다 상상할 수는 없지만, 도도의 반짝이는 순간들과 도도를 통해 만나는 새로운 세상에서 온 마음 다해 지낼 심슨을 응원합니다.

방학도 깊어 바야흐로 2월, 연수 다녀온 지 벌써 2주가 넘었어요. 덴마크 교육 이야기를 읽으면서 두근두근 '이거야!' 하며 전율을 느끼고 고대했었는데, 드디어 그룬트비를 만나러 갔으니 저에게는 꽤 역사적인 시간이었어요.

기억을 더듬어 보니 그룬트비, 덴마크와의 만남은 4년 전으로 거슬러 올라가요. 후배 선생님들과 스터디를 하자며 의기투합해 모였는데, 그 당시 우연히 만난 책 『삶을 위한 학교』를 같이 읽자 제안했고, 읽는 내내 흥미진진 두근두근 즐거웠어요. 그리고 그 즐거운 기억을 짧게 메모해 두기도 했었어요.

덴마크라는 나라

『삶을 위한 학교』, 시미즈 미츠루 지음, 김경인 · 김형수 옮김, 녹색평론사, 2014

근대로 이행하는 시기를 맞이하는 방법

근대로 이행하는 시기를 어떻게 맞았느냐는 그 나라 민중의 현재적 운명을 결정적으로 좌우한다(『오늘의 교육』, 이계삼)는 것은 덴마크를 보면 알 수 있다. 우리나라? 면면이 꼿꼿하게 지켜오던 것, 일본에 의해 근대 세계로 강제 편입당했고, 어마어마한 수탈과 살육을 겪으며 뭐하고 사는지도 모르게 100년을 보냈다. 식민지, 전쟁, 분단, 경제 성장에 대한 강박……. 그렇게 근근이 살아오며 만신창이가 된 우리나라와 달리 덴마크는 '에너지를 풍족하게 쓰는 것은 무슨 의미가 있는가'라는 주제로 토론까지 하며 수준 높은 사회적 합의 과정을 거쳤다고. 뭐 이런 나라가 다 있지? 가 보고 싶다!

애프터스콜레 / 폴케호이스콜레 / 폴케오프뤼스닝 – 삶을 위한 학교

생산과 생활, 기술이 전부 하나가 되는 일종의 코뮌(commune, 공동체) 같은 학교의 형태: 학생과 교사가 같이 생활하면서 대등하게 배우고, 강의보다는 대화와 실천이 우선시되며, 삶의 불가사의와 신비를 배우면서 자립정신을 체득하는 폴케호이스콜레의 전통은 새삼스레 코뮌 같은 말 안 붙여도 초창기 정신부터 그 자체가 대안적인 사회를 지향하는 것이다.

이 학교의 역사랄까? 덴마크의 역사랄까? 뭐 다 연결되는 거지만, 그중에서 좀 재미있는 것은 풍차 제작 프로젝트. 비전문가들이 함께 연구해서 자신들이 갖고 있는 기술을 응용하고 중고 부품을 이용해서 제작했다는 풍차들……. '정부가 60만 킬로와트 원전 1기를 만들면 우린 풍차 3만 대를 만들어서 민중의 힘을 보여 주겠다!'는 정신으로 출발, 10만 명이 참여한 운동이라니. 트빈스쿨에서 진행한 이 프로젝트가 덴마크 사회에서 받아들여지고, 그것이 1985년 원전 건설을 인가하지 않겠다는 선언까지 이어지는 걸 보면 폴케호이스콜레가 어떤 맥락으로 덴마크인들과 호흡하는지 그들의 정신적 바탕이 뭔지 짐작할 수 있다. 돈 없으면 먹지도 쓰지도 말라는 이 자본주의 사회에 똥침을 날리는 되게 가슴 떨리는 일!

폴케오프뤼스닝: 사람들이 대화와 상호작용을 통해서 공동성, 역사성을 깨우치고, 인간 삶의 불가사의와 존엄을 알며, 모두 함께 힘을 모아 살아가는 삶을 각성하며 자각한다? 이것은 삶의 어떤 영역이나 조직에서도 가능한 일이지만, 무엇보다 '민중의 사회적 자각'이라는 점에서 밑줄 쫙. 다 전문가가 되고 싶어 하고, 군림하고 싶어 하고, 일등 먹고 싶은 이때에 민중의 사회적 자각을 말하며 모두 각자의 자리에서 삶을 제 방식대로 꾸려 나갈 것을 제안하는 자와 그것을 받아들이고 실제 삶에서 구현하는 사회. 이쯤 되니 뭐 그룬트비가 도대체 누군지, 그것을 발전시킨 콜은 도대체 누군지 궁금하지 아니할쏘냐? 아~ 덴마크는 우유, 치즈만 유명한 줄 알았더니……. 그건 새발의 피였어. 나의 무지에 경의를 표하며 쓸데없는 말이 반 페이지는 되겠다 싶으니 슬금슬금 부끄러움이 밀려오네. 그래도 나는 여전히 덴마크가 궁금하고, 그룬트비가 궁금하고, 덴마크에 가 보고 싶다. 갈 수 있을까? (2014. 12. 15)

좀 유치한가요? 우리나라의 역사적 배경에 대한 아픔, 우리나라와 달리 여유 있는 일상을 중심으로 풍요를 가꾼 덴마크에 대한 부러움 같은 것들이 그 당시 저의 생각이었어요. 물론 이 생각은 이번 연수를 통해 드라마틱한 변화를 맞았어요. 아주 어려운 배경과 역사에도 아랑곳하지 않고 가꾼 우리의 일상이 더 소중하게 다가왔다고나 할까요? 이 이야기를 시작하자면 덴마크의 교육 체계부터 들여다봐야 할 것 같아요.

덴마크 교육을 간단히 살펴보면 폴케스콜레(Folkeskole), 프리스콜레(Frieskole), 애프터스콜레(Efterskole), 폴케호이스콜레(Folkehoejskole), 자유교원대학(Den Frie laererskole)으로 구성되어 있어요. 폴케스콜레는 초등학교와 전기 중등학교, 그러니까 초등부터 고등 1학년에 해당하는 학년이에요. 후기 중등학교는 김나지움, 직업 교육, 개인 프로그램 가운데 선택할 수 있어요. 무엇보다 덴마크 교육의 특별한 점이라면 폴케스콜레와 프리스콜레가 함께 인정된다는 거예요. 공립기초학교에 해당하는 대안학교인 프리스콜레(대략 30퍼센트)도 정부의 지원을 받고 자유로운 선택지 중 하나로 인식되고 있다는 것이지요. 애프터스콜레는 우리 중2~고1에 해당하는 기숙학교고요. 일종의 갭이어(Gap year) 아이들이 진로나 진학을 선택하는 데 있어 전문적인 과정을 필요로 하거나 고민의 시간이 필요할 때 선택할 수 있는 과정이에요. 1년 과정 후 본인이 원하는 교육과정의 학년으로 진학할 수 있고요. 평민대학, 즉 폴케호이스콜레는 민주시민 양성을 위한 단기 기숙학교로 고등부터 성인까지 연령 제한이 없고, 자유교원대학은 이름 그대로 자유학교 교사를 양성하기 위한 사범대학이에요. 이번 연수에서는 폴케호이스콜레(평민대학)를 제외하고 폴케스콜레, 프리스콜레, 애프터스콜레, 자유교원대학을 두루가 볼 수 있었어요.

학교에 갈 때마다 인상적이었던 것은 학교의 철학, 그러니까 그룬트비로부터 시작되고 콜로 이어진 덴마크 교육의 정신을 빼놓지 않고 설명한다는 거였어요. 교육은 삶을 계몽해야 하고, 전인적인 성장을 목표로 살아 있는 언어로, 역사적이고 시적으로 생생한 상호작용을 통해 삶을 이해하고 생동감 있게 만들어야 하는 것! 그룬트비를 빼놓지 않고 설명하고, 그 정신이 다양한 방식으로 구현되는 것을 기쁘게 나누는 모습이 좋았어요. 교육의 목표나 정신이 단지 말이나 구호가 아니라 실제 삶에서 구현되어 보고 느낄 수 있는 그 무엇이 되고 있다는 느낌이었어요.

자연스럽게 우리 교육을 생각했어요. 서구의 것, 외국의 것을 무조건 좋다고 받아들이는 것은 당연히 지양하지만, 음…… 뭐랄까? 우리나라 교육에 중요한 것이 빠져 있는 건 아닐까 하는 허전함이요. 어쩌면 덴마크의 교사들도 같은 고민을 할 수 있겠지만 교육부에서 말하는 교육의 목표, 학교의 교육 목표 그런 것들이 실제로 이루어지고 있을까 하는 물음과 함께요. '소중한, 건강한, 풍부한 경험, 문제 해결, 상상력, 자연, 아름다움과 행복, 협동, 배려…….' 초등교육 과정의 목표에 나오는 낱말들. 그 자체로 얼마나 아름다운 낱말들인가요. 그런데 이야기를 듣는 내내 이런 낱말이 그저 공허한 말로 끝나는 것은 아닐까, 너무 먼 미래의 것을 상정하기보다는 현재 우리의 삶에서 확인할 수 있으려면 무엇이 필요할까 하는 생각을 오래했어요.

또 한 가지 재미있었던 것은 모든 공간에서 똑같이 'Togetherness'(함께하기, 단란함, 연대 등등 많은 낱말로 번역되었어요)를 말하고 있다는 점! 사실 이건 작년에 한국에서 주목받았던 '휘게(hygge)'와 관련이 있기도 한 것 같은데요, 휘게는 '편안하고 아늑한 상태를 추구'하는 덴마크식 생활양식을 말한다고 해요. 세계에서 가장 행복한 나라라고 하는 덴마크(실상을 들여다보면 다를 수도 있겠지만)의 행복 지수가 높은 이유를 마이크 비킹은 덴마크인들의 '휘게 라이프'에서 찾았대요. 덴마크인들은 가족과 저녁 식사 후 휴식을 취하며 편안함을 느낄 때, 아늑한 공간에서 사랑하는 사람과 시간을 보낼 때, 양초를 켜고 맛있는 음식을 먹으며 대화가 오갈 때 느끼는 행복감 등을 휘게라고 표현하고 "휘겔리한 시간 보내세요", "만나서 진심으로 휘게합니다", "정말 휘겔리한 거실이군요"와 같이 '휘게'와 '휘겔리'라는 말을 입버릇처럼 사용한다고 해요. 그러니 그들의 문화에서는 애정하는 이들과 함께 단란하고 따뜻한 시간을 보내는 것이 중요하다는 공감대가 형성되어 있고, 그런 것들이 생활과 교육에서 자연스러운 방식으로 드러나는 것이지요. 하여 교육에서도 함께하는 것을 강조하고, 함께 지내는 것이 주는 즐거움을 느낄 수 있도록 디자인하는 모습이었어요. 물론 단면만 본 거라 한계는 있겠지만 경쟁하고, 남을 밟아야 내가 설 자리가 생기고, 정신없이 결승선을 향해 달려가는 우리나라 아이들의 모습과 겹쳐져서 조금 쓸쓸해지기도 했어요.

사실 덴마크 학교들을 둘러보면서 아이들은 물론 교육과정, 공간의 모습, 혹은 지향이 놀랍도록 우리 학교(많은 대안학교)와 닮았다는 생각을 했어요. 보면 볼수록 한국의 학교들, 무엇보다 성미산학교가 자꾸만 떠올랐어요. 교육의 바탕, 내가 생각한 딱 그것이 지구 반대편 덴마크에서도 이루어지고 있고 성미산학교에서도 고군분투하며 잘 만들어 보려고 하고 있다는 생각에 다다르자 마음이 좀 찡하기도 했어요. 그리고 우리도 덴마크처럼 대안교육도 교육의 한 줄기로, 자유로운 선택지의 하나로 자리 잡아야 하지 않을까, 그러려면 어떤 계단이 필요할까 생각했어요. 순간순간 아쉬움과 자랑의 마음(자부심)이 교차하는 학교 방문의 시간 동안 더 확실해진 건 좋은 교육의 가치를 많은 사람과 공유할 수 있는 공통의 언어, 살아 있는 언어를 가져야겠다는 생각이었답니다.

독일에서는 '지속 가능한 발전을 위한 교육(BNE)'을 고민하며 세계 정의, 환경 지속성, 미래 지속 가능한 경제 발전이라는 세 가지 목표를 가지고 'BLK21'이라는 프로젝트를 진행한 이야기를 들었어요. 독일은 '미래세대의 필요 충족 능력을 저해하지 않으면서 현재 세대의 필요를 충족시키는 발전 방안'이 무엇인지 고민하고, 이에 대한 통찰력과 실천력을 가진 아이들을 키우는 교육에 초점을 두고 있다고 해요. 아침 식사를 받아들고 고기며 커피, 오렌지 주스, 생선 등에 얽힌 이야기들, 즉 이 음식이 내 식탁에 오르기까지의 과정에 대해 질문하고, 생산환경(노동조건)은 어떤지, 노동자들이 공정한 임금을 받고 일한 결과물인지, 우리가 열심히 소비한 결과가 무엇인지 정확하게 알고 '지속 가능한 삶'을 만들어갈 수 있도록 하는 데 초점을 두고 있다는 거죠. 다른 (특히 공립학교) 선생님들은 독일 이야기를 듣고 유레카를 외치며 이런 교육이 미래교육이라며 감탄에 감동을 하시는데, 사실 저는 속으로 '훗! 이거 다 우리 학교에서 하고 있는 건데'라는 생각을 하며 좀 으쓱했더랬어요.

성미산학교는 지구 온난화, 기후 변화, 그리고 요즘 많이 회자되는

4차 산업까지 앞으로 인류가 겪을 많은 변화를 미리 짐작해 보고, 삶의 큰 변화에 능동적으로 대처하는 방식을 고민하고 실천하는 교육을 중요하게 여기고 있거든요. 그래서 '전환 프로젝트'를 진행하며 에너지, 기후 문제를 고민하고 먹거리, 농사, 전기 등 다양한 경험으로 해결책을 찾아가고 있어요. 이런 문제의식을 가지고 신념이 선명하게 드러나는 '좋은 일(good work)'에 대한 상상을 하는 것까지 함께 고민하고 실험해 보고 있고요.

물론 이것은 현실을 외면해서는 이루어질 수 없지요. 심슨의 학교에서 쌍차, 대추리에 대한 이야기를 나름의 방식대로 풀어가는 것도 그 맥락일 테고요. 성미산학교에서도 그런 맥락에서 다양한 활동을 아이들과 함께해 왔어요. 후쿠시마 핵발전소가 폭발하자 중등에서는 탈핵을 외치며 도보여행을 다녀왔어요. '핵핵거리지마' 깃발을 들고, 우리의 한 걸음 걸음이 탈핵을 위한 시작이 되기를 소망하며 용문에서 삼척까지 걸었던 것이 제가 참여한 첫 번째 도보여행이었어요. 매일 수십 킬로미터씩 걸으면서 차를 타면 금방 왔을 길을 가만히 들여다보게 되었고, 기계의 속도와 인간의 속도가 가진 차이를 새롭게 보게 되었죠. 우리의 길이, 우리의 삶이 얼마나 인간적이지 않은 모습으로 디자인되었는지 실감하면서요. 그 후로도 2년에 한 번씩 중등은 탈핵 도보여행을 떠나요. 아이들은 서로서로 챙기고 힘주며, 매일의 일상을 돌아보며 걷는 그 시간을 고통스럽지만 알찬 배움의 시간으로 만들고 있어요.

그런 맥락에서 작년에는 후쿠시마 6주기에 맞춰 초중등이 함께 탈핵을 위한 나비 행진에 참여했어요. 초등 친구들, 중등 형님들, 교사들,

부모님들, 동네 풍물패까지 행진에 참여해 탈핵을 염원했어요. 사실 밀양은 성미산학교와 오래 관계 맺어온 곳이에요. 중등 형님들이 지금도 가을이면 감을 따러 밀양에 가서 열흘씩 머물다 와요. 밀양 송전탑 싸움 당시에는 움막 짓는 것에 함께하며 벽돌을 지고 나르기도 했고, 동네에서 어르신들의 일을 도우며 응원했어요. 오랜 싸움에 어르신들은 많이 지치셨고 더러는 입장을 바꾸는 경우도 있었지만, 매년 가을 중등 친구들이 방문해서 어르신들과 함께 먹고 자고 감 따고 일하며 응원과 격려를 주고받아요. 이렇게 응원하는 중등 친구들을 보며 어르신들은 또 힘을 내고요.

심슨이 이야기한 것처럼 우리는 서로가 연결되어 있음을, 나의 문제가 너의 문제이고 우리가 함께해야 할 것임을, '평화·공존·상생'의 감각을 가르치고 함께 연결된 우리가 함께 잘 살아가는 방식이 뭔지 함께 고민하자 말하는 교육. 그것은 결코 뒤처지는 것이 아니라 미래를 준비하는 교육이자 미래를 담은 교육이며 미래 그 자체가 아닐까 생각해 봅니다.

버스를 타고 이동하면서 다른 선생님의 이야기를 듣는 것도 설레는 시간이었는데요, 다양한 교육 현장에 있는 분들의 다채로운 이야기를 들으면서 교육 철학을 자신의 언어로 표현하고 삶과 교육으로 담아내려고 애쓰는 많은 분의 존재를 새삼 실감했어요. 많은 분이 각자의 자리에서 고군분투하고 있다는 걸 느낄 수 있었어요. 그래서 이 길이 조금 덜 외롭다는 생각도 슬쩍 해 보고요.

리뷰를 하면서 선생님들도 대체로 교육 현장 방문도 좋았지만 다른 선생님들 이야기 듣는 게 좋았다, 우리가 외국까지 와서 확인한 것은 우

오늘도 학교에 갑니다

리나라에서 잘하고 있는 현장이 많고 서로 배울 수 있는 거였다는 걸 새삼 느꼈다, 돌아가면 서로 학교를 오가면서 함께 연구하고 방향을 세워 가면 좋겠다고들 하셨어요. 멀리 지구를 돌고 돌아 다다른 결론이 우리가 나아가고자 하는 방향이 세계를 선도하는 교육과 맥을 같이하고 있고 함께하는 벗이 많다는 깨달음이니, 역시 여행은 돌아오기 위해 하는 것인가 봐요.

그룬트비의 정신이 교육 현장에서 다른 모습으로 꽃피고 있는 것, 우리와 같은 고민을 하며 '지속 가능한 발전을 위한 교육'을 설계하고 그런 고민을 함께하는 아이들을 길러 내려는 노력을 하는 독일을 보며 감동했고, 흐뭇하기도 했어요. 그 가운데 저는 당연하게도 줄곧 '나와 우리'를 떠올렸고요. 여러 생각과 함께 2주간의 기행을 마치고 나니 저에게는 '지금 그리고 여기'라는 낱말이 남았어요.

성미산학교가 지향하는 것들, 놀이-살림-전환을 중심으로 교육과정을 구성하고 삶에 대한 실제적인 고민을 다루고 해결하며 상상력을 펼치는 우리의 일상에 대한 확신이 조금 더 단단해졌어요. 그리고 큰 그림만으로는 충분하지 않고 그 그림 하나하나의 구성을 지금, 여기서 섬세하게 채워 나가는 것이 우리의 숙제겠구나 하는 생각과 함께요.

덴마크, 독일 기행이 저에게 던진 '지금, 여기에서 무엇을 할 것인가'에 대한 물음에 답하는 것이 앞으로 저의 학교 생활이 되지 않을까 생각해 봅니다.

연수에서 얻은 깨달음들을 쭉 나열하고 보니, 그래도 선생을 하며 특별히 중등과 초등을 두루 경험하면서 갖게 된 가장 소중한 배움으로 생각이 이어집니다. 초등 5년, 중등 5년, 포스트중등 2년 이렇게 모두 12년인 성미산학교의 교육과정으로 치면 저도 12학년이 된 셈이더라고요. 12학년은 성미산학교에서의 배움을 자기 나름의 방식으로 정리하며 졸업하는데, 저는 그동안 무엇을 배웠을까 곰곰이 생각을 해 보니 '여유와 믿음'이 가장 먼저 떠올랐어요.

처음에는 마치 현미경으로 들여다보듯 자세히 보는 것에 집중했던 것 같아요. 아이들 행동 하나하나가 크게 느껴지고, 그것을 해결할 수 있는 방법은 뭘까 고민하고, 어렵다 생각이 들면 좌절하기도 하고요. 면담을 하면서 부모님과 아이가 가진 어려움에 대해서 이야기하며 마치 그것을 해결하지 않으면 큰일이라도 나는 듯 심각했던 기억도 나요.

당시에는 중요하고 어려운 문제였다는 데 반기를 들 생각은 없지만, 저도 어엿한 12학년이 되고 보니 사람이 가진 어려움들은 그 색깔 그대로 선연히 빛나기도 하지만 시간이 지나며 연해지기도 하고 빛이 바래기도 한다는 것을 깨달았어요. 주변도, 그이도, 나름의 방식대로 소화하고 성장한다는 것을 새삼 느끼게 되었고요. 아이들을 보는 눈에 여유가 생긴 거지요. 말하자면 문제를 조금 작게 보게 되었다는 건데, '작다'라는 것은 어려움이 아니라거나 사소하다는 것이 아니라 사람의 긴 인생에서 보면 '결정적'이지 않다는 거예요.

결국 지금 보이는 문제를 잘 해석할 수 있는 필터(안경)를 같이 만들며 아이들이 가진 회복탄력성(resilience)을 믿고 지지해 주는 것이 훨씬 중요하다는 것을 알게 되었어요.

아이들에게는(사람에게는) 삶을 자기 방식으로 바꿔 나가는 힘, 받아들일 수 있는 힘, 잘 자라려는 힘이 있다는 확신에 가까운 믿음이요. 이야기를 하다 보니 성미산학교의 교사로 산 12년 동안 잘 배우고, 무럭무럭 잘 큰 것 같아 대견한 마음이 드네요. 하하!

저는 올해 2학년이 되는 아이들과 함께 지내게 되었어요. 성미산학교는 예외적인 경우를 제외하면 대체로 1~2학년을 한 담임이 맡아서 가요. 1~2학년은 아이들의 인생에서 가장 극적인 변화가 일어나고 성장이 눈으로 보이는 시기라 한 명의 교사가 함께 지내며 일관된 눈으로 지켜보고 지원할 수 있도록 하기 위해서요. 저도 몇 년 해 보면서 1년은 아쉽다는 생각을 했는데, 2년을 함께 지내 보니 처음 1년은 서로 알아가고 맞춰 가는 단계, 다음 1년은 실제로 서로의 잠재력을 발휘하며 환상의 그림을 그리는 시기가 되더라고요. 2년째가 되니 이것저것 해 보고 싶은 일이나 할 수 있는 것이 많아지고, 그렇게 1년을 즐겁게 지내다 이만하면 되었다 싶을 때 아이들은 3학년이 되어요.

이번에는 1학년 친구들의 수가 적어서 제가 2학년을 중심으로 하겠지만, 1~2학년이 함께하는 일이 더 많아질 것 같아요. 지난겨울에 보일러가 고장 나 예기치 않게 몇 주 동안 1~2학년이 한 교실에서 지냈는데, 올해는 조금 더 적극적으로 해 보려고 해요. 초등 저학년은 교실에 (잘 지원해 주는) 어른이 많을수록(물론 너무 많으면 안 되겠지만요) 수업의 질이 높아져요. 같은 학년보다 다양한 학년이 있는 게 서로 잘 배우는 데 보다 효과적이라는 것도 경험을 통해 알고 있는데, 이것을 아이들과 지내며 즐겁게 풀어낼 수 있을 것 같아 조금 설레기도 합니다.

분명 새해인데, 어쩐지 우리의 새해는 3월에 시작되는 느낌이죠?

설레는 마음으로 겨울 잘 보내고 다가올 우리의 봄을 격하게 환영하며 새로운 한 해를 시작해 보아요.

2월 7일 수요일
역시 아침이 밝아오는 시간
에리카 드림

오늘도 학교에 갑니다

함께 가는
길

아프고 안타깝고 답답한 일들이 계속 이어지겠지만 이 모든 것들과 치열하게 만나 볼 생각입니다. 언젠가 에리카가 들려준 갑각류의 성장을 되새기면서요. 가장 약해져 있을 때 성장한다던.

심슨

에리카!

주말 사이 열어 놓은 창 사이로 스며드는 봄볕이며 일렁이는 바람이 제법 따스해요. 절로 평화로워지는 주말입니다. 에리카가 보내 준 편지를 읽다가 시작부터 그만 피식, 또 한번 들켜 버렸네요. 여행길에 출신성분 못 속이고 제가 했던 짓을 어떻게 그리 정확히 알아채셨는지. 정말 소오름이! 하하.

학교며 아이들을 만날 때마다 눈길이 자연스레 가는 걸 어쩌겠어요.

에리카의 덴마크 이야기들을 듣고 나니 제게도 몇 해 전 기억들이 다시 소환되었어요. 2015년 1월에 독일, 프랑스, 덴마크, 핀란드, 스웨덴에 있는 학교들을 몇 군데 돌아보고 왔었거든요. 다녀와서 제가 적어 놓은 글에는 '도대체 누구를 위한 교육인가?' 하는 물음표가 커다랗게 찍

오늘도 학교에 갑니다

혀 있어요. 우리 교육을 향한 물음이지요. 의무교육이라는 이름을 달고 똑같은 속도로 똑같은 형태의 교육만을 강요하는 대한민국에 사는 아이들이 안타깝다는 생각도 들었어요. 한편으로 다양한 속도와 형태의 교육이 인정되는 나라에 살고 있는 그들이 참 부럽다는 생각이 들었고요. 교육이 국가와 민족, 기업의 입장에서 이야기되는 것이 아니라 한 명 한 명 아이들 편에서 이야기된다면 좋겠어요.

교육을 바라보는 시선과 시스템이 부러운 건 어쩔 수 없는 일!

그럼에도 불구하고 '지금 여기에서 나는 무엇을 할 것인가' 하는 고민을 많이 하고 있어요. 공립학교 교사로 내가 발 딛고 선 학교에서 희망을 일궈 가는 일을 게을리하지 말아야겠다는 생각을 하면서도, 학교를 넘어서 지역을 함께 고민하고 지역과 연대하는 일 역시 중요하다는 생각이 들기도 해요. 또, 꽉 막힌 학교의 형태가 아닌 다양한 배움의 장들이 여기저기 열릴 수 있다면 좋겠다는 생각도 들고요.

부러운 마음의 틈 사이론 우리 선생님들의 모습이 떠올랐어요. 여러 가지 현실적인 어려움에도 불구하고 다양한 실천들을 펼쳐 내고 있는 성미산학교 같은 대안학교 선생님들, 공고한 공립학교 시스템 속에서도 다양한 실천과 모색을 해 나가고 있는 실천가 선생님들! 에리카나 심슨처럼 드러나지 않지만 그렇게 애쓰며 살아가고 있는 교사들이 우리에겐 참으로 많지 않나요? (우리 이 정도 자찬은 해도 괜찮겠죠?) 그런 우리들이 외롭지 않았으면 좋겠어요. 우리가 이렇게 한 해 동안이나 편지를 주고받으며 서로 공감하고 응원해 온 것처럼 더 많은 에리카와 심슨이 서로를 응원하며 함께 가면 좋겠어요.

한편, 저는 유럽의 학교들을 둘러보며 왜 우리는 우리 안의 것들을 귀하게 보지 못하고 있는 걸까 하는 생각을 많이 했어요. 굳이 외국을 이야기하지 않더라도 우리 안에도 다양한 실천의 역사가 있고, 또 그런 실천의 역사를 만들어 왔던 스승들이 있을 텐데 말이에요. 제 개인적인 생각으로는 이오덕 선생님이, 김수업 선생님이 충분히 그런 스승 노릇을 하며 살아오셨다고 생각하거든요.

이런 맥락에서 우리 학교의 철학에 대한 고민들도 더 많이 하게 되었던 것 같아요. 공립학교의 특성상 사람이 계속 바뀔 수밖에 없는 구조이니 학교의 이야기가 이어지려면 무언가 흔들림없이 지속되는 알맹이가 필요하다는 생각이 들곤 해요. 그래서 선생님들과 함께 그 알맹이를 만들기 위해 애써 왔고요.

몇 해에 걸쳐 학교 구성원들이 거의 모두 바뀌었고, 저도 2020년이 되면 이 학교를 떠나야 하기 때문에 이래저래 고민이 많습니다. 그래서 저는 올해 부장업무를 놓고 다른 분들이 차근차근 역할을 해 나갈 수 있도록 돕는 역할을 해 보려고 합니다. 그리고 학교를 떠나기 전에는 그동안 있었던 이야기들을 글로 정리해 남겨 드리는 게 좋지 않을까 생각하고 있어요.

또다시 봄입니다. 에리카에게 처음 편지를 띄웠던 날이 아마 작년 이맘 때쯤이었던 것 같은데, 어느새 계절은 봄을 지나 여름으로, 여름을 이겨내고 가을로, 가을을 건너 겨울로 내닫더니 또다시 봄입니다. 교사로 살아가는 일은 이처럼 계절의 변화마다 삶의 한 매듭을 짓고 또 다른 매듭을 엮어 가기 시작하는 일인지도 모르겠어요. 이렇게 해마다 짓고 또 짓는 매듭들은 내게 어떤 빛깔의 나이테로 아로새겨질까요. 적어도 선생이라 불리는 게 부끄럽지 않길 바랍니다.

에리카의 시작은 어떤지요? 에리카와 아이들이 그려 갈 환상의 그림! 기대가 됩니다.

우리 학교도 1, 2학년은 1학년 선생님들이 반 그대로 아이들을 데리고 2학년으로 올라가고 있어요. 성미산과 비슷한 고민 때문에 몇 해 전부터 시작했던 일이지요. 교사들의 임기 문제도 있지만 해마다 여러 가지 상황이 겹쳐 어려움이 많긴 해요. 그럼에도 불구하고 해 보니 좋은 점이 참 많은 것 같아요. 또, 우리는 1학년 입학 전에 반을 나눠 놓지 않고 2주 정도 한 교실에서 함께 공부를 하고 있어요. 그러는 과정에서 아이들 특성을 파악한 후 그에 맞춰 두 반으로 나누고, 2학년 때까지 두 해 동안 함께한 교실에서 생활하게 됩니다.

또 돌봄짝이란 이름으로 1학년 동생들이 학교에 잘 적응할 수 있도록 6학년 선배들이 학기 초에는 많은 도움을 주고 있기도 해요. 한 주 정도 점심밥을 먹는 시간에 함께 밥을 먹으며 동생들을 챙겨 주기도 하고, 또 중간놀이 시간이면 동생들과 함께 학교 곳곳을 뛰어다니며 놀아 주기도 하고요. 이후에는 화전 만들기와 같은 절기활동들을 함께하기도 해요.

저는 올해 운명처럼 제게 스며든 '심과 함께' 6학년 아이들과 정신이 하나도 없는 나날을 보내고 있어요. 도도가 제 정신 없음의 가장 큰 이유라는 건 어느 정도 짐작을 하실 듯한데, 무언가 풀어 보고자 깊게 들어가면 들어갈수록 아프고 무거운 나날들이 이어지고 있네요.

　'심과 함께' 첫날! 도도 녀석이 뭘 하려고 할 때마다 먼저 하겠다고 하기에 녀석에게 '1빠 선생'이라는 별명을 붙여 주었어요. '1빠'라는 낱말을 교실 속에서 쓰는 게 마음에 걸리지만, 그래도 녀석에게 나름의 의미를 담아 이름을 붙여 주는 게 필요하겠다 싶어서 말이지요. 녀석은 그렇게 우리 반 '1빠 선생'이 되었어요. 줄을 설 때도 1등, 발표를 할 때도 1등, 밥을 먹을 때도 1등. 수업시간에 이리 갔다 저리 갔다 교실 밖으로 나가고 싶어 나가려다 다시 들어오기를 반복하면서도 첫날은 스스로 잘 해내려고 애쓰는 모습이 역력했어요. 더구나 작년에는 약을 먹고 생활 했는데 올해는 약을 안 먹고도 첫날을 잘 이겨 냈어요. 그렇게 주말을 넘어 교실에선 여전히 이리 갔다 저리 갔다 이 친구 건들고 저 친구 건들고 하는 일들이 반복되었지만 큰 문제는 아니었고 도도도 무던히 애쓰는 게 보여 대견한 마음으로 지켜보고 있었지요.

　함께 생활한 지 5일째 되는 날이었을 거예요. 운동장에서 호건이와 도도가 한판 싸움이 붙은 거예요. 급하게 뛰어나가 진정을 시켰어요. 우선 호건이부터 다른 곳으로 보내 놓고 흥분해 있는 도도의 두 팔을 강하게 잡았어요. 이름을 부르며 손에 힘을 빼고 선생님을 보라고 몇 번이고 이야기했지요. 선생님이 너의 이야기를 충분히 들어 줄 테니 힘을 풀라고 말이지요. 한참 씩씩대던 녀석이 조금 뒤 수그러지며 눈물을 흘리기 시작했지요. 그리고 나서 제 이야기를 시작했어요.

　교문 앞에 1학년 동생이 있어 반가운 마음에 달려갔더니 호건이가

　　　　　오늘도 학교에 갑니다

1학년 동생에게 '저런 놈이랑 놀지 마'라고 이야기했다고 해요. 그래서 화가 나서 호건이를 밀었는데 교문 벽에 호건이가 부딪혔다고. 듣고 보니 억울하기도 하고 화가 날 만도 했어요. 도도에게 몇 가지 이야기를 해 주었어요. 오늘 하려던 행동을 멈추지 않았다면 가져올 결과들이 어땠을까 하는 이야기에서부터 1년 남은 초등학교 생활에서 화가 나더라도 선을 넘지 않고 문제를 해결하는 방법도 함께 배웠으면 좋겠다고 이야기해 주었지요. 선생님이 항상 너의 이야기를 충분히 들어주고 도울 수 있는 부분은 돕겠다고 말했어요. 그리고 난 후 오늘 일은 어떻게 하면 좋겠냐고 이야기를 했더니 사과를 받고 싶다고 하더군요. 호건이의 사과를 받고 난 도도도 미안한 부분에 대해 사과하는 것으로 그날의 소동은 정리가 되었어요.

그리고 바로 다음 날이었어요. 친구들에게 자꾸 위협적인 행동을 보이기에 도도를 불렀는데 막무가내로 가방을 챙기는 거예요. 저는 조용히 "지금 교실에서 나가면 그냥은 못 들어온다"라고 말했지만 도도는 그 말을 무시하고 그냥 교실을 나가 버렸어요. 담임인 저는 아이들에게 일부러 소리 내어 '문 잠궈'라고 이야기를 했고요. 적어도 어느 시점에는 도도가 행동을 멈출 수 있도록 해야겠다는 생각이 있었어요.

녀석은 다음 날 학교에 오지 않았어요. 어른들에겐 선생님이 교실에서 내쫓고, 문을 잠궜다고 했나 봐요. 집에서 연락이 왔고 자초지종을 설명했고…… 그리고 주말 사이 집에서 무슨 일인가 있었던 모양이에요. 학교에 온 녀석의 모습이 지난주와는 또 완전히 다른 모습이었어요. 얼굴을 보니 아무래도 집에서 맞은 것 같았어요. 한 주 내내 참 많은 일들이 일어났어요. 한 여자 친구에게 다가가서 심각할 정도로 자꾸만 괴롭히는 모습을 보이기도 하고, 욱해서 친구의 목을 조르기도 하고, 5학년 동생들을 때리기도 하고…… 심리적으로 굉장히 흔들리는 모습이 보였지요. 그게 모두 아이들을 위협하는 방식으로 드러나고 있었고요.

목요일날도 크게 흥분해 있는 녀석을 힘으로 눌러놓고 아이들을 모두 교실에서 내보냈어요. 도도는 욕이란 욕은 다 해 대며 크게 저항을 하더군요. 뒤에서 온 힘을 다해 꽉 끌어안았다가 힘을 풀고 가볍게 끌어안아 흥분이 가라앉을 때까지 기다렸어요. 수업을 모두 마치고 나서 따로 불러 한참 이야기를 나눴어요. 이렇게 멀쩡한 상태에서 대화는 항상 잘 되는데 친구들 속에선 순식간에 돌변해 버리는 녀석. 내일부터 5일간은 교실이 아닌 다른 공간에서 따로 교장 선생님이나 교감선생님과 다른 활동을 하기로 했어요. 그리고 센터와 연계하여 상담 및 심리치료 프로그램을 지속적으로 받아보게 하려고 계획을 세웠고요.

문제는 도도가 이미 이런 상황들에 너무 익숙하다는 거예요. 그동안 얼마나 많은 상담들을 받았을까요. 또 얼마나 많은 어른들이 비슷한 패턴으로 대응을 했을까요. 차라리 좀 더 어렸을 때 우리 학교로 왔다면 이렇게까지 어려운 상황은 아니지 않았을까 하는 생각이 들기도 했어요.

도도는 금요일날 학교에 오지 않았어요. 도도 아버지에게 전화를 드렸더니 학교에 간다고 나갔다더군요. 그러면서 도도 아버지는 녀석을 포기했다고 말했어요. 아이를 '또라이'라고 부르기도 하고 약값이 아까워 약도 못 먹이겠다고도 하고요. 며칠 전엔 편의점에서 물건을 훔치다 걸렸다며 처음 있는 일이 아니라고 학교에서 사고를 치면 경찰에 신고를 하라더라고요. 그런 도도 아버지의 이야기를 들으면서 저는 할 수 있는 말이 없었어요.

도도는 어쩌면 살기 위해 몸부림치고 있는 건지도 몰라요. 마음 붙일 곳 하나 없이 혼자 이것이 외로움인지 슬픔인지도 모르고 스스로를 벼랑 끝으로 몰고 가는 중일지도 모르지요. 교실이 결코 도도의 아픔을 오롯이 담아 주기 쉽지 않은 공간이라는 것을 알기에 제가 어떻게 도와야 할 것인가에 대한 답을 찾기가 쉽지 않네요.

사실 이렇게 여러 학교를 돌고 돌았다면 도도의 문제는 어쩌면 지역 사회가 발 벗고 나서야 할 문제이기도 할 텐데 그런 노력들이 보이질 않아 많이 아쉬워요. 언제나 모든 것은 학교로 미뤄지고 말아요.

저 혼자서 풀 수 있는 문제가 아니라 생각했어요. 그래서 수요일, 반 밴드에 도도의 이야기를 구체적으로 공유하기 시작했어요. 금요일 밤엔 우리 학년 학부모님들과 학년 모임을 했는데 그 자리에서 도도 이야기를 자연스레 꺼내 놓았어요. 고맙게도 모두들 도도의 안타까운 상황에 대해 충분히 공감해 주셨어요. 도도에게 가장 필요한 건 따뜻함이라는 의견이 모아졌지요. 한 해밖에 남지 않았지만 도도를 우리 학교에서 졸업시켰으면 좋겠다는 이야기도 나왔어요. 또 하루에 두 시간 정도씩 돌아가면서 도도가 원하는 것들을 할 수 있도록 도와주는 이모 역할을 해 주면 어떨까 하는 이야기가 나오기도 했고요.

밤 9시 30분까지 이야기가 이어졌는데 이야기를 듣다 보니 내내 절망적이었던 제 자신이 부끄러웠어요. 이렇게 차근차근 구체적인 방법들을 생각하고 마음을 모아 함께하면 되지 않을까, 희망도 한 줌 보이는 것 같았어요. 이렇게 뜻을 모아 주는 학부모님들과 함께라면 뭐든 해 볼 수도 있겠다는 생각이 들기도 합니다.

심슨의 새해!

아프고 안타깝고 답답한 일들이 계속 이어지겠지만 이 모든 것들과 치열하게 만나 볼 생각입니다. 언젠가 에리카가 들려준 갑각류의 성장을 되새기면서요. 가장 약해져 있을 때 성장한다던. 아프면 아프다고 말하고 슬프면 슬프다고 말하고 그렇게 함께 아프고 슬픈 상황을 이겨내면서 함께할 소중한 순간들을 찬찬히 마주해 보려고 합니다. 돌아보면 언제나 희망은 그렇게 밝지만은 않았던 이야기들의 틈새로부터 피어나오지 않았나 생각합니다.

오늘의 이 이야기가 저만의 것은 아니겠지요. 이 땅에 선생이란 이름을 달고 가르치는 일을 통해 희망을 일궈 가려고 애쓰는 많은 이들의 이야기일 거라는 생각이 들어요. 에리카와 심슨이란 이름으로 우리가 한 해 동안 나눈 여러 이야기들 역시 마찬가지로 우리만의 이야기는 아니겠지요. 더 많은 에리카와 심슨이 이런저런 어려움 속에서 고군분투하고 있을 테니 말이죠.

한 해 동안 우리가 함께 나눈 이 편지들이 이 땅의 모든 에리카와 심슨에게 따뜻한 응원이 되고 힘이 될 수 있다면 좋겠다는 작은 바람을 담아 보냅니다!

오늘도 학교에 갑니다

에리카!
희망 안고
하나 둘 피어오르기 시작할 꽃들
행복하게 맞이하는 나날
봄날 되기를

다시 3월
선생이란 이름으로 살아가는
우리 모두를 응원하며 심슨

아이들이 또 선생들이 우리가 바라는 세상, 우리가 만나고 싶은 사람,

우리가 되고 싶은 사람을 일상에서 만나면서 살아가길,

그런 일상으로 가꾸어 가길 기도해 봅니다.

에리카

심슨.

새하얀 눈이 오던 겨울이 총총총 멀어지고 봄이 종종걸음을 치며 오고 있는 3월입니다. 지난주에는 가족 모임이 있어 '내 고향 남쪽 나라'에 다녀왔는데, 길 건너 매실마을은 물론, 온 동네 구석구석 하얀 매화가 지천이고, 노오란 등 켜 든 산수유도 봄마중을 나와 있었어요. 마당을 가로질러 텃밭에 가니 남쪽나라답게 냉이꽃이 벌써 피었고, 봄소식 제일 먼저 알리는 봄까치꽃도 텃밭 곳곳에 자리를 잡았고요. 상추씨는 조그마한 비닐하우스 안에서 연둣빛 싹을 틔웠고, 털이 보송보송 할미꽃, 천리까지 향기를 풍긴다는 천리향도 하양자주빛 꽃을 피웠어요.

소나무 아래에는 향긋한 쑥이 '여기는 진짜 봄이지?' 인사하는 바람에 참지 못하고 쑥도 한 양푼 캤어요. 남쪽에서 온 봄의 전령, 쑥은 아이

오늘도 학교에 갑니다

들과 쿵짝쿵짝 쌀가루 넣고 쑥버무리로 다시 태어날 준비를 하고 있고 요. 아주 오랜 시간이 지나면 아이들에게 봄은 그 시절, 에리카와 함께 만들어 먹었던 쑥버무리로 기억될까요?

꼬맹이들과 봄, 여름, 가을, 겨울을 함께 지내고 다시 봄. 초록반 아이들은 이제 2학년이 되었어요. 2학년의 날이 밝으니 아이들은 형님 될 준비 딱 마치고 동생들을 맞이했고요. 긴 겨울방학 지내고 와도, 1년 같이 지냈으니 당연히 에리카가 익숙한 어린이들. 익숙해도 너무 익숙해하는 것 같아 정색하고 '이거 왜 이러시죠? 우리 오늘 처음 만난 사이인데 이렇게 하시면 곤란합니다. 처음 만난 사이고, 앞으로 아름다운 시간을 쌓아 가야 하는데 첫인상이 조금 안 좋아지려고 합니다'라고 말하자, '에이~ 에리카! 작년에 1학년 우리 담임쌤이셨잖아요!'라고 해요. '어머! 무슨 말씀이세요? 저는 여러분을 오늘 처음 보는데요? 작년 일은 잘 모르겠고, 이제 멋진 형님이 된 여러분들과 올 한 해 잘 지내보고 싶습니다. 처음 만난 선생님에게 이렇게 행동하시면 안 되겠죠?' 물으니, 킥킥 웃으며 '아! 그러면 조용히 수줍어하면서 처음 만난 것처럼 하면 돼요?' 합니다. 윙크를 찡긋! 마침내 깨달음을 얻은 어린이들 덕분에 저는 새 학기에 갓 만난 신선한(?) 어린이들을 조금씩 알아가는 재미를 느끼고 있어요.

올해 심슨네 반 이름은 '심과 함께'로군요. 트렌드를 읽고 작명에 반영한 아이들의 재치가 귀엽게 느껴지기도 해요. 우리 2학년 어린이들은

'나' 주제탐구를 하며 이름을 짓는다는 것에 대해 심도(?) 있는 이야기를 나누었어요. 논의에 논의를 거듭한 끝에 '함께하는 달빛반'이 되었어요. 어떤 반이 되었으면 좋겠는지, 어떤 한 해가 되면 좋겠는지 이야기를 나누며, 올해 우리 반은 '똘똘 뭉쳤으면 좋겠고, 마음이 부드러워지면 좋겠다. 또 서로 잘 도와주면서 착하게, 그렇지만 할 말은 하는 당당함을 가지고, 즐겁게 배우면 좋겠다'고 한 아이들의 염원을 담아서요. 많은 후보 중에 1차, 2차 투표를 거쳐 '함께하는 우리 반'과 '달빛반'이 최종 후보가 되었는데, 누군가 '두 개를 합쳐 함께하는 달빛반으로 하면 어때?' 물었어요. 누구 하나 반대하지 않고 좋은 생각이라며 물개박수로 우리의 이름을 환영했고요. 간절한 마음 담아 이름 지었으니, 그에 걸맞게 함께 똘똘 뭉쳐 부드러우면서도 당당하게, 잘 배우며 지낼 수 있겠지요. 그러리라 믿고, 또 그러려고 노력할 거예요.

오랜만에 건네는 이야기가 아주 무겁다고 하셨지만, 저는 심슨이 들려주는 도도에 대한 긴 이야기가 참 좋았어요. 일상에서 만나는 어려움과 심슨의 고민이 무엇인지 구체적으로 알 수 있었고, 무엇보다 어려움의 크기와는 조금 다른 어떤 기대감 같은 것들이 제 마음을 두드렸어요. 심슨은, 우리는 올해 어떤 시간들을 마주하게 될까, 그 시간들이 우리에게 어떤 흔적을 남길까 상상도 해 보았고요.

심슨의 편지를 읽으며 제가 아주 사랑하는 책, (이전에도 소개해 드렸던) 토리 헤이든의 『예쁜 아이』를 떠올렸어요. 낱말 사이사이, 문장 사이사이, 단락과 단락 사이, 그 사이에 말로는 다 표현하지 못할 심슨의 고

오늘도 학교에 갑니다

민과 생각들, 도도의 일상이 회복되길 바라는 심슨의 바람도 짐작해 보면서요. 여러 가지 어려움과 경험 속에서 입을 꼭 닫고 지내던 비너스에게 끊임없이 문을 두드리던 토리, 듬뿍 쏟아지는 사랑과 애정, 기다림은 비너스를 변화시켜요.

『예쁜 아이』는 교사인 토리의 '헌신'에 대한 책이기도 하지만, 실은 그 모든 것에도 불구하고 아이가 가진 '잘하려는 마음', '안녕하고 싶은 마음'에서 비롯된 '회복 의지'가 마침내 꽃을 피우는 이야기이기도 해요. 저는 이 책을 덮으며 사람은 누구나 제자리로 돌아오려는 힘, 회복탄력성이 있고, 교사가 된다는 것은 어떤 상황에서라도 아이의 회복탄력성을 신뢰하며 꾸준히 할 일을 해 가는 것은 아닐까 생각해 보았어요. 그래서 심슨의 편지를 읽는 내내 가슴이 떨렸어요. 선뜻 도도와 지내보겠다 손들었던 심슨의 마음, 그리고 드디어 새롭게 시작하는 학기, 설레지만 매일매일이 민원의 연속이고, 아이가 주는 무게, 이 시간이 주는 무게가 결코 가볍지 않아 고민하고 또 고민하는 날들. 외면하고 싶지만, 외면할 수 없는 매일의 시간들, 어느 날은 나무도, 풀도 없는 사막을 헤매는 것처럼 이 공간이, 이 시간이 막막하기도 하고, 또 어느 날은 가슴 저릿한 '도도'의 순간들과 만나며 뭐든 해 볼 수 있을 것처럼, 잘 될 것만 같은 희망이 퐁퐁 샘솟기도 하지요.

어쩌면 심슨이 도도와 함께할 시간들은 심슨에게 다가온 큰 선물이며 축복이 아닐까 생각해 봐요. 좀 얄밉나요? 제 말이 얄미워도 할 수 없어요. 분명한 진실이니까요! 그만큼 심슨을 응원하고, 도도가 가진 힘을 믿으니까요. 심슨 속도 모르고 저는 자꾸만 아직은 먼 뒷이야기가 궁금해지는걸요? (시간아, 빨리 흘러라!)

　　지난주 금요일에는 남산으로 숲놀이를 다녀왔어요. 남산도서관에서 걸어가다 살짝 샛길로 빠지면 졸졸 개울이 흘러요. 몇 개의 연못도 있고요. 그 물에는 도롱뇽알과 개구리알이 아주아주 많아요. 숲선생님들은 조심스럽게 도롱뇽알을 떠서 자세히 관찰해 보자 했어요. 개구리알은 동그란 알과 동그란 우무질이 포도송이처럼, 도롱뇽알은 자르지 않은 순대처럼 길쭉한 우무질에 동그랗고 까만 알이 점점이 박혀 있어요. 도롱뇽알의 모양이 부화 시기에 따라 다르다는 것도 처음 알게 되고, 올챙이가 막 알에서 깨어나면 아주 조그맣고 까만 선같이 생겨서는 개울 바닥에 가만히 있다는 것도 처음 알게 되었어요. 우리가 생각하는 배가 볼록한 올챙이는 부화한 지 며칠이 지나야 만날 수 있고요. 도롱뇽 앞발가락은 네 개, 뒷발가락은 다섯 개라는 것도 새로 배웠어요. 우리나라 사람들은 도롱뇽이 알을 붙여 낳으면 그 해는 장마가 온다고 믿었대요. 장마에 떠내려갈 알을 생각해서 붙여 놓는 것이라고 생각했기 때문이래요. 그렇게 새롭게 배운 내용들을 숲공책에 정리해 봅니다.

　　올해 숲공책은 작년보다 업그레이드가 되었어요. 원래는 박스지로만 만들었는데, 표지가 너무 두껍고, 잘 안 넘겨지는 불편이 있어 좀 개선해 보기로 했어요. 미술실에 있는 종이들을 공책 사이즈보다 약간 크게 자르고, 우리 어렸을 적, 책 커버 씌우던 기억을 되살려 커버를 투명 시트지로 감싼 다음 송곳으로 구멍을 뚫어 돗바늘로 꿰맸어요. 표지는 입맛에 맞게 꾸며 보고요. 표지를 투명 시트지로 감싸는 일이 쉽지는 않았지만, 서로 도와가며 잘 했지요. 시트지 씌운 공책을 보고, 이제는 3학년이 된 효민이가 '와! 숲공책이 방수도 되네요! 부럽다! 근데 숲공책이 왜 이렇게 좋아졌어요? 꼭 나 졸업하고 나면 좋아지더라. 어린이집도 저 졸업하고 나니 더 좋아졌고요, 숲공책도 3학년 되고 나니 좋아지네요!' 라며 분통을 터트립니다. 하하! 세상도 그렇게 점점 좋아지면 얼마나 좋을까요?

얼마 전에 우연히 유현준 건축가의 〈우리는 12년 동안 교도소에 있었다〉라는 영상(오른쪽 QR코드 참고)을 봤어요. 효민이 말마따나 자동차, 비행기, 전화기 모두 시간이 지나며 더 좋아지고 달라졌는데, 학교는 오랜 시간 동안 그 틀을 굳건히 유지하고 있다는 거지요. 건물, 운동장, 담장. 감시하기 좋은 구조. 그리고 아파트, 학교, 학원을 전전하는 아이들…… 그런 환경에서 어떻게 창의력을 기대할 수 있겠냐고 반문해요. 아이들은 가만히 놔두면 창의적이 되고, 그걸 위해서는 자연을 만나는 게 중요한 포인트라고 하며 '세상에 자연보다 더 좋은 선생님이 어디 있나'라고 말한 루이스칸의 이야기를 들려줘요. 빈 공간이 생기면 특별활동실 같은 거 만들지 말고 교실을 부숴서 테라스 같은 걸 만들어 줘야 한다고. 우리의 학교는 점점 좋아지는 방향으로 가고 있는 걸까요? 영상을 보며, 많은 사람들의 애씀이 의미 있는 차이를 만들어 내고 있을까 가만히 생각해 보니, 조바심이 나기도 했어요.

주제탐구 수업을 하면서 '넓고 넓은 우주에 딱 하나밖에 없는 나'에 대해 상상해 본 적이 있어요. 교실에 있는 나로부터 시작해 학교, 마을, 성산동, 마포, 서울, 대한민국, 아시아, 지구, 태양계, 우리 은하…… 이렇게 끝도 없이 여행을 시작하자 금세 우주로 도착! 광활한 우주를 여행하다 보니 우주의 크기는 우리가 상상할 수 있는 수준이 아니란 걸 실감하고야 말았어요. 너무너무 거대해 보였던 지구가 우주에서는 아주 작은 별이었고, 그 속에 먼지보다 작은 나! 그런 너와 내가 만난 것이 얼마나 놀라운 우연이며 기적인지! 우리는 잠시 말을 잃었어요. 그리고 넓고 넓은 우주에 딱 하나밖에 없는 나, 그 특별함에 대해 가만히 생각해 보았어요.

단우는 '나의 특별한 점은 뭐든지 과감하게 처리한다. 그리고 또 특별한 점은 친구가 없으면 뭐든지 실패한다. 내가 만약에 팔이 없거나 눈이 없으면 친구는 내 눈과 팔이 되어 준다'라고 썼어요. 혼자서는 불완전하다는 것을, 함께할 때 우리는 뭔가를 해 낼 수 있고, 서로 도움을 주고받을 수 있다는 것을 알아요. 학현이는 '나는 발야구할 때 헐렁헐렁하게 안 하려고 노력 중이야. 왜 노력하냐면 그러면 우리 팀이 지기 때문이야. 그래도 나는 내가 좋아'라고 썼어요. 어떤 부분을 노력해야 하는지 잘 알고 있지만, 지금 나의 모습을 사랑하는 것도 아름다운 일입니다. 유나는 '나는 철봉을 잘 못하지만 노력한다. 나는 축구도 못하지만 노력한다. 나의 특별한 점은 노력을 한다는 것이다'라고 썼지요. 맞아요! 가만히 있지 않고, 나아지려는 노력을 하는 것, 그것이 우리가 가진 특별함이지요. 아이들이 제 생긴 꼴대로, 자신만의 특별함을 잘 가꾸어 갈 수 있도록 돕는 것, 조바심 내지 않고 할 일을 하는 것에서부터 변화가 시작되는 것이겠

오늘도 학교에 갑니다

지요. 그리고 아이들로부터 변화는 이미 시작되었고요.

　성미산학교에서는 3학년이 되면 동아리를 개설할 수 있어요. 학기 초에 3학년 형님들이 친구들과 동아리를 개설해 1~2학년 동생들에게 어떻게 운영하고 무엇을 할 것인지 정식으로 소개를 하고, 신청을 받은 후 이끄미가 되어 동아리를 운영해 보는 것이지요. 올해에는 놀이(+미술), 인형 만들기, 요리, 이렇게 세 개의 동아리가 열렸고요. 대망의 동아리 첫 시간, 놀이(+미술) 동아리를 진행하는 형님 둘은 진지한 표정으로 '우리는 좀 예민한 스타일이니까, 서로 조심해 주면 좋겠다. 우리도 노력할게'라며 당부와 다짐을 합니다. 해골놀이를 하려고 가위바위보를 해서 '해골(술래)'을 뽑는데, 너도 나도 다 하고 싶어 해요. 그러자 3학년 ○○이 '가위바위보 해서 해골 정하자. 우리 학교는 가위바위보 해서 진 사람이 되는 거야!'라고 동생들에게 일러 줍니다. 저는 아이들의 대화를 듣고 옆에서 슬며시 웃었어요. 아이들과 주로 진 사람이 (아이들이 다 하고 싶어 하는) 술래가 된다고 하며 놀이를 많이 했거든요. 이긴 사람만 원하는 것을 얻는 게 아니라는 것을, 진 사람도 존중받고, 이긴 사람도 기분이 좋을 수 있는 방법에 대해 이야기하면서요. 자신이 가진 어려움을 솔직하게 나누고 도움을 청하는 형님의 모습, 이긴 사람이 아니라 진 사람에게 기회를 주는 우리의 문화를 친절히 알려 주는 형님의 모습과 형님들 이야기를 잘 받아들이는 동생들의 모습이 흐뭇했어요.

　어느 날에는 ○○이 '얘들아, 오늘 놀이를 교실에서 할까? 아니면 다목적실?' 하고 묻자, 1학년 동생들이 '다목적실! 다목적실! 다목적실!'

연호를 합니다. 그러자 ○○이 '얘들아 잠깐, 한 번만 이야기해. 그렇게 여러 번 큰 소리로 말하는 거는 말이 안 통할 때나 하는 거라고 에리카가 그랬어. 우리는 말이 통하는 사이니까, 그렇게 안 해도 돼!'라고 합니다. '소리 지르지 않아도 이야기할 수 있고, 우리는 너희들의 이야기를 들어줄 거야!' 다정하게 전달하는 멋진 형님들!

한순간에 확 바뀌는 것들도 있지만, 어쩌면 삶이라는 것은 이렇게 서서히 물들어 가는 것이고 이것이 바로 그 집단의 문화가 되는 것이지요. 2년 동안 1층에서 함께 놀고 공부하고 부대끼면서 자연스럽게 익힌 것이 우리들의 규칙이 되고, 행동 양식이 됩니다. 그러자 아이들은 그런 문화가 자연스럽게 몸에 배고, 자연스럽게 동생들에게 이유를 알려 줍니다. 아이들은 놀이에서 지고 나면, '으윽, 분하다. 다음에 이기면 되지!'라는 말을 자연스럽게 하고요. 싫어하는 음식을 앞에 둔 친구를 자연스럽게 응원합니다. 누구는 친구들 식판을 놓아 주고, 책상도 닦아 줘요. 하기 싫어하는 친구에게 '우리 학교에서는 일단 한번 해 봐야 해. 하다 보면 재미가 생겨. 같이 해 보자!'라고 말합니다.

물론 실수도 하고, 잘못도 해요. 좋은 보물을 꺼내기도 하지만 심술이나 짜증 같은 보물도 꺼내기도 하고요. 자꾸만 마음과 달리 삐뚤어지기도 하고요. 그렇지만 설령 그런 행동을 했다고 해도 잘하려고 노력하고 있고, 또 얼마든지 좋은 보물을 꺼내며 살 수 있는, 바라는 것들을 생활 속에서 만나고 만들어 갈 수 있다는 것을, 서로 알려 주고 알아주는 것. 아이들이 인생의 '처음'을 만나고, '좋은 태도'와 '멋진 나'를 만들어 가는 귀한 순간들을 자주 만날 수 있으니, 학교라는 공간은, 선생이란

오늘도 학교에 갑니다

일은 얼마나 경이로운지요! 아이들이 또 선생들이 우리가 바라는 세상, 우리가 만나고 싶은 사람, 우리가 되고 싶은 사람을 일상에서 만나면서 살아가길, 그런 일상으로 가꾸어 가길 기도해 봅니다.

지금은 4학년이 된 번개반이 딱 2학년 되던 날, 우리는 우리 마음의 항아리에 숨겨진 보물을 찾아보기로 하였어요. '마음의 항아리에는 누구나 다 보물을 가지고 있지만, 흙만 꺼내어 쓰는 사람이 있고, 보물을 꺼내는 사람도 있어. 누구나 다 가지고 있지만 무엇을 꺼내는지가 중요하지, 서로 좋은 것들을 꺼내고, 서로 좋은 것을 꺼낼 수 있도록 도와주자' 이야기하며 경건한(?) 마음으로 미덕 카드를 뽑았어요. 진지한 표정으로 잠시 고민도 하고 신중하게 골라 찬찬히 내용을 읽으며 올해 나는 어떤 보석을 잘 꺼내게 될지 이야기를 나누었지요. 충서는 '도움', 재아는 '정의로움', 율은 '친절', 윤슬이는 '예의', 학철이는 '유연성', 필립이는 '한결같음', 주안이는 '평온함', 가원이는 '자율', 우재는 '화합' 카드를 뽑았어요. 내게 혹은 친구에게 왜 이 카드가 왔는지 아이들은 딱 눈치를 챘어요. 의미는 찾는 자의 것! 그 이야기를 한참 나누며 우리는 1년을 잘 살아 보자 약속했더랬어요.

올해도 어김없이 2학년들은 보물을 찾아보았고요. 명상 종소리로 마음을 정갈하게 다듬고, 이번 학기 나에게 온 미덕이 무엇인지, 내가 잘 꺼내 쓰면 좋은 것을 기꺼이, 즐겁게 맞이하자 이야기를 나눈 후, 떨리는 마음으로 미덕 카드를 뽑았어요. 아이들의 눈에는 기대감과 설렘이 바삐 오가고요. 뽑은 보물(미덕)을 천천히 쓰다듬으며 읽고, 무슨 뜻

인지 우선 살펴보고, 낱말이 충분히 이해되면 마음에 드는 문장을 골라
봅니다.

　단우는 '존중'을 뽑았어요. '누구에게나 예의 바르게 대한다'는 말이
마음에 닿았고요. 정환이는 '한결같음', '옳다고 믿는 것을 지키는 것'. 학
현이는 '유연성', '잘못된 습관을 버리고 새로운 방법을 익힌다'는 말. 은
유는 '관용', 차이를 받아들이는 태도'라는 말에 마음이 갔어요. 지안이
는 '소신', '무엇이 옳고, 무엇이 옳지 않은지 판단할 수 있다'는 말에 느
낌표를 찍었고, 도은이는 '화합', 친구들은 도은이가 있으면 웃음이 있다
고 하며, 문구 중에 '평화를 만드는 사람'이라는 말에 딱 들어맞는다고
해요. 지오는 '용기', '힘에 부치거나 무섭더라도 옳은 일을 선택하는 것'
이 좋았고 유나는 '도움' 카드를, '당신 자신이 필요로 하는 것에도 주의
를 기울이세요'라는 말이 좋았다고 해요. 도움을 청하고 싶어도 용기가
잘 안 났는데, 올해는 도움을 잘 청하는 것을 노력해 보겠다고 하면서요.
도와주는 것도 귀한 마음이지만 내 마음이 필요로 하는 것도 살필 줄 아
는 마음, 옳은 것을 지키는 마음, 잘못된 습관은 버릴 줄 아는 마음, 모든
사람이 귀한 것을 아는 마음! 아이들이 삶의 비밀들을 발견하며 찾아가
고 있는 그 길에 저 역시 성실하게 응해야지 생각을 해 봅니다.

　아마도 당분간 심슨의 일상은 고되겠지요. 누가 대신 대답해 줄 수
없는, 지금 내게 던져지는 질문들을 심슨의 삶으로 답해야 하는 순간들
의 연속이겠고요. 그렇지만 그 와중에도 하늘의 별은 빛나고, 바람은 귓
가를 간지럽히고, 민들레는 피어요. 화살나무는 새순을 내고, 도롱뇽은

알에서 깨어나겠지요. 그런 삶의 신비와 기쁨을 매일매일 발견하시길 기도해요.

심슨에게는 그런 보물을 잘 찾으려는 눈이 있으니까, 자꾸만 보일 거라 믿어요.

도도의 웃음이며, '심과 함께' 친구들의 즐거움, 심슨의 보람과 기쁨, 눈물이나 괴로움마저 매일 솟아나는 행복을 발견하는 단추가 되길요!

3월 28일

다시 맞는 새벽, 길벗 에리카 드림

심슨 샘이 들려주는
'죽백초등학교' 이야기

경기도 평택에 있는 초등학교입니다. 2011년 혁신학교로 지정되면서 교사와 학부모, 아이들이 함께하는 교육과정을 운영하고 있습니다. 2014년부터는 내부형 교장 공모제 지정학교가 되었습니다.

'아이들이 주인공이 되는 수업, 삶이 담긴 수업'을 기조로 교과와 학급, 학년, 교실, 학교와 마을을 넘나들며 다양한 방식으로 수업이 운영됩니다. 40분 수업을 두 시간씩 묶어 80분으로 진행하는 블록형 수업을 운영하기도 합니다.

매주 금요일에 운영되는 '자기계발의 날'은, 원하는 부서를 선택해 한 해 동안 공부하는 시간으로 학년통합이 특징입니다. 주로 문화, 예술, 체육 활동 중 기능적 면에 집중하여 꾸준히 익혀 나갈 필요가 있는 활동들을 편성해 운영합니다. 각 부서마다 전문적인 역량을 가진 강사 선생님들이 함께 해 주고 계시지요. 판소리, 가야금, 전통무용, 음악줄넘기, 외발자전거, 풋살, 뜨개질, 택견, 난타, 합창, 수채화, 관악, 기타, 키즈 요가 등으로 구성되어 있습니다. 2018년까지는 '자기계발의 날' 외에 '계절학교'라는 이름으로 무학년제 주기집중 활동들을 교육과정에 담아 놓기도 했습니다. 계절학교에서는 티볼, 탁구, 인라인과 같은 운동 활동과 천연염색, 목공, 사진 등과 같은 활동들이 이루어졌습니다. 2018년 교육과정 평가 결과에 따라 2019년에는 계절학교를 자기계발의 날로 통합 운영하고 있습니다.

죽백의 생태교육은 단순한 체험을 넘어서 조금 힘들더라도 땀흘려 일하는 과정을 제대로 겪어 보는 것이 핵심입니다. 예를 들어, 3~4학년이 짓는 벼농사의 경우, 모판 만들기, 모 기르기, 거름 뿌리기, 모내기, 피 뽑기, 벼베기, 탈곡, 도정까지 농사의 전 과정을 모두 아이들의 힘으로 해내고 있습니다. '죽백월령가'라는 이름으로 절기와 농사일에 관한 내용도 포함하여 한 해 동안의 수업으로 엮어 가고 있

오늘도 학교에 갑니다

고요. 5~6학년에서는 200포기가량 김장을 하는데, 필요한 재료들을 길러 내는 것부터 수확하여 다듬고 절여서 김치를 담그는 전 과정을 공부합니다. 이 외에도 학교 안팎을 넘나들며 계절과 절기에 맞는 활동들을 다양한 방식으로 엮어 나가고 있습니다.

죽백에서는 놀이를 무척 중요하게 여깁니다. 아침해맞이* 활동과 중간놀이* 시간을 두어 아이들이 놀 수 있는 시간을 확보해 주고 있고요. 학부모 놀이동아리가 운영하는 놀이출동과 죽백아버지모임의 토요놀이마당 시간은 부모님들이 주도하는 놀이 시간입니다.

2년에 한 번씩 가을이면 열리는 '죽백종합예술제'도 있습니다. 큰 무대 위에서 아이들 모두 주인공이 되어 한 해 동안 배우고 익힌 것들을 공연을 통해 선보이는 시간이지요. 교육과정과 무관하게 특정기간 동안 준비해 발표하는 것이 아니라 한 해 동안 이뤄진 교육활동을 자연스레 공유하는 과정이라는 점이 핵심입니다. 예술제를 하지 않는 해에는 마을과 함께하는 축제인 '별별축제'를 운영하고 있습니다. 체험을 비롯한 다양한 부스 활동과 공연 활동이 학교 곳곳에서 이루어지게 되는 거지요. 계획과 준비, 전체 운영과정에 학부모님들과 함께 학생들도 주체로서 참여합니다.

아침해맞이 학교에 오면 운동장에서 놀면서 하루를 시작해요. 매일 아침이면 다양한 놀이들이 운동장에서 자연스럽게 펼쳐집니다. 이 과정을 통해 아이들은 교과서와 교실에서 배우기 어려운 것들을 직접 몸을 부대껴 가며 배웁니다.

중간놀이 10시 30분부터 11시까지는 중간놀이 시간으로 온전히 아이들의 시간입니다. 30분간 교실이며 운동장에서 놀이 활동을 하기도 하고, 자율적인 동아리 활동이 펼쳐지는 시간이기도 합니다.

얼굴 한 번 본 적 없는 에리카 샘과 한 해 동안 편지를 주고 받았습니다. 편지를 쓰는 동안 일상을 다시 한번 돌아볼 수 있어 참 좋았습니다. 편지를 기다리는 설렘도, 속도가 지배하는 세상에서 오랜만에 느껴 보는 아날로그 감성도 좋았습니다. 우리가 일 년간 함께 나눈 교실과 학교, 삶에 대한 이야기는 서로의 삶과 삶터에 대한 이해와 공감의 언어였고, 위안의 언어였으며, 깨달음의 언어였습니다. 그러면서 가슴 벅찬 희망의 언어이기도 했습니다. 미욱한 우리의 글이 누군가에게도 그러했으면 좋겠습니다. ─ 심슨

에리카 샘이 들려주는
'성미산학교' 이야기

서울 마포구 성산동에 있는 12년제 대안학교입니다. 앎의 자립, 삶의 자립, 협력과 연대를 통해 '스스로 서서 서로를 살리는' 사람을 기르고자 노력하고 있습니다. 그에 따른 교육과정을 만들기 위해 끊임없는 실험과 성찰을 해 오면서 '생태적 전환'을 화두로 삼았고, 그것은 일련의 생태프로젝트를 통해 구체화되고 있습니다.

초등 저학년(1~2학년)에서는 '성미산'의 자연생태와 '성미산마을'의 사회생태를 배우면서, '생태적 감수성'을 기르는 것에 집중합니다. 말과글(국어), 수학은 물론 손끝활동이나 연극놀이 등 다양한 수업이 있지만 초저 교육과정의 백미는 숲놀이와 주제탐구입니다. 숲놀이는 금요일마다 마을의 중심인 성미산을 비롯 서울의 다양한 숲(산)을 다니며 계절의 변화를 관찰하고, 나를 둘러싼 자연을 때로는 멀리, 때로는 자세하게 보며 삶의 신비를 발견하는 수업입니다. 가능한 대중교통으로 움직이다 보니 목적지까지 먼 길이지만 친구들과 수다, 놀이로 시간을 재미있게 보낼 줄 알고, 서로 살피고 돕는 마음이 커지는 것은 숲놀이가 주는 보너스이기도 하지요. 주제탐구는 한 학기에 네 가지 주제를 깊고 다양하게 탐구하면서 우리를 둘러싼 세상의 비밀을 풀어 보는 시간입니다. 알과 씨앗, 자전거, 고양이, 똥, 흙, 물, 공기, 놀이, 나, 신화, 선사시대 등 모두 16개의 주제를 2년 동안 돌아가며 하는데, 2학년 2학기 마지막 주제탐구는 관심 있는 것을 정해 자유롭게 탐구하며 2년 과정을 갈무리합니다.

초등 고학년(3~5학년)에서는 의식주 생활의 기본이 되는 '살림' 프로젝트를 통해 자신의 삶을 스스로 꾸려 가는 법, 즉 삶의 기본기를 익힙니다. 특히 세상의 모든 것은 연결되어 있다는 것을 알게 되고, 스스로 기획하고 실행하고 평가하는 경험을 통해 배움의 주체가 되는 과정을 경험하게 됩니다. 2주에 한 번, 반찬을 만들어 지역

오늘도 학교에 갑니다

어르신들에게 전해 드리고, 한 학기에 한 번 동네 어르신들을 초대해 '어르신 잔치'를 엽니다. 교육과정을 잘 운영하는 것이 좋은 마을을 만드는 과정이기 때문에 마을에서 함께 잘 살기 위한 다양한 방식을 고민하고 녹여 내려고 노력하고 있습니다.

중등(6~10학년)에서는 '전환과 마을'이라는 키워드를 중심으로 교육과정을 구성하고 있습니다. 도시에서 순환을 경험하는 도시농사를 지속해 오고 있고, 인간의 속도를 회복하고 기술문명과의 조화를 고민하는 적정기술을 탐구하며 마을에 보급하고, 에너지를 줄이고 생산할 수 있는 절전소를 운영하여 마을과 함께하는 삶의 전환을 지속 가능하게 만들어 가려고 합니다. 또한 1년 동안 홍천에서 농장프로젝트를 진행하며 자립 기술, 공동체를 꾸려가는 법을 집중적으로 익히며 생태적 삶의 방식을 구체적으로 상상할 수 있도록 안내하고 있습니다. 해외의 다양한 전환마을을 지향하는 곳, 대안적 현장을 탐방하면서 연대의식을 기르고, 성미산마을을 다시 발견하는 '해외 이동학습' 프로젝트를 합니다.

포스트중등(11~12학년) 과정에서는 '생태적 전환'이라는 맥락에서 자신의 삶을 설계하는 데 중점을 둡니다. 초중등 교육과정을 통해 생태적 감수성과 생태적 지혜를 익혀 왔다고 한다면, 포스트 중등과정을 통해서는 구체적 일을 통해 생태적 용기를 실천하는 경험을 집중해서 하게 됩니다. 마을에 좋은 일자리를 만들고 사회에 기여할 수 있는 일들을 만들며 생태적 삶을 지속할 수 있게 하는 기반을 만드는 것에 중점을 두고 있습니다. 마을에서 필요한 좋은 일들을 기획하고 동료와 우정을 나누며 사회를 바꾸는 일에 기여하는 법을 모색하는 등 다양한 시도를 하고 있습니다.

아이들과 지내는 하루하루가 반짝반짝 소중했습니다. 그 시간들을 그냥 흘려보내고 있는 것만 같아 조바심 날 때도 있었는데, 편지 덕분에 가만히 지나가는 시간을 고르고 닦아서 글로 옮겨 심었습니다. 처음에는 내가 고른 글과 시간이 어여뻐서, 나중에는 우리가 가꾸고 있는 시간들이 귀하고 고마워서 새삼 더욱 특별해졌습니다. 보물은 그것을 발견하는 자에게 보이는 거더라고요. 부족하지만 이 편지가 '아무렇지도 않고 예쁠 것도 없는' 일상이 주는 특별한 보물을 함께 찾아보자는 다정한 초대장이 되었으면 좋겠습니다. ― 에리카

오늘도 학교에 갑니다

© 심은보 · 여희영, 2019

초판 1쇄 발행 2019년 7월 8일
초판 2쇄 발행 2020년 7월 27일

지은이 심은보 · 여희영
펴낸이 김혜선   **펴낸곳** 서유재   **등록** 제2015-000217호
주소 (우-)04034 서울 마포구 잔다리로7길 18(서교동 377-20) 504호
전화 070-5135-1866   **팩스** 0505-116-1866   **대표메일** outdoorlamp@hanmail.net
종이 엔페이퍼   **인쇄** 성광인쇄

ISBN 979-11-89034-13-9 03370

이 도서의 국립중앙도서관 출판예정도서목록(CIP)은 서지정보유통지원시스템 홈페이지(http://seoji.nl.go.kr)와
국가자료공동목록시스템(http://www.nl.go.kr/kolisnet)에서 이용하실 수 있습니다.
(CIP제어번호: CIP2019022469)